STARK

ABITUR 2016

Original-Prüfungsaufgaben mit Lösungen

Englisch LK

Gymnasium · Gesamtschule
NRW

2009–2015

STARK

9. ergänzte Auflage
www.stark-verlag.de

Inhalt

Jeweils zu Beginn des neuen Schuljahres erscheinen die neuen Ausgaben der Abitur-Prüfungsaufgaben mit Lösungen.

Autoren:

Herausgeber: Dr. Jochen Baier
Übungsaufgaben: Dr. Jochen Baier, Birgit Holtwick, Angela Obladen, Hannah Schmidt
Lösungen der Abitur-Prüfungsaufgaben: Dr. Jochen Baier

Vorwort

Liebe Schülerinnen, liebe Schüler,

bald werden Sie Ihre zentrale Abitur-Prüfung im Fach Englisch ablegen. Wir möchten Sie auf Ihrem Weg zu einem guten Abschluss begleiten und Ihnen helfen, sich mit den Anforderungen des zentralen Abiturs in Nordrhein-Westfalen vertraut zu machen.

Mithilfe der folgenden Aufgaben und Lösungsvorschläge haben Sie die Möglichkeit, gezielt und umfassend in Ihre (nähere) Zukunft zu investieren. Der Hauptteil des Buches enthält eine Fülle von Beispielen für **konkrete Aufgabenstellungen**, die **typisch für das Zentralabitur** sind. Anhand von **Musterlösungen** können Sie herausfinden, in welchen Teilbereichen Sie Ihre Kompetenzen weiter verbessern müssen. Der Band enthält außerdem **die Original-Prüfungsaufgaben** der letzten Jahrgänge mit ausführlichen Lösungsvorschlägen.

Bevor Sie mit den Beispielklausuren beginnen und eigene Lösungen formulieren, sollten Sie die Rahmenbedingungen und Hauptschwierigkeiten der Abiturprüfung in NRW analysieren. Nach unserer Erfahrung werden von Schülern zumeist die folgenden konkreten Fragen gestellt:

Was erwartet mich?
Welche Materialien muss ich bearbeiten?
Wie werden die Arbeitsanweisungen formuliert?
Welches Grundwissen benötige ich?
Wie baue ich eine Analyse auf?
Wie argumentiere ich sachgerecht am Text?
Wann und wie verwende ich Textverweise?
Wie zitiere ich?

Unsere Hinweise zu diesen Fragen werden Ihnen helfen, Inhalt und Form der Beispielklausuren besser zu verstehen und aus ihnen zu lernen.

Sollten nach Erscheinen dieses Bandes noch wichtige Änderungen im Zentralabitur 2016 vom Schulministerium Nordrhein-Westfalen bekannt gegeben werden, finden Sie aktuelle Informationen dazu im Internet unter:
www.stark-verlag.de/pruefung-aktuell

Schon jetzt wünschen wir Ihnen viel Erfolg bei Ihrem Zentralabitur.

Jochen Baier

Jochen Baier und Team

Stichwortverzeichnis

Hinweise und Tipps zum Zentralabitur 2016

1 Was erwartet mich?

In Ihrer Prüfung stehen Ihnen zwei Aufgaben zur Auswahl: Eine dieser Auswahlaufgaben basiert auf einem fiktionalen Text (z. B. einem Roman) und eine auf einem nicht-fiktionalen Text (z. B. einem Zeitungsartikel).
Zur Bearbeitung stehen Ihnen im Leistungskurs 4 ¼ Zeitstunden zur Verfügung – zusätzlich wird Ihnen für die Auswahl Ihres Themas eine halbe Stunde eingeräumt. Jede Auswahlaufgabe besteht aus einem **Materialteil** und einem **Aufgabenteil**. Als **Hilfsmittel** dürfen ein einsprachiges und ein zweisprachiges Wörterbuch verwendet werden.

2 Welche Materialien muss ich bearbeiten?

Im Materialteil finden Sie einen Text und/oder ein sonstiges Medium (z. B. eine Tabelle, ein Bild, einen Filmausschnitt). Die Texte sind Ihren Kurslehrern nicht bekannt, es wäre also Zufall, wenn Sie ausgerechnet den Abiturtext bereits im Unterricht behandelt hätten. Im Leistungskurs haben die Texte eine Länge von 600 bis 900 Wörtern. Gedichte, Songtexte u. Ä. sind von dieser Regel ausgenommen.
Jeder der Texte entstammt einer originalen englischsprachigen Quelle und lässt sich einem der **thematischen Schwerpunkte** der Oberstufe zuordnen. Laut den Vorgaben für die schriftlichen Prüfungen im **Abitur 2016** müssen die folgenden Themen in der Vorbereitungsphase behandelt werden:

- British and American traditions and visions
- Globalisation – global challenges
- Post-colonialism and migration
- The interest of young audiences in Shakespeare
- Visions of the future – exploring alternative worlds

Die Texte sind immer so ausgewählt, dass jeweils Querverbindungen zu den anderen Themenbereichen gezogen werden können. Der Materialteil ist also bis zu einem bestimmten Maße „halbjahresübergreifend".
Zusätzlich wird festgelegt, dass bestimmte Arten von Texten im Unterricht behandelt werden müssen. Die genaue Auswahl der Werke bleibt Ihrem Kursleiter überlassen. Über die Texte, die Sie im Unterricht bearbeitet haben, müssen Sie im Abitur auswendig Bescheid wissen.

Für den Jahrgang 2016 beinhalten die Vorgaben für den Leistungskurs:

- Textformate Druckmedien: Kommentare und Leitartikel der internationalen Presse
- Textformate der öffentlichen Rede: Politische Rede
- Cartoons, Diagramme, Statistiken
- Literarische Texte:
  - Narrative Texte: Romane des 20./21. Jahrhunderts, Short Stories
  - Dramatische Texte: Damen des 20./21. Jahrhunderts, Drehbücher zu Filmen, ein Drama von William Shakespeare
  - Lyrische Texte: Gedichte und Songs des 20./21. Jahrhunderts

3 Wie werden die Arbeitsanweisungen formuliert?

Der Aufgabenteil besteht üblicherweise aus drei Teilaufgaben.

- Die erste der drei Aufgaben zielt darauf ab zu prüfen, ob Sie das Material in seinen Grundzügen verstanden haben *(comprehension/orientation/context)*. Es geht für Sie also darum, die **zentralen inhaltlichen Elemente** zu erkennen, **in eigene Worte** zu fassen und ggf. in einen **größeren Zusammenhang** einzuordnen.
- Die zweite Aufgabe ist das Kernstück des Englischabiturs. Hier wird geprüft, ob Sie in der Lage sind, einen **Text zu analysieren**, d. h. im Detail zu untersuchen *(analysis)*. Erfahrungsgemäß fällt den Schülern dieser Aufgabenteil am schwersten. Üben Sie in diesem Bereich besonders viel!
- Bei der dritten Aufgabe gibt es zwei Grundtypen: Entweder sollen Sie einen wichtigen Themenaspekt **aus Ihrer persönlichen Sicht** heraus **kommentieren** bzw. **diskutieren** oder Sie sollen einen **kreativen Text verfassen** *(evaluation/recreation of text)*. In der Prüfung können Sie u. U. zwischen beidem wählen.

Für jeden der drei genannten Aufgabentypen gibt es charakteristische Formulierungen, die wir im Folgenden genauer erläutern wollen. Wir erklären insbesondere die Bedeutung der typischen Frageoperatoren wie z. B. „explain" oder „analyse". Das soll Ihnen helfen, die betreffende Aufgabe korrekt zu bearbeiten. Aber Vorsicht: Je nach Zusammenhang können die Wörter durchaus unterschiedliche Dinge bedeuten. Sie müssen also stets die gesamte Arbeitsanweisung genau lesen, um sicherzustellen, dass Sie in Ihrer Lösung auf alle geforderten Aspekte eingehen.

Anforderungsbereich Textverstehen: *comprehension/orientation/context*

Die reinen Verstehensaufgaben des ersten Anforderungsbereichs *(comprehension)* beziehen sich in der Regel strikt auf den Ausgangstext. Das Hinzufügen weiterer Informationen führt im schlimmsten Fall zu Punktabzügen. Dementsprechend sind die typischen Operatoren auf eine einfache Wiedergabe des Gelesenen ausgerichtet. Verwendet werden z. B. Wörter wie „**summarize**", „**state**", „**outline**", „**describe**" und „**explain**".

Bei einigen Aufgaben des ersten Anforderungsbereichs werden Sie zusätzlich dazu aufgefordert, den Zusammenhang zu erklären, in dem die Textvorlage steht *(orientation/context)*. Ein typisches Beispiel hierfür ist die erste Aufgabe der in diesem Buch enthaltenen Leistungskursklausur 5, die den historischen Kontext zu einer politischen

Rede Nelson Mandelas abfragt. Fassen Sie sich bei einer solchen Aufgabe möglichst kurz, d. h. beschränken Sie sich auf das Wesentliche und verzichten Sie auf Details. Die Beachtung dieses Grundsatzes wird in der Aufgabenstellung oft explizit durch die Adverbien „briefly“ oder „shortly“ eingefordert, gilt aber auch ohne diesen Hinweis.
Ihre ersten Arbeitsschritte zur Erfassung der Textbedeutung könnten sein:

- Lesen der Aufgabe
- Lesen des Textes (eventuell zweimal)
- Nachsehen unbekannter Wörter/Notieren von Stichwörtern
- Herausfiltern der wichtigen Informationen
- Formulierung der Hauptaussage des Textes in einem Satz
- (Rekapitulation von Vorwissen zum Kontext)
- erneutes Lesen zum Überprüfen des Textverständnisses

Bei der Formulierung der Ergebnisse zu den Aufgaben des ersten Typs tritt oft das Problem auf, dass Schüler sprachlich zu nah am Text bleiben. Der Grundsatz „use your own words“ gilt aber auch, wenn er nicht in der Formulierung der Arbeitsanweisung auftaucht.
Hier die Operatoren im Einzelnen:

Summarize/Sum up

Fassen Sie den Ausgangstext nach folgenden Regeln zusammen: Konzentrieren Sie sich auf das Wesentliche, indem Sie wörtliche Rede, Beispiele, statistische Angaben etc. weglassen. Verwenden Sie Ihre eigenen Worte und schreiben Sie stets in der Gegenwartsform des *simple present* (sehr wichtig!). Bei der Zusammenfassung von Kurzgeschichten oder Romanausschnitten kann Ihnen in der Arbeitsanweisung auch der Operator „retell (the story)“ begegnen – in diesem Fall verwenden Sie bitte die Zeitform, in der auch der vorgegebene Text steht.
Zitate sind unüblich – am besten verzichten Sie ganz darauf oder dosieren sehr, sehr sparsam. Textbelege sind Geschmackssache – am besten fragen Sie Ihren Kurslehrer nach seinen Wünschen. (Wir haben etwa 30 Lehrer befragt und dabei völlig unterschiedliche Antworten bekommen.)
Unter Umständen finden Sie eine Vorgabe, wie viele Wörter Sie maximal schreiben dürfen. Halten Sie sich an diese Grenze. Bei einer Überschreitung von mehr als 10 % wird die Note normalerweise herabgesetzt. Wird keine Vorgabe bezüglich der Wortzahl gemacht, so ist ein Drittel der Länge des Ausgangstextes ein gutes Daumenmaß.

- **Beispiel: Zusammenfassung einer aktuellen politischen Diskussion**
  Sum up what arguments Kofi Annan and Toni Blair bring forth to support their view of the war's legality. (siehe Übungsaufgabe 4)
  Hier müssen Sie nicht den gesamten Artikel zusammenfassen, sondern sich auf die Argumente der beiden Politiker beschränken. Das Herausfiltern wichtiger Informationen wird also in eine bestimmte Richtung gelenkt – die Aufgabe definiert bereits, was für die Bearbeitung „wichtig“ und was „unwichtig“ ist.

State
Benennen Sie etwas, legen Sie etwas dar. Die zusammenfassende Darlegung des Inhalts hat hier normalerweise die Form einer Auflistung mit kurzen Erläuterungen zu jedem Teilaspekt. Versuchen Sie, jeden einzelnen Aspekt durch ein Schlagwort plakativ zu kennzeichnen. Achten Sie dabei darauf, dass Sie für jeden Aspekt die gleiche Wortart benutzen, also etwa nur Nomen (z. B. „Freiheit", „Gleichheit", „Brüderlichkeit"). Verwenden Sie typische Bindewörter für Aufzählungen (z. B. „first", „second", „third", „then", „later", „finally", „additionally", „furthermore").

- **Beispiel: Gedichtzusammenfassung**
  State the main aspects of the poem "My Heart Leaps Up" in your own words. (siehe Übungsaufgabe 7)
  In dieser Aufgabenstellung werden zwei wesentliche Aspekte der Zusammenfassung nochmals explizit benannt, nämlich die Beschränkung auf die Hauptaspekte und die Verwendung eigener Worte. Bei Zusammenfassungen sollten Sie die einschlägigen Bezeichnungen für die Einzelteile der betreffenden Textform beherrschen (z. B. „first line", „stanza", „couplet" bei Gedichten oder „headline", „subheading", „1st column" bei Zeitungsartikeln).
- **Beispiel: Gegenüberstellung moralischer Argumente in einem literarischen Kontext**
  State the pros and cons of fulfilling the "being's" wish to have a female conterpart. (siehe Übungsaufgabe 10)
  Hier drückt die Arbeitsanweisung den Auflistungscharakter besonders deutlich aus. Pros und Cons bilden trennbare Einzelaspekte – in diesem Fall die Vor- und Nachteile der Erschaffung eines weiblichen Partners für Frankensteins Kreatur –, die einzeln benannt und dargestellt werden können.

Outline (alternativ auch: ***point out***)
Geben Sie eine Übersicht, stellen Sie das Wichtigste heraus. Filtern Sie dabei etwas stärker als bei einer Zusammenfassung. Fertigen Sie quasi die Zusammenfassung der Zusammenfassung an und stellen Sie nur die absolut wesentlichen Elemente dar. Phrasen wie „above all the author deals with", „the text focuses on", „the gist of the passage is that" sind hier nützlich.
Weil der Operator „outline" den Ausgangstext am stärksten auf das Wesentliche reduziert, ist er oft mit der zusätzlichen Aufgabe verbunden, den Kontext des Textes darzustellen. Benutzen Sie die einschlägigen Phrasen, um Text und Kontext aneinander zu binden (z. B. „at the backdrop of", „in this context we have to [...]", „(the story) is framed by", „considering the (historical) fact that").

- **Beispiel: Kurzdarstellung des historisch-politischen Hintergrundes einer Rede**
  Briefly outline the historical events that led to Mandela's inauguration. Focus on the people he mentions. (siehe Übungsaufgabe 5)
  Sie sollen die historischen Ereignisse, die zu der vorliegenden Amtsantrittsrede geführt haben, kurz darstellen. Der Zusatz im zweiten Satz ist als Hilfestellung zu verstehen, da Sie anhand der von Mandela erwähnten Personen Text und Kontext miteinander verbinden können.

Describe
Beschreiben Sie etwas, z. B. einen textlichen Sachverhalt, eine bildliche bzw. grafische Darstellung.
Bei der Beschreibung dürfen Sie etwas detaillierter auf Einzelaspekte eingehen als bei den bisher genannten Frageoperatoren. Das Filtern von wichtigen Informationen ist zwar auch hier notwendig, steht aber nicht so sehr im Vordergrund der Aufgabe.

- **Beispiel: Beschreibung einer statistischen Grafik (z. B. zur Bevölkerungsentwicklung)**
  Describe the chart "Population Development".
  Hier geht es um die präzise Beschreibung eines Diagramms. Da der Lehrplan im Fach Englisch die Verwendung mehrfach kodierter Texte, Statistiken, Schaubilder etc. explizit für das Abitur vorsieht, ist es besonders wichtig, dass Sie sich mit den entsprechenden Redemitteln zur Beschreibung und Analyse solcher Medien vertraut machen (z. B. „on average the sum is", „it amounts to", „the percentage rises constantly", „there is a lull in the development").

Explain
Erklären Sie, erläutern Sie etwas.
Diesem Operator werden Sie sehr häufig begegnen. Sie sind aufgefordert, die logischen Zusammenhänge innerhalb des Ausgangstextes zu erklären und somit Ihr Verständnis unter Beweis zu stellen. Beachten Sie, was Sie genau betrachten sollen, denn an diesen Operator lassen sich sehr unterschiedliche Aufgaben anknüpfen. Oft wird er Ihnen daher auch im zweiten Anforderungsbereich, der Analyse, begegnen.
Bei Ihren Erklärungen sollten Sie diejenigen Bindewörter verwenden, die sachlogische Verknüpfungen betonen (z. B. „consistently", „accordingly", „in accordance with", „in contrast to", „by contrast", „owing to").

- **Beispiel: Erläuterung der Bedeutsamkeit einer dramatischen Konvention**
  Explain how the opening complies with the Elizabethan stage. (Übungsaufgabe 8)
  Hier reicht das einfache Textverständnis der Eröffnungsszene aus Shakespeares Drama *Hamlet* nicht aus, da zusätzlich Hintergrundkenntnisse verlangt werden. Sie sollen Ihr Wissen zum elisabethanischen Theater auf den vorliegenden Ausgangstext übertragen.

Useful Expressions – Anforderungsbereich Textverstehen

Funktion	Sprachliche Wendung
Den zusammenfassenden Charakter Ihres Texts herausstellen	• *To sum up/To summarize/Summarizing the main aspects … we can say that …* • *The gist of the given text is that …*
Die Themenaspekte hintereinander aufzählen	• *First / Second / Third* • *Firstly / Secondly / Thirdly* • *At the beginning; Then/later; In the end/finally/ eventually* • *Also/Beside/In addition/Additionally it should be remarked …*

	• *Further/Furthermore/Moreover the text elaborates on …*
Einen Zusammenhang herstellen: • Den Grund für etwas erläutern oder erklären	• *This is owing to the fact that …* • *This development is rooted in …* • *The basis of this is formed by the fact that …*
• Die Folge von etwas erläutern oder erklären	• *Accordingly … / In accordance with this* (= einer Regel folgend) • *This means that … / Consequently* (= zeitliche Folge) • *Consistently / Logically / Correspondingly* (= logische Folgen) • *(In the following) this leads to … / It follows that …* • *This results in …* • *Thus / Therefore / Hence*
• Einen Gegensatz ausdrücken	• *In contrast to this* • *But/However/Yet we can state that …*
Bezug nehmen auf etwas: Den Hintergrund eines Sachverhalts oder Texts mit einbeziehen	• *In/With regard to …; regarding …; with reference to …* • *At the backdrop of the (political) situation we need to emphasize that …* • *In this context it must be mentioned that …* • *Considering the (historical) fact that … we can say …*
Beispiele geben	• *This becomes obvious/visible when …* • *A good example is …* • *To illustrate this we can draw on …* • *With reference to line 12 it can be stated that …*
Ein kurzes Abschlussergebnis formulieren	• *In conclusion we can assess that …* • *Thus/therefore/all in all it can be said …* • *In a nutshell it can be summed up by saying that …* • *In short: … / In a word: …*

Anforderungsbereich Analyse: *analysis*

Die Analyseaufgaben erfordern vor allem eine detaillierte Untersuchung des Zusammenspiels von Form/Sprache und Inhalt. Dazu ist es notwendig, den Ausgangstext in seine Bestandteile zu zerlegen – nur so können Sie die Wirkung einzelner Stilelemente für das Ganze genau erklären. Bei allen einschlägigen Operatoren geht es vornehmlich darum, wie oder nach welchem literarischen Muster ein Text verfasst wurde – neben der klassischen Anweisung „analyse“ finden sich die Operatoren „classify“ oder „categorize“.
Der erfahrungsgemäß häufigste Fehler besteht darin, dass Schüler formale Elemente wie z. B. Metaphern nur benennen, ihre Funktion für das Ganze aber aus den Augen

verlieren. Wenn Sie in Ihrer Abiturklausur also nicht begründet vermuten können, mit welcher Absicht der Autor ein bestimmtes Stilmittel ausgerechnet an einer bestimmten Stelle verwendet hat, ist es wahrscheinlich besser, überhaupt nicht darauf einzugehen. Lehrer lesen in Schülerarbeiten oftmals viel zu allgemeine Erklärungen zur Funktion der in der Textvorlage enthaltenen Stilmittel. Da heißt es z. B. sinngemäß, dass die verwendeten Wortspiele *(puns)* den Ausgangstext der Klausur „leichter lesbar" machen oder dass die enthaltenen Alliterationen *(alliterations)* den Leser „besonders ansprechen". Das ist zwar u. U. nicht falsch, aber völlig unzureichend und damit im Hinblick auf die Bewertung Ihrer Abiturklausur kontraproduktiv! Nehmen Sie bei der Erklärung der Formelemente immer genau Bezug auf den Inhaltsschwerpunkt der Aufgabe.
Beispielsweise müssen Sie bei der Bearbeitung der Analyseaufgabe zu John Agards Gedicht „Remember the Ship" (siehe 2015-1) darauf achten, dass Sie die verwendeten Stilmittel zielgerichtet im Hinblick darauf auswerten, was sie über die Ansichten des Poeten aussagen. In der Tat sind die Stilmittel nicht nur „nett zu lesen", sondern unterstreichen ganz konkret die Vorstellung des Dichters, wie das Zugehörigkeitsgefühl zu einer Nation entstehen kann:

> *In the first part (ll. 1–5) the speaker introduces himself by simply referring to the most important fact, which is that he is a "citizen of the English tongue" (ll. 1/2). […] To him the feeling of being one nation is not a question of territory but of language – a language that enables a person to express him- or herself and thus to be in touch with others. The poet immediately proves his point with a play on the words "ship" and "citizenship" (ll. 4/5).*

Die Aspekte, unter denen Sie die Texte analysieren sollen, werden in den jeweiligen Aufgabenstellungen genannt.
Ihre ersten Schritte zur Fertigstellung Ihrer Analyse könnten also sein:

- Definition des Schwerpunktaspekts anhand der Arbeitsanweisung
- Auffinden von formalen und sprachlichen Elementen
- Anstellen von Vermutungen über die konkreten Funktionen der Stilmittel
- Formulierung einer zusammenfassenden Aussage zur Funktion von Sprache und Form

Um bei der späteren Verschriftlichung Ihrer Ergebnisse die Rolle des Autors im Hinblick auf den Zusammenhang zwischen Form und Inhalt hervorzuheben, können Sie Formulierungen wie z. B. „(the author) employs", „deploys", „uses" oder „makes use of" benutzen. Durch solche Wendungen betonen Sie Ihre Erkenntnis, dass Form und Sprache bewusst und mit einem bestimmten Ziel eingesetzt werden.
Hier die Operatoren des zweiten Aufgabentyps im Einzelnen:

Analyse (alternativ auch: ***examine***)
Untersuchen Sie etwas im Detail.
Diesem Operator werden Sie vermutlich am häufigsten begegnen. Im Kern geht es darum, etwas zu ergründen, indem man es in seine Einzelteile „aufspaltet". Hat man diese untersucht, setzt man die Einzelaspekte zu einem Gesamtergebnis zusammen.
Achtung: Ähnlich wie „explain" kann auch „analyse" mit unterschiedlichen, zusätzlichen Aufgaben verknüpft werden.

- **Beispiel: Stilmittelanalyse Drama**
  Analyse how tension is created. (siehe Übungsaufgabe 8)
  Bei dieser Aufgabe stehen rhetorische Mittel im Zentrum des Untersuchungsinteresses. Es gilt, ihre Wirkung in Bezug auf die erzeugte Spannung zu untersuchen.
- **Beispiel: Detaillierte Untersuchung einer Karikatur**
  Analyse how the cartoon makes a mockery of Toni Blair. (siehe Übungsaufgabe 4)
  Hier geht es um einen Cartoon und seine Wirkung. Sofern nicht schon in der ersten Aufgabe geschehen, können Sie die Karikatur erst detailliert beschreiben und den Kontext erläutern, bevor Sie untersuchen, was der Zeichner ausdrücken möchte.

Classify oder ***categorise***
Klassifizieren bzw. kategorisieren Sie etwas. Zeigen Sie, zu welcher Gruppe ein Text gehört und warum.
- **Beispiel: Typisierung eines nicht-fiktionalen Textes**
  Classify the article and analyse how different text type elements and stylistic devices convey the author's opinion. (siehe Übungsaufgabe 9)
  Die Aufgabe bezieht sich auf einen Zeitungsartikel, den es einzuordnen gilt. Der Zusatz macht deutlich, dass es nicht um einen neutralen Bericht geht, sondern dass der Journalist seine eigene Meinung vertritt. Es handelt sich also um einen Kommentar.

***Useful Expressions* – Anforderungsbereich Analyse**

Funktion	Sprachliche Wendung
Hauptergebnis nennen • Besonderheit des Texts gemäß Aufgabenstellung benennen • Text kategorisieren	 • *The text is characterized by …* • *The given passage clearly shows …* • *The text part is marked by/dominated by …* • *The text given can be classified/categorized as …* • *This piece of fiction/non-fiction falls into the category "XY"*
Vorgliedern: Schwerpunkte für genauere Ausarbeitung setzen	• *A closer look must be taken at …* • *The focus must be on …* • *The crucial aspects are …*
Zusammenhang zwischen Sprache und Inhalt herausarbeiten • Gesamteindruck formulieren • einzelne Funktionen deuten	 • *The author mainly employs/deploys … (metaphors, similes etc.)* • *The text excerpt frequently uses/makes use of … (symbols, alliterations etc.)* • *This element serves to show/symbolize …* • *The means functions as …* • *The stylistic device hints at …/insinuates that …* (= wirkt eher andeutend)

Anforderungsbereich Evaluation: ***comment/(re-)creation of text***

Die Konventionen, die Sie bei Ihrer Antwort zum dritten Aufgabenbereich beachten müssen, sind für jeden Operator unterschiedlich.
Wir empfehlen, folgendermaßen vorzugehen:
- Ermittlung des geforderten Texttyps anhand der Aufgabenstellung
- Rekapitulation der Besonderheiten des eingeforderten Texttyps
- Ideen und Stoffsammlung

Hier die Hinweise zu den einzelnen Frageoperatoren:

Comment
Kommentieren Sie, beziehen Sie begründet Stellung.
Machen Sie sich zunächst Ihre eigene Meinung zu dem Thema klar. Formulieren Sie Ihre Auffassung möglichst vorab in einem kurzen Satz und stellen Sie diesen Ihrem späteren Text als These voran. Sammeln Sie dann Argumente, die Ihre Position stützen und die Gegenposition entkräften. Bei der Suche nach geeigneten Belegen für Ihre Argumente sollten Sie sich sowohl auf den Ausgangstext als auch auf zusätzliche Informationen aus dem Unterricht und auf Ihr Allgemeinwissen stützen. Achten Sie darauf, eine logische Argumentation aufzubauen, und benutzen Sie Phrasen wie „to my mind", „from my point of view", „I believe", „in my opinion" etc., um den persönlichen Charakter des Gesagten zu betonen.

- **Beispiel: Politische Stellungnahme**
  "Understanding and friendship between people is frequently a victim of group pressure." Comment by referring to the story and to your background knowledge about American culture. (siehe Übungsaufgabe 3)
  Bei diesem Thema bietet es sich an, Kenntnisse mit einzubeziehen, die außerhalb des Englischunterrichts erworben wurden. Nahe liegend wäre ein Transfer zum Erdkunde- und Soziologieunterricht. Allgemein ist es sinnvoll, spätestens während der Qualifikationsphase regelmäßig die Fernsehnachrichten (evtl. sogar auf Englisch) zu verfolgen und eine Tageszeitung zu lesen, um für politische Themen besser gewappnet zu sein.

Evaluate (oft ähnlich: „state your personal opinion")
Bewerten Sie etwas.
Diese Aufgabenform ist eine Unterform des Kommentars, die stark auf Ihre persönliche Meinung zur Qualität einer Sache oder eines gedanklichen Konstrukts ausgerichtet ist.

- **Beispiel: Bewertung einer künstlerischen Leistung**
  Evaluate to what extent the cartoon is suitable to illustrate the article's contents. (siehe Übungsaufgabe 4)
  Es gilt zu bewerten, inwieweit der Cartoon die Aussage des Artikels untermauert. Zur Begründung Ihrer Einschätzung sollten Sie sich sowohl auf die bildliche Gestaltung des Cartoons als auch auf Textbelege aus dem Artikel stützen.

Judge
Beurteilen Sie etwas.
Diese Aufgabenform entspricht dem Kommentar, deutet aber an, dass in Ihren Ausführungen ein moralischer oder philosophischer Aspekt enthalten sein soll.

- **Beispiel: Literaturphilosophischer Essay zu den Schlusszeilen eines Shakespeare-Sonetts**
  Judge Shakespeare's thesis concerning the relation between art and eternity brought forth in the conclusive couplet of Sonnet 60.
  Um die in Shakespeares Gedicht geäußerte These, dass sein Gedicht die darin beschriebene Person unsterblich macht, zu beurteilen, können Sie sich auf andere literarische oder künstlerische Werke (z. B. Film oder darstellende Kunst) beziehen. Denkbar sind Querverbindungen zum Unterricht in den Fächern Kunst, Literatur, Philosophie oder Religion.

Discuss
Diskutieren Sie eine Position, wägen Sie ihr Für und Wider ab.
Dieser Operator wird in vielerlei Hinsicht synonym zu der Anweisung „comment" benutzt. Der entscheidende Unterschied besteht allerdings darin, dass bei einer Diskussion das neutrale Abwägen deutlich mehr Platz einnehmen sollte als beim Kommentar. Es ist daher durchaus zulässig und sinnvoll, am Anfang Ihres Textes Ihre Meinung noch etwas zurückzuhalten und den zentralen Diskussionspunkt lediglich in Form einer Frage oder eines Schlagwortes zu umreißen: Wenn in der Aufgabenstellung nur ein Schlagwort genannt wurde, formulieren Sie am besten eine Frage und umgekehrt. Anders als beim Kommentar ziehen Sie bei der traditionellen Form der Diskussion erst am Ende Ihr persönliches Fazit. Modernere Formen der Diskussion ähneln allerdings stärker dem Kommentar und verraten die Meinung des Verfassers früher – wenn Sie sich für diese Form entscheiden, wird eine neutrale Argumentation schwieriger, Ihr Text aber vielleicht insgesamt eleganter.

- **Beispiel: Pro und Kontra einer Aussage**
  Discuss Richard Stengel's claim that "Obama is both the symbol and in some ways the architect of this new America" (ll. 10/11). Refer to the editorial […] and work done in class. (siehe 2014-12)
  Sie sollen einen argumentativen Text schreiben, in dem Sie das Für und Wider der dargestellten Position abwägen und so zu einer begründeten eigenen Stellungnahme kommen, die Sie zusätzlich mit Ihrem Hintergrundwissen abgleichen. Für Vergleiche wird noch ein weiterer Operator gerne eingesetzt, nämlich:

Compare
Vergleichen Sie mehrere Phänomene aus Ihrer ganz persönlichen Perspektive.
Mit diesem Operator werden Sie dazu gezwungen, Ihr Vorwissen über ein Thema mit dem vorliegenden Prüfungstext in Beziehung zu setzen. Normalerweise wird hier die zusätzliche Aufforderung zur persönlichen Kommentierung oder Diskussion hinzugefügt, aber wenn der Operator „compare" im Anforderungsbereich Evaluation eingesetzt wird, dann gilt dies auch unausgesprochen.

- **Beispiel**: siehe oben (→ *Discuss*)

Useful Expressions – Anforderungsbereich Evaluation

Funktion	Sprachliche Wendung
Vorüberlegung anstellen, Bedingung aufstellen	• *Assuming that/provided that/in case that …*
These formulieren	• *(Undoubtedly) it can be assessed …*
Persönliche Meinung betonen	• *To my mind …* • *I believe that …* • *In my opinion / From my point of view …* • *Personally, I assume that …*
Aufwerten von eigenen Argumenten	• *It speaks for (itself) … / It proves that …* (= Argument in sich logisch oder belegbar) • *Undoubtedly … / It can be taken for granted that …* (= Feststellung selbstverständlich)
Abwerten von Gegenargumenten	• *This can be countered/nullified by the fact that …* • *XY's idea can be weakened by/countered by …* • *YX's conclusion is not convincing because …*
(Andere) Sachverhalte ausblenden	• *Apart from that … / Regardless of that …* • *Nevertheless … / Nonetheless* (= dennoch) • *Even though … / In spite of the fact that …* (= obwohl)
Vergleichen	• *In comparison to that …* (offener Vergleich) • *On the one hand … on the other (hand) …* • *Likewise … / Similarly …* (= Ähnlichkeit betonen) • *Unlike …* (= Unterschied herausstellen)
Auf den Punkt bringen, (zentrales) Ergebnis erneut ausdrücken	• *To put it differently … / That is to say that …* • *Simplified that means …* (= vereinfacht ausgedrückt) • *To put it graphically/metaphorically …*

Write

Schreiben Sie einen Text.

Dieser Operator leitet in der Regel eine kreative Aufgabe ein – in den Kopfzeilen der Prüfungsbögen finden Sie dafür den Begriff „anwendungs-/produktionsorientierte Aufgabenstellung". In der Abiturprüfung 2016 wird für den Leistungskurs explizit die Vertrautheit mit den Textformaten **Brief**, **Rede**, **Zeitungsartikel** und **Interview** vorausgesetzt. Auch sollten Sie die **Ausgestaltung**, **Fortführung** oder **Ergänzung eines literarischen Ausgangstextes** beherrschen (und zwar im Hinblick auf narrative Texte, dramatische Texte und Filmskripte). Auf diese Texttypen sollten Sie sich intensiv vorbereiten. Da die Formulierung der Anforderungen für die Abiturprüfung allerdings andere Texttypen nicht gänzlich ausschließt, ist es ratsam, dass Sie sich mit möglichst vielen verschiedenen Textformaten vertraut machen. Eine weitere gängige Aufgabe ist z. B. das Verfassen eines Dialoges.

- **Beispiel: Leserbrief**
  In 2004, the Independent was named "National Newspaper of the Year" at the British Press Awards. It was given the award for its move to a compact edition. Against the background of this article, write a letter to the editor in which you argue whether the newspaper also deserves the award for its contents.
  (siehe Übungsaufgabe 6)
  Der Leserbrief ist im Grunde ein klassischer Kommentar, bei dem Sie zusätzlich die Konventionen eines formalen Briefes beachten müssen, d. h. Absender und Anschrift im Briefkopf sowie Anrede und Schlussformel. Sie müssen angeben, auf welchen Artikel Sie sich beziehen, und im Folgenden Ihren Standpunkt kurz, präzise und bestimmt (aber höflich) deutlich machen.
- **Beispiel: Persönlicher Brief**
  Before committing suicide, Skipper writes a letter to Brick. Write the letter.
  (siehe Übungsaufgabe 2)
  Im Gegensatz zum Leserbrief können Sie beim persönlichen Brief aufgrund des situativen Kontextes auf den Briefkopf mit Absender und Anschrift verzichten. Sprachlich ist ein persönlicher Brief natürlich sehr viel informeller als ein Geschäftsbrief. Besonders in diesem speziellen Fall ist es sinnvoll, viele Gefühlsausdrücke einzubringen und natürlich einen plausiblen Grund für Skippers Selbstmord anzugeben.
- **Beispiel: Rede(-beitrag)**
  A youth conference in London dealing with migration in the 21st century has chosen "Europe's new voyage begins" as its motto, alluding to Agard's poem (ll. 50–51). You as an exchange student are invited to give a debate statement discussing the topic. (siehe 2015-3)
  Bei einer Rede handelt es sich um einen formalen Text, entsprechend gewählt müssen Sie sich ausdrücken. Beginnen Sie, indem Sie Ihre Zuhörer begrüßen und das Thema Ihrer Rede präsentieren. Ähnlich wie bei einem Kommentar versuchen Sie danach, Ihr Publikum von Ihrem Standpunkt zu überzeugen, indem Sie z. B. Beispiele und Fakten anführen. Diese entstammen wiederum dem Ausgangstext und sollten nach Möglichkeit durch weitere Hintergrundinformationen ergänzt werden. Setzen Sie außerdem gezielt Stilmittel ein, um eine höhere Wirkung zu erzielen. Am Ende fassen Sie Ihren Standpunkt nochmals kurz zusammen und bedanken sich für die Aufmerksamkeit.
- **Beispiel: Zeitungsartikel**
  Write a newspaper comment on "The Impact of Colonialism on British culture".
  In diesem Beispiel für die Erstellung eines Zeitungsartikels sollen Sie einen Kommentar schreiben, bei dem Sie von der inhaltlichen Gestaltung her natürlich am besten unseren Hinweisen zum Operator „Comment" folgen. Darüber hinaus sollten Sie die markanten Besonderheiten der Zeitung als Ort der Veröffentlichung im Blick haben: Halten Sie sich kurz (die Begrenzung der Zeichenzahl ist typisch für journalistische Beiträge) und finden Sie eine Überschrift, die das Interesse der Leser weckt (bei einem Artikel für ein Boulevardblatt darf sie ruhig reißerisch sein). Am Ende des Artikels können Sie Ihre Initialen als Kürzel platzieren.

Dies gilt sinngemäß auch für einen ‚Report' (Bericht über ein Vorkommnis) oder eine ‚News story' (Bericht mit zusätzlichen, möglichst spannenden Hintergrundinformationen). Im Gegensatz zum Kommentar sehen Sie hier natürlich von persönlichen Bemerkungen ab und konzentrieren sich vor allem auf Fakten.

- **Beispiel: Interview**
  During a class trip to London your class watches a performance of A Midsummer Night's Dream. *After the play you interview the director for your school yearbook. Write the interview in which you critically discuss the relevance of Shakespeare for an audience of young adults.* (siehe 2012-3)
  Bei einem Interview sollten Sie stets die Interessen und die Persönlichkeit der beteiligten Personen im Auge behalten. Auch macht es Sinn, Überlegungen zu ihrem Sprachstil anzustellen und dem Dialog einen sinnvollen äußeren Rahmen zu geben. All dies können Sie normalerweise aus dem Ausgangstext ableiten. Im konkreten Beispiel sollten die Beiträge des Regisseurs ruhig und fachlich versiert wirken, während der Schüler, der das Interview führt, wahrscheinlich eine gewisse Unsicherheit an den Tag legen wird. Beide eint natürlich die Begeisterung für das Theater. Es bietet sich an, das Interview unmittelbar nach der Aufführung zu führen. Wichtig: Da das besondere Wesen dieses Texttyps vor allem aus dem schnellen Wechselspiel aus Frage und Antwort resultiert, sollten die einzelnen Gesprächsbeiträge grundsätzlich nicht zu lang sein.
- **Beispiel: Fortsetzen einer Kurzgeschichte/eines Ausschnitts aus einem Roman**
  Later that night Imtiaz' pregnant British girlfriend Rebekah, who intends to marry him, thinks about the events at the restaurant. Write an interior monologue that reflects her view of the situation and her feelings. (siehe 2013-3)
  Beim Schreiben eines Erzähltextes sollten Sie sich normalerweise zunächst darüber Gedanken machen, welcher Erzähler und welche Erzählperspektive für Ihr Vorhaben am besten geeignet sind. In diesem Fall steht der Erzähler schon fest, es ist eine junge Britin namens Rebekah. Schreiben Sie konsequent aus Rebekahs Sicht. Des Weiteren müssen Sie sich für ein Tempus entscheiden; dies wird in der Regel das *simple past* sein, wenn Sie auf die vergangenen Ereignisse eingehen. Für die Beschreibung aktueller Gefühle, die auch Bestandteil der Aufgabenstellung ist, sollten Sie natürlich das *present tense* verwenden. Eindrücke oder Gemütszustände lassen sich mittels verschiedener Adjektive und Adverbien oder auch durch Vergleiche gut verdeutlichen.
- **Beispiel: Dramatische Szene**
  Creative writing: Write an additional part to the scene in which Caesar's ghost appears in Shakespeare's Julius Caesar.
  Beim Füllen von Leerstellen kommt es darauf an, dass sich Ihr Zieltext möglichst ohne Bruch an den Ausgangstext anfügt bzw. in ihn einfügt. Sie müssen also ggf. Übergänge schaffen und insbesondere darauf achten, dass das Verhalten der Figuren zur Textvorlage passt – dies schließt auch die Sprache mit ein. In unserem Beispiel handelt es sich um einen Dramentext, sodass Sie einerseits Repliken der Figuren und andererseits Regieanweisungen schreiben müssen. Die Regieanweisungen enthalten im Allgemeinen Angaben zu Ort und Zeit und geben Auskunft

darüber, wie sich die Figuren auf der Bühne bewegen und wie sie sprechen – allerdings gilt dies bei einem Shakespeare-Text nur bedingt.

- **Beispiel: Filmdrehbuch**
  Explain the first couple of shots you would use to begin a "Hamlet" film.
  (siehe Übungsaufgabe 8)
  Auch wenn hier der Operator „write" nicht vorkommt, geht es doch um ein kreatives Verfahren. Sie sollen den Ausgangstext in ein Filmskript umwandeln und die ersten vier Einstellungen beschreiben. Zur Vorbereitung Ihres Zieltextes sollten Sie ein so genanntes Storyboard anlegen, in dem Sie sich für jede Einstellung Notizen zu den folgenden Kategorien machen: *intended effect – setting – characters/ action – dialogue – camera (field size, movement, position, angle) – sound/music – lighting.* Überlegen Sie zunächst, welche Wirkung Sie mit der jeweiligen Einstellung erzielen wollen, und stellen Sie dann sicher, dass Ihre Eintragungen in den anderen Kategorien diesen Effekt auch tatsächlich hervorbringen. Nach dieser Vorarbeit gilt es, die entstandene Tabelle unter Verwendung entsprechender Fachtermini zu versprachlichen.
- **Beispiel: Dialog**
  Write a fictitious dialogue between an "Upper" and "Downer". (siehe Übungsaufgabe 1)
  Beim Schreiben eines Dialoges müssen Sie sich zunächst vergegenwärtigen, welches Sprachregister der Situation und den Sprechern angemessen ist. In diesem Fall soll ein Dialog zwischen einem Mitglied der britischen „upper class" und einem Vertreter der „lower class" geschrieben werden. Die Stilebene sollte also die Zugehörigkeit zur jeweiligen sozialen Schicht deutlich machen. Mit anderen Worten: Man muss auf den ersten Blick erkennen können, ob ein Lord oder ein Hausmeister einen bestimmten Satz des Dialoges gesagt hat. Vermeiden Sie jedoch generell eine übertriebene Verwendung von Schimpfwörtern und Kraftausdrücken.

4 Welches Grundwissen benötige ich?

Zur erfolgreichen Anfertigung einer Zentralabiturklausur benötigen Sie vor allem methodische, inhaltliche und sprachliche Kompetenzen.

Methode: Weiterführende methodische Übungen finden Sie in dem Band „Abitur-Training Englisch – Grundlagen, Arbeitstechniken und Methoden" (Best.-Nr. 944601) des Stark Verlages. Erfahrungsgemäß besteht ein unbedingter Übungsbedarf im Hinblick auf den zweiten Aufgabentyp. Die einschlägigen Methoden zur Textanalyse, aber auch zum Schreiben kreativer Texte können Sie sich besonders einprägsam mithilfe der Multimedia-CD-ROM *My Baby's Bracelet by Edwina Dakin – Interaktive Lernsoftware* erarbeiten. In diesem interaktiven Theaterstück wird neben kommunikativen Übungen besonderer Wert auf die Stilmittelanalyse und das so wichtige Einüben von Zitier- und Belegtechniken gelegt (**www.digital-edutainment.com**).

Inhalt: Es ist sicher empfehlenswert, zu jedem der fünf Themengebiete eine Zusammenfassung der im Unterricht erarbeiteten Inhalte anzufertigen – praktikabel ist ein Umfang von ca. zwei bis vier Seiten. Gute Anregungen und Hintergründe finden Sie in den nachfolgenden Beispielklausuren und u. a. in den Büchern „Abitur-Wissen Englisch: Landeskunde Großbritannien" (Best.-Nr. 94461), „Abitur-Wissen Englisch: Landeskunde USA" (Best.-Nr. 94463) oder „Kompakt-Wissen Englisch: Landeskunde, Literatur" (Best.-Nr. 90463) des Stark Verlages.
Wir haben gute Erfahrungen damit gemacht, wenn Schüler ihre Zusammenfassungen mit einigen kurzen Zitaten oder wichtigen Daten „ausschmücken", die **nicht** aus dem Unterricht stammen – wenn Sie ein paar davon in Ihre Abiturklausur einbringen können, wertet das Ihre Arbeit u. U. deutlich auf. Achten Sie darauf, dass Sie in einem solchen Fall eine Quelle angeben.
Im Hinblick auf das moderne amerikanische Drama und den American Dream bietet das oben empfohlene Selbstlernprogramm von digital-edutainment.com eine wertvolle Ergänzung zum Oberstufenunterricht.

Sprache: Zur zusätzlichen sprachlichen Schulung empfehlen wir die beiden folgenden Bücher des Stark Verlages: „Abitur-Training Englisch: Themenwortschatz" mit interaktivem eBook als digitale Ergänzung (Best.-Nr. 82451D) und „Abitur-Training Englisch: Grammatikübungen" mit Lernvideos (Best.-Nr. 82452V).

5 Wie baue ich eine Analyse auf?

Viele Schüler beginnen bereits mit dem Schreiben, wenn Sie die Aufgaben lesen – obwohl man Ihnen wahrscheinlich schon viele Male gesagt hat, dass dies nicht sinnvoll ist. Andere machen zuerst eine Materialsammlung und schreiben dann. Oft denken diese Schüler dann, ihr Text habe eine gute Struktur, während der Lehrer diese Auffassung nicht teilt. Dies liegt meist nicht einmal am Fehlen der Struktur, sondern daran, dass der Lehrer sie nicht erkennen kann. Versuchen Sie also, dem Korrigierenden das Auffinden der Struktur zu erleichtern – sie muss ihm geradezu ins Auge springen. Wenn der Korrigierende bereits zu Beginn des Lesens weiß, was Sie sagen wollen, wird er Ihre Ausführungen besser verstehen.
Folgen Sie also der nachstehenden Regel:

Schreibe, was du schreiben willst;
schreibe es;
schreibe, was du geschrieben hast,
aber wiederhole dich nicht.

Das heißt, dass es ein einfaches dreiteiliges Muster für einen „**wohlstrukturierten**" **Text** gibt. Wenn Sie möchten, können Sie dieses Muster insbesondere bei den schwierigen analytischen Antworten (Aufgabe 2) oder bei den persönlichen Stellungnahmen (Aufgabe 3.1) anwenden.

Teil 1 – Einleitung

Denkbar ist, dass Sie mit einem **Teaser** beginnen, d. h. mit einem spannenden Sachverhalt, der Interesse für das Thema weckt. Danach sollten Sie die Hauptaussagen Ihres Textes zusammengefasst darstellen – etwa in Form einer **These**. Arbeiten Sie also getreu dem Motto „das Wichtigste kommt zuerst" (auf Englisch sagt man: „First things first."). Hier ein Beispiel aus einer Abiturklausur zu William Shakespeares Komödie *A Midsummer Night's Dream* (siehe 2012-5). Die Aufgabe ist es, die Beziehung der Charaktere Helena und Demetrius sowie die Art und Weise zu analysieren, wie sie ihren Gefühlen und Ansichten zueinander Ausdruck verleihen:

The relationship between the two characters seems to be excessively disturbed, which can be seen in the figurative speech and the appealing character of the dialogue. The disturbances mainly result from the reversal of gender roles that is inherent in Helena's active approach and in Demetrius' strict and direct rebuffs. Feelings and attitudes towards the other person are expressed by the use of symbols and metaphors, rhetorical questions and exclamations, of enumerations, contrasts and oxymorons, for example.

Wenn Sie sicher sein wollen, dass Sie bei Ihrer Antwort „das Wichtigste" auch erfasst haben, greifen Sie bei der Formulierung der Hauptaussage einfach die Formulierung der gestellten Aufgabe auf (siehe 2012-3, 5).

Viele Schüler machen den Fehler, dass sie das eigentliche Ergebnis ihrer Arbeit erst am Ende präsentieren. Das wirkt dann so, als hätten sie es beim Schreiben herausgefunden (manchmal stimmt das ja sogar). Ein guter Tipp: Wenn Sie Ihr Hauptergebnis beim Schreiben der Einleitung wirklich noch nicht kennen, lassen Sie einfach eine halbe Seite frei und schreiben diesen Teil am Schluss.

Im Anschluss an die Hauptaussagen Ihres Textes sollte eine sogenannte **Vorgliederung** stehen. Sie zählen auf, welche Teilergebnisse Sie zu Ihrem Hauptergebnis geführt haben. So weiß der Lehrer, was ihn im Folgenden erwartet. Viele Schüler gestalten das wie eine Versuchsbeschreibung:

In order to show how the two characters interact I will first describe the relationship between Demetrius and Helena briefly. Then I will prove that stylistic devices like symbols and metaphors, rhetorical questions and oxymorons reveal a lot about the characters' attitudes and feelings.

Besser ist es aber, eine solche Vorgliederung direkter und sachbezogener zu formulieren und sie in die Darstellung Ihres Hauptergebnisses zu integrieren (siehe oben).

Teil 2 – Hauptteil

In der Reihenfolge Ihrer Vorgliederung sollten Sie nun die von Ihnen genannten **Aspekte abarbeiten**. In unserem Beispiel wird chronologisch vorgegangen und so die inhaltliche Struktur des Dramenauszugs nachvollzogen. Der Anfang des Hauptteiles könnte also folgendermaßen aussehen:

At the beginning, Demetrius' love for Hermia is shown by his announcement that he will "slay" (l. 3) his rival, Lysander, for fleeing with the woman he, Demitrius, also adores. Then the verb "slay" is also employed to show the deep impact his love has on him: in fact, the reason why he is so determined to follow the couple is that his devotion has "slayed" him in a metaphorical sense (l. 3).

Diese und jede weitere Ihrer Thesen sollten Sie weiter ausführen und mithilfe von Textbelegen und Zitaten beweisen:

Against the backdrop of this exaggerated portrayal of his unrequited love for Hermia, it seems to be self-evident and understandable that during his pursuit he would see himself as being "wood within this wood" (l. 5) – a description that emphasizes his anger but possibly also symbolizes his firmness, his perseverance and maybe also his strength on a metaphorical level. In contrast, Helena depicts herself as being weak but faithful to Demetrius, which becomes obvious in the metaphor of the dog, the "spaniel" (l. 16), that reliably clings devotedly to its master, ready to take his blows, which are at least some form of attention and maybe even conceal some affection.

Jeder **Analyseabschnitt** sollte ins Detail gehen und also mehrere Sätze umfassen. Machen Sie nach jedem Teilaspekt Ihrer Analyse einen Absatz, um die Struktur Ihres Textes zu kennzeichnen. Verwenden Sie *connectives* wie z. B. „additionally", „furthermore" oder auch „in contrast to", um die Absätze logisch zu verbinden.

Teil 3 – Schluss

Der Schluss fasst die Ergebnisse zusammen. Oft wird noch ein zusätzlicher Aspekt eingebracht, der die vertretenen Auffassungen in Ihrer Gesamtheit bestätigt:

When the struggle begins to reach its climax, the cruelty in Demetrius' behaviour is shown by his threat to desert [Helena] in the dark woods – a rather dangerous situation for a lady, as the oxymoron in line 41 proves: in fact, there is no chance that the wild beasts around would show mercy when approaching helpless prey such as Helena. In her reply, however, Demetrius is also equated with a wild beast – he is depicted as "the griffin" (l. 45) or "the tiger" (l. 46) that is trying to hunt down Hermia. This again shows his cruel determination but it also seems to offer a faint hope: if Helena […] can actually reverse the situation […] seemingly impossible things may indeed happen. And maybe one day this will even hold true for Demetrius and Helena.

Alternativ können Sie eine sachliche Bemerkung anfügen oder einen Ausblick in die Zukunft wagen.

6 Wie argumentiere ich sachgerecht am Text?

Ihre methodischen Fähigkeiten bei der Textanalyse spielen eine zentrale Rolle für die Qualität Ihrer Leistung. Um sachgerecht am Text zu argumentieren, ist es entscheidend, dass Sie Ihre Auffassungen mithilfe von Verweisen und Zitaten belegen.

7 Wann und wie gebe ich Textverweise?

Ein bloßer Textverweis reicht immer dann aus, wenn sich die Bestätigung für Ihre Auffassung ohne nähere Erläuterung aus dem Material ergibt. Sie wollen also mit dem Textverweis nur zeigen, auf welche Stelle Sie sich konkret beziehen, d. h. woher Sie Ihre Informationen haben. In diesem Fall stehen Ihnen eine kurze und eine lange Form zur Wahl:

The strong appealing character of the article is enhanced by rhetorical questions (l. 37) and the repeated usage of the word "if" (l. 29, l. 30).
The strong appealing character of the article is enhanced by rhetorical questions in line 37 and the repeated usage of the word "if" in lines 29 and 30.

Etwas komplizierter wird es, wenn Sie sich auf eine Stelle beziehen, die sich über mehrere Zeilen erstreckt. Hier müssen Sie nämlich bei den Zeilenangaben die Pluralformen verwenden:

(ll. 2/3) oder bei mehr als zwei Zeilen (ll. 2–35)
lines 2/3 oder bei mehr als zwei Zeilen lines 2–35

Wenn Sie Seitenzahlen angeben müssen, verwenden Sie die Abkürzungen „p." oder „pp." und beachten Sie bei der langen Form, dass es stets „on page" bzw. „on pages" heißt. Bei Zeitungsartikeln benötigen Sie manchmal den Begriff „column" (Spalte). Beziehen Sie sich mehrfach hintereinander auf dieselbe Stelle, so schreiben Sie „ibid" oder „ibid." (genau an derselben Stelle).

8 Wie zitiere ich?

Beim Zitieren gibt es zwei grundlegende Vorgehensweisen. Entweder binden Sie das Zitat in einen Ihrer Sätze ein oder Sie zitieren einen vollständigen Satz, der dann für sich alleine steht. Sie gliedern also das Zitat aus Ihrem Fließtext aus. Die Länge der Zitate sollte im ersten Fall höchstens 1 bis 1,5 Zeilen betragen, im zweiten Fall höchstens 3 bis 4 Zeilen. Sie müssen jedes Zitat mit Anführungszeichen beginnen und abschließen. Wichtig: Im Englischen stehen die „Gänsefüßchen" ausschließlich oben, auch vor dem „Zitat".

In the end, Shakespeare makes Othello sum up his tragic story in his own words: "[…] you speak of one that lov'd not wisely, but too well […]" (ll. 344/345).

Einbindung: Bei der Einbindung eines Zitats in Ihren persönlichen Text ist es entscheidend, dass sich aus Ihren eigenen und den zitierten Worten eine **grammatikalisch und inhaltlich** richtige **Gesamtkonstruktion** ergibt:

Of course, a language does not need to be spoken perfectly well in order to make oneself understood, to be able to communicate might indeed "give us wing" as John Agard wrote (l. 11).

Ob Sie korrekt gearbeitet haben, können Sie ganz einfach prüfen, indem Sie sich vorstellen, der ganze Satz wäre von Ihnen: Macht er Sinn?
Um fremde und eigene Textteile anzupassen, dürfen Sie das Zitat kürzen, ergänzen oder verändern. Wenn Sie das tun, müssen Sie dies jedoch unbedingt kennzeichnen.

Eine gängige Möglichkeit ist es z. B., dass Sie die Stellen, die Sie weglassen oder verändern, durch eckige Klammern ersetzen. Erweiterungen umschließen Sie dagegen mit runden Klammern:

According to Kapur, the "techie culture [infiltrates]" (ll. 7/8) the Indian market, which rather reminds the reader of a spy game during war times than of economic change.

According to Kapur, the "(American) techie culture [infiltrates]" (ll. 7/8) the Indian market, which rather reminds the reader of a spy game during war times than of economic change.

So können Sie jedes Zitat an Ihren Text anpassen, als Faustregel gilt jedoch: je weniger Veränderungen, desto besser.

Ausgliederung: Soll ein Zitat für sich alleine stehen, muss ihm eine Einleitung vorangestellt werden. Am Ende dieser Einleitung steht immer ein Doppelpunkt. Die Einleitung gibt eine Information über den Ursprung des Zitats, insbesondere über den Urheber und den Zusammenhang, aus dem die zitierte Passage stammt. Oft wird im Rahmen des einleitenden Satzes eine inhaltliche Zusammenfassung gegeben.

Kapur's description of the Americanisation of India rather reminds the reader of a spy game during war times than of economic change: "[…] the arrival of these two companies, so emblematic of American consumerism, and so emblematic, too, of the West Coast techie culture that has infiltrated India's own booming technology sector, is a sign of something more distinctive." (ll. 6–8).

Bei einem für sich allein stehenden Zitat ist es wichtig, dass Sie im Anschluss daran auch mit dem gewählten Textabschnitt arbeiten, d. h. dass Sie das Zitat ausführlich interpretieren, es „ausdeuten“.

Abiturprüfung NRW – Englisch Leistungskurs: Aufgabe 1
British and American Traditions and visions

Aufgabentyp: *Sach- und Gebrauchstext, A2 (analytisch-interpretierende Textaufgabe mit anwendungs-/produktionsorientierter Aufgabenstellung)*
Unterrichtsinhalte: *British traditions, landmarks in British history, class, social issues; the media; composition of dialogue*

Uppers, Downers and the myth of classless Britain

The idea that our island is becoming more egalitarian is one of our more dangerous illusions

At first glance, it would seem that something – guilt, perhaps – has sent the former head of Mrs Thatcher's policy unit, Ferdinand Mount, clean round the twist. Educated at expensive private schools and in possession of what he calls "a languid upper-class voice and a semi-dormant baronetcy", Mount has written a book in which he suggests that those at the bottom of the economic ladder should be encouraged to move to the countryside where they would be given, or sold cheaply, small plots of land on which they could build houses.

Too much importance has been attached to farming and to old-fashioned landscape, too much power given to planning authorities, according to Mount. John Prescott's building programme does not, if anything, go far enough. Villages and farmers should be encouraged to sell off fields for housing estates and landowners should be empowered to sell 10 per cent of their land, up to 10 acres, for the same purpose.

Mind the Gap, the book in which these startling ideas are proposed, is propelled by a sense of rage at what Mount argues is one of the great lies of our times – that Britain has, over the last three decades, become less divided by class. The opposite is the case, he claims. Under the government which he served and its successors, Conservative and Labour, it is not only the economic gulf between rich and poor that has grown. A more insidious social division, marked by mutual suspicion and misunderstanding, between the haves and have-nots – "Uppers" and "Downers", as he calls them – has developed.

Even those of us who dispute whether transferring inner-city problems into the hills and meadows is a sensible solution would probably agree that Mount has hit on an embarrassing truth. At a time of unprecedented prosperity and under a government elected on a platform of social justice, part of the British population is more excluded, alienated and generally without hope than ever before.

In a way, the problem is post-class. The rise of a new aristocracy, based on fame rather than birth, has helped to erode the old snobbish certainties. Those who once would have been considered distinctly common (Tracey Emin, David Beckham, Kate Moss) now represent the epitome of confidence and style while naffness is, more often than not, to be found among the ranks of former toffs (Lord Brocket, Jeremy Clarkson, Prince Andrew).

Instead of a moderately mobile, graded society, we now have a single great and gaping divide between those who can share the benefits of early 21st-century life and those who have simply been left behind. For these people, a sort of siege mentality has set in. Because they have no investment in the community and no hope that it will provide any sort of change in their lives, their prevailing mood is aggressively defensive and antisocial – and who, honestly, could blame them?

Mount argues that members of the privileged majority, can, for the first time, live out their days hardly meeting the Downers, seeing only caricatured versions of them on TV soaps. This surely is to underestimate the influence of the new style of documentary. Reality TV and fly-on-the-wall shows could hardly exist without contributions from Downers. Night after night, they appear on our screens, foul-mouthed and leery in a programme about girl gangs, surly and tearful in *Wifeswap*, raucous and randy on one of the many prurient glimpses into the behaviour of young British holidaymakers abroad.

What these programmes have in common is the attitude of those who appear in them. Utterly at ease in front of the camera, they seem to enjoy being shocking or unco-operative, to luxuriate in their own nastiness. It seems as if they have realised that this is the part they have been allotted and that they are now prepared to play it to the hilt.

Even when these tours of life among the underclass are motivated by concern and directed with sensitivity, the effect on Uppers sitting, appalled, at home is the same. The message conveyed is that these are people unlike us, utterly beyond the pale of civilised society. In front of our TVs, we sigh, shake our heads, wonder whether it is not time to invest in a burglar alarm, and turn with relief to *Sex and the City*.

Class has become part of the entertainment industry. It provides viewers with pleasurable shudders of horror and disapproval, a peep into the underworld that makes our own cosseted lives feel that much comfier. Programmes that capture the Downer way of life not only point up the growing division between those with a future and those mired in hopelessness, but subtly add to it. Viewers are likely to share the fatalistic view that has taken hold in the Home Office – that encouraging those on sink estates to change and contribute is a fantasy enjoyed by "the liberati", that only a regime of authority, of increasingly punitive anti-social behaviour orders, can provide a solution.

The idea that our little island is becoming less bigoted, more egalitarian and classless is one of our more dangerous illusions. Who would have thought that it would take a former Thatcherite to point it out? *(861 words)*

Terence Blacker, The Independent, 10 September, 2004. © The Independent

l. 2 Margaret Thatcher: former UK Prime Minister known for her strict economic and social policies
ll. 9/10 John Prescott: UK Deputy Prime Minister and First Secretary of State
l. 44 Wifeswap: reality show where two families swap wives

Aufgabenstellung

1. Briefly explain why "classless Britain" is a myth.
2. Speculate about the author's intention by analysing form and stylistic devices in the article.
3. Write a fictitious dialogue between an "Upper" and a "Downer". Each of them tries to explain why his/her life is harder than the fate of the other one.

Lösungsvorschläge

1. *Grundkompetenzen: comprehension/orientation/context*
   Stellen Sie hier dar, wie der Autor Terence Blacker seine These begründet, Großbritannien sei nach wie vor und mehr denn je eine Klassengesellschaft.
   – the economic divide still exists
   – due to social division the gap is growing
   – the new aristocracy is based on fame and not on birth
   – Uppers and Downers only meet via mass media, which adds to the divide

   In the newspaper article "Uppers, Downers and the myth of classless Britain", Terence Blacker deals with social disparities in British society. Even though one might believe that Britain has become more egalitarian in past years, the author points out that not only has the economic gap between rich and poor widened, but a new social division has also come into being. Terence Blacker believes the distinction between those who are able to afford a high living standard, "Uppers", and those who are not, "Downers", to be furthered by the entertainment industry. The new type of aristocracy is no longer based on birth but on fame that is created by media. The high status of the "Uppers" is owing to urban life series like "Sex and the City", whereas low budget reality soaps like "Wifeswap" manifest the inferior position of the "Downers". The social gap gets wider and wider because both types of series heavily depend on using – and most likely: inventing – clichés and prejudices. *(170 words)*

2. *Grundkompetenz: analysis*
   Belegen Sie anhand des Textes, dass der Autor die Gesellschaft offensichtlich vor einem stetig steigenden Konfliktpotenzial zwischen Arm und Reich warnen will. Blacker kritisiert vehement diejenigen, die seines Erachtens für die Situation verantwortlich sind.
   – a warning is expressed in the subtitle and repeated in the concluding sentence
   – the use of evaluating adjectives stresses Blacker's personal opinion
   – he criticizes the government: promises of "social justice" have been broken
   – he criticizes mass media: they enlarge the gap between the classes
   Darüber hinaus wird deutlich, dass die Sympathien des Autors den sozial benachteiligten „Downers" gelten und dass er dies dem Leser auch vermitteln will.

– the use of personal pronouns ("they" versus "we") clarifies the journalist's position
– pity with "Downers" is raised by the description of hardship
– claims they cannot be blamed for their aggressive behaviour
Die „Uppers" werden hingegen mit abschätzigen Begriffen benannt und lächerlich gemacht, weil sie sich in ihrer eigenen Welt verschanzen.
– he labels "Uppers" with the term "toffs"

In his article, which was printed in "The Independent" on 10th September 2004, Terence Blacker warns the readers of an ever-growing social division and the consequent risks. He apparently blames British politicians and mass media for the situation. The existence of the dangerous divide in Britain's society is revealed by the heading and subheading as well as by the contrastive descriptions of the Uppers and the Downers. By the use of personal pronouns Blacker shows that the distance between the two groups affects himself and his readers.
The three terms "myth", "idea" and "illusion", which are used in the headlines, focus on the difference between seeming and being – right from the beginning Blacker makes it clear that "classless Britain" does not exist, though it is aimed at. The evaluating adjective "dangerous" and its comparative emphasise the severity of this problem.
The journalist begins his article by summarizing a book written by Ferdinand Mount, a Conservative politician. To Blacker it seems paradoxical that "a former Thatcherite" (l. 68) should take a political stance against social disparities (ll. 1/2, 50/51) and this impression is enhanced by his referring to himself as "upper class" (l. 4). Blacker uses Mount's political background to put emphasis on his criticism of the Labour government, and then he claims: "At a time of unprecedented prosperity and under a government elected on a platform of social justice, part of the British population is more excluded, alienated and generally without hope than ever before" (ll. 24–26). The enumerative description of the situation of the "Downers" in the last part of the sentence creates an image of hopelessness. Paradoxically, it is a hopelessness among those who had great expectations when they voted for a left-wing Prime Minister.
In view of such developments, the Home Office is said to hold a "fatalistic view" (l. 62), implying that they do not do enough to help those who are worse off but instead seek to establish "a regime of authority, of increasingly punitive anti-social behaviour orders" (l. 64). Alternative ideas are supposedly lightly brushed aside as "a fantasy enjoyed by "the liberati"" (l. 63) – the ironic tone showing that Blacker has little understanding for such an attitude.
Apart from the government, the media are also criticized. Being the only link between "those who can share the benefits of early 21st-century life and those who have simply been left behind" (ll. 34/35), they do nothing to bring the two groups together but "subtly add to" (l. 61) the growing division. On the one hand, they give birth to new upper class role models (ll. 29/30) and on the other hand, they convey and reinforce a bad impression of the lower classes. This leads Downers to indulge in their behaviour, "(realising) that this is the part they have

been allotted" (l. 50), whereas Uppers feel that people from the lower classes are "utterly beyond the pale of civilised society" (ll. 54/55).
In this part of the article, Blacker underlines the division by using different personal pronouns for both groups. When talking about the Downers, Terence Blacker employs the pronouns "these" and "they", whereas he uses "we", "our" and "us" when referring to the Uppers. Though the use of these pronouns seems to suggest that the author counts himself among the Uppers, he also calls them "toffs" (l. 31), expressing disapproval. Furthermore, he makes fun of this group by hinting at the fact that they are keen on staying in their own little world, which they are ready to protect, instead of improving the society they live in (ll. 55/56).
By contrast, he defends the lower classes, although he describes them as "foul-mouthed and leery [...], surly and tearful [...], raucous and randy" (ll. 43–45). From Blacker's perspective, they merely seem to be playing the part society has given them. Nobody can blame them for their behaviour (l. 38), as they are definitely in a disadvantageous position.
All in all, one can say that both Blacker's criticism and his warning are rather mild, as he does not openly attack those he feels are responsible for the situation nor does he say why the situation is dangerous. *(700 words)*

3. *Grundkompetenz: (re-)creation of text*
Beim Schreiben des Dialoges müssen Sie die vorgegebenen Inhalte und die Form beachten. Während des Gespräches sollen beide Personen versuchen, ihr Gegenüber von ihrem schweren Schicksal zu überzeugen. Seinem Stand entsprechend verwendet der „Upper" hierzu ein formales Englisch, der „Downer" hat einen eher informellen Sprachgebrauch. Achten Sie vor allem darauf, dass Sie durchgängig in den entsprechenden Sprachregistern bleiben. Fürchten Sie sich nicht vor grammatischen Verstößen in den Repliken des „Downers", aber seien Sie konsequent. Markieren Sie bei der Umgangssprache fehlende Buchstaben durch einen Apostroph (z. B. you're kiddin').
Die Namen der Figuren, ihr Geschlecht und den situativen Rahmen können Sie frei wählen. Allerdings sollte es sich um eine Situation handeln, in der es zumindest denkbar ist, dass diese ungleichen Personen aufeinander treffen und miteinander ins Gespräch kommen.

LADY BRIDGET: Martha, would you be so kind as to do what I requested immediately, please? I would not be amused if I had to check whether you had completed your tasks adequately. There is already enough to worry about – all day long.
MARTHA: Is there?
LADY BRIDGET: You are simply incapable of comprehending all the difficulties an aristocratic wife and mother has to face. It is undeniably a very demanding life.
MARTHA: I dinna mean to be rude, but I'm a mum of two kiddies meself an' I'ave to go to work, coz the brass don't last long. An' I know wha' I'm talkin' 'bout! Cleanin' your house an' then goin' home to tidy up our flat, cook dinner, do the washin', look after the kiddies ... The flippin' list is endless, yer know.

LADY BRIDGET: Of course I realize that. However, you have no need to concern yourself with the ordeal of arranging a dinner party, not to mention the soirées and balls. So much planning is required and I am glad that at least we have the privilege of being able to order at London's most exquisite catering service. Where would we be without Steeplebees? And the dress code: you are expected to wear a new gown to each dinner party, as everyone notices if you wear the same one twice. Imagine you have to buy all those dresses – it puts you under so much pressure. You have to consider all the designers and match the dress to the occasion in style and colour. I remember exactly what happened to Lady Ashendon, who wore a red robe to a dinner party one evening – absolutely shocking!! No taste at all, no one dared inviting her for several weeks.

MARTHA: Wha' you complainin' 'bout? Ye got brass – that's what counts. I think of me poor hubby, who works so hard all day! Factory work is really no fun. Dirty an' loud, ye wouldna' believe it. Big as a bull me hubby, but sleeps like a wee baby every night! On top of that: his health's bad.

LADY BRIDGET: Dirt is so intolerable. My dear, you should see Edward when he returns from supervising some of those uncivilised brutes down at the new factory. My poor darling smells so strongly of smoke and sweat that his suits have to be taken to the dry cleaner's as soon as he comes home.

MARTHA: Ma'am, you should smell me Bud. He reeks to high heaven, an' he don't complain! Ye know, we take a shower ev'ry night … Bud's a real blast if he take me ther'.

LADY BRIDGET: Martha!! My dear Edward … is so … terribly tired – he is so busy. The hunt at Lady Darrington's country estate was wonderful, absolutely splendid, to be quite honest. He looks so handsome in his riding gear, do you not think so, too?? And his skill with horses, you can simply tell who learned to ride at the age of four – and not to forget his talent for golf. Edward's handicap is remarkable.

MARTHA: Oh, wha' a bunch of nonsense. What's golf good for? That's not hard grind! 12 hours factory, I say. Your sonnyboy wouldna' last a single hour!

LADY BRIDGET: Certainly not! Edward does not have to occupy himself with physical labour. He is the one who does the thinking. Attending the House of Lords takes so much of his precious time. He has barely enough to meet up with other gentlemen at the club.

MARTHA: Wha' about wifeswop – do ye know that series?

LADY BRIDGET: Well.

(611 words)

Abiturprüfung NRW – Englisch Leistungskurs: Aufgabe 2
British and American Traditions and visions

Aufgabentyp: *Literarischer Text, A 2 (analytisch-interpretierende Textaufgabe mit anwendungs-/produktionsorientierter Aufgabenstellung)*
Unterrichtsinhalte: *American traditions, American dreams and nightmares, moral issues; plays; informal letter*

Cat on a Hot Tin Roof by Tennessee Williams

BIG DADDY. It's hard to talk in this place ...

BRICK. Son of a – !

BIG DADDY *(leaving a lot unspoken).* – I seen all things and understood a lot of them, till 1910. Christ, the year that – I had worn my shoes through, hocked my – I hopped off a yellow dog freight car half a mile down the road, slept in a wagon of cotton outside the gin – Jack Straw an' Peter Ochello took me in. Hired me to manage this place which grew into this one. – When Jack Straw died – why, old Peter Ochello quit eatin' like a dog does when its master's dead, and died, too!

BRICK. Christ!

BIG DADDY. I'm just saying I understand such –

BRICK *(violently).* Skipper is dead. I have not quit eating!

BIG DADDY. No, but you started drinking.

(Brick wheels on his crutch and hurls his glass across the room shouting.)

BRICK. YOU THINK SO, TOO?

BIG DADDY. Shhh!

(Footsteps run on the gallery. There are women's calls. Big Daddy goes toward the door.)

Go way! – Just broke a glass. ... *(Brick is transformed, as if a quiet mountain blew suddenly up in volcanic flame.)*

BRICK. You think so, too? You think so, too? You think me an' Skipper did, did, did! – *sodomy!* – together.

BIG DADDY. Hold – !

BRICK. That what you –

BIG DADDY. – ON – a minute!

BRICK. You think we did dirty things between us, Skipper an' –

BIG DADDY. Why are you shouting like that? Why are you –

BRICK. – Me, is that what you think of Skipper, is that –

BIG DADDY. – so excited? I don't think nothing. I don't know nothing. I'm simply telling you what –

BRICK. You think that Skipper and me were a pair of dirty old men?

BIG DADDY. Now that's –

BRICK. Straw? Ochello? A couple of –

BIG DADDY. Now just –

BRICK. – ducking sissies? Queers? Is that what you –

BIG DADDY. Shhh.

BRICK. – think?

(He loses his balance and pitches to his knees without noticing the pain. He grabs the bed and drags himself up.)

BIG DADDY. Jesus! – Whew. … Grab my hand!

BRICK. Naw, I don't want your hand. …

BIG DADDY. Well, I want yours. Git up!

(He draws him up, keeps an arm about him with concern and affection.)

You broken out in a sweat! You're panting like you'd run a race with –

BRICK *(freeing himself from his father's hold)*. Big Daddy, you shock me, Big Daddy, you, you – *shock* me! Talkin' so –

(He turns away from his father.)

– casually! – about a – thing like that …

– Don't you know how people *feel* about things like that? How, how *disgusted* they are by things like that? Why, at Ole Miss when it was discovered a pledge to our fraternity, Skipper's and mine, did a, *attempted* to do a, unnatural thing with – We not only dropped him like a hot rock! – We told him to git off the campus, and he did, he got! – All the way to –

(He halts, breathless.)

BIG DADDY. – Where?

BRICK. – North Africa, last I heard!

BIG DADDY. Well, I have come back from further away than that, I have just now returned from the other side of the moon, death's country, son, and I'm not easy to shock by anything here.

(He comes downstage and faces out.)

Always, anyhow, lived with too much space around me to be infected by ideas of other people. One thing you can grow on a big place more important than cotton! – *is tolerance!* – I grown it.

(He returns toward Brick.)

BRICK. Why can't exceptional friendship, *real, real, deep, deep friendship!* between two men be respected as something clean and decent without being thought of as –

BIG DADDY. It can, it is, for God's sake.

BRICK. – Fairies. …

(In his utterance of this word, we gauge the wide and profound reach of the conventional mores he got from the world that crowned him with early laurel.)

(648 words)

l. 5 yellow dog: primitive
l. 6 gin: cotton gin, i.e. a building in which cotton is processed
l. 49 Ole Miss: University of Mississippi
l. 49 pledge: a student who is not yet a full member of a fraternity

Aufgabenstellung

1. Briefly explain the underlying moral conflict.
2. How does Williams use stylistic devices and dramatic means in order to show the characters' personal (American) dreams and nightmares?
3. Before committing suicide, Skipper writes a letter to Brick. Write the letter.

Lösungsvorschläge

1. *Grundkompetenzen: comprehension/orientation/context*
   In dem Streit zwischen Vater und Sohn geht es um unterschiedliche Wertevorstellungen, die zum einen die Arbeitsmoral und zum anderen die Sexualität des Sohnes betreffen. Der Streit bricht aus, als Big Daddy von seiner Zeit auf der Baumwollplantage erzählt.
   – Big Daddy is a successful planter whereas his son is an alcoholic
   Während dieser Konflikt nur zwischen den Zeilen zu erkennen ist, wird der Streit um Bricks Sexualleben sehr viel deutlicher.
   – Brick feels accused of being homosexual
   – he flies into a fury and denies it
   – Big Daddy remains calm and affectionate
   – he claims to be tolerant and independent of the "ideas of other people" (ll. 60/61)
   Die unterschiedlichen Reaktionen zeigen, dass der Sohn die konservativen Moralvorstellungen der Zeit teilt, während der Vater trotz seines höheren Alters progressiver eingestellt ist.

   In the excerpt from Tennessee Williams' drama *Cat on a Hot Tin Roof* an argument between Brick and his father Big Daddy is triggered off when the latter recalls his early career on the plantation. The argument reveals a moral conflict between the two characters which is focused on work ethic and sexuality.
   First, Big Daddy tells his son how he started from scratch and became a rich planter. In the following, Big Daddy implicitly accuses Brick of laziness by stating that he "started drinking" (l. 12) instead of being successful.
   Later, Brick gets the impression that his father means to tell him that he is homosexual, just like the two men who owned the plantation. The son denies this accusation vehemently because he believes a homosexual relationship to be "dirty" (l. 30). It is striking that Brick gets mad with anger and uses a whole range of swearwords like "ducking sissies" l. 34) to refer to homosexuals, whereas Big Daddy remains calm and affectionate and expresses his tolerance. This proves that Brick is influenced by "the conventional mores he got from the world" (ll. 68/69) while his father is not "infected by ideas of other people" (ll. 60/61). *(208 words)*

2. *Grundkompetenz: analysis*

Hier sollten Sie zunächst aufzeigen, inwiefern die beiden Charaktere den amerikanischen Traum bzw. Albtraum verkörpern.

- *Brick is a broken character and an alcoholic*
- *his alleged homosexuality makes him an outcast of society*
- *by contrast, Big Daddy is a successful planter and powerful father of a family*
- *his status is signalled by his name*

Der grundlegende Unterschied wird vor allem in den Regieanweisungen deutlich: Der Sohn geht an Krücken, und als er fällt, hilft der erfolgreiche Vater ihm fürsorglich wieder auf die Beine. Auch in ihrem Sprachgebrauch unterscheiden sich die beiden.

- *rise and fall are symbolized by stage actions*
- *Brick struggles for words, which indicates his insecurity*
- *Big Daddy employs imperatives to underline his power and authority*
- *imagery marks his tolerance*

Insgesamt sollten Sie herausarbeiten, dass Brick und Big Daddy krasse Gegensätze darstellen. Der Sohn widerspricht dem amerikanischen Traum in allen Facetten – sei es im Hinblick auf seinen Lebenswillen, seine Selbstständigkeit, sein Selbstvertrauen oder seinen Familiengeist – während der Vater als Selfmademan den American Dream geradezu personifiziert.

In the text, two very different pictures of the American Dream are drawn. First there is Brick, who is apparently far from being a self-made man. And second there is Big Daddy, who seems to be the personification of the national myth. Tennessee Williams employs symbolic stage actions, exclamations, rhetorical questions, imagery and euphemisms to convey this contrast – on the one hand he shows Brick's weaknesses and struggles and on the other hand he expresses Big Daddy's success, power, authority and materialism. Brick seems to be a broken character who refuses to take action against his failure. During the scene, however, he is forced by Big Daddy to evaluate his reasons for drinking and to talk about his former relationship to his dead friend Skipper. Brick is cornered and he has to answer implicit questions he would rather not even listen to. Big Daddy compares Brick's sad fate after Skipper's death to the tragedy of the two former plantation owners Jack Straw and Peter Ochello. He states that "when Jack Straw died – […], old Peter Ochello quit eatin' like a dog does when its master' dead, and died, too" (ll. 7/8). This comparison reveals one of Brick's nightmares: even though he did not die along with Skipper, he has turned his back on life.

The grave impact of the loss is symbolized by means of symbolic stage action. Brick needs crutches to walk and one time "(h)e loses his balance and pitches to his knees" (l. 37). His bad physical condition reflects his uncomfortable mental condition: he is not able to cope with his hardship, and falls apart. It is striking that the only two things Brick seems determined to keep up are his denial of being homosexual and his liquor supply.

The stage directions insinuate that Big Daddy is willing to help his son. He "draws him up, keeps an arm about him with concern and affection" (l. 42). This action

matches the ideal of an American family that sticks together and solves the problems society inflicts on its members. Unfortunately, Brick does not want to accept any help and frees "himself from his father's hold" (l. 44).
Exclamations and incomplete sentences show that Brick is too shaken to express his thoughts in a sophisticated way. He is puzzled and shattered by his father's suspicion that he had a homosexual relationship with his friend Skipper and starts stuttering: "(y)ou think me an' Skipper did, did, did! – sodomy! – together" (ll. 20 /21). The desperation of the reproach is underlined by the wrong use of the word "sodomy" and by the exclamation marks. Brick uses many derogatory terms such as "ducking sissies" (l. 34) and "queers" (l. 34) to reflect the contempt homosexuals are held in. They were entirely excluded from the American Dream and denied equal rights for a long time. By contrast, Brick's claim that he and Skipper had "real, real, deep, deep friendship" (l. 64) fits the image of a typical male relationship which is deeply rooted in the cowboy myth.
Big Daddy is the glaring opposite, embodying the dream perfectly. In contrast to his son, he is determined to live on, to survive – he has "returned from the other side of the moon" and was successful ever after (l. 56). The metaphorical exaggeration stands for the toils and travails he had to go through in order to make his dream come true. Big Daddy first "slept in a wagon of cotton outside the gin" (ll. 5/6) and was then "hired to manage (the plantation)" (ll. 6/7). And he obtained the ownership by following his own destiny. He was his own creator and became very successful.
His name characterizes Big Daddy as a powerful pater familiae. His authority is stressed by his frequent use of imperatives. When he orders Brick to "(g)rab (his) hand" (l. 30) and to "(g)it up" (l. 41), he expects his son to be obedient.
Unlike the other characters, Big Daddy's freedom has not been curbed by society's mores. He explains that he is an individual who has "too much space around (him) to be infected by ideas of other people" (ll. 60/61). Consequently he claims that "you can grow (tolerance) on a big place" (l. 61) – a tolerance that the American Dream does not offer.

3. *Grundkompetenz: (re-)creation of text*
Hierbei handelt es sich um eine kreative Aufgabe. Auf der Grundlage dessen, was Sie in dem vorgelegten Textauszug über Bricks Freund Skipper erfahren haben, sollen Sie dessen Abschiedsbrief an Brick schreiben.
Die Frage nach der Homosexualität der beiden Männer lässt sich anhand der Textgrundlage nicht eindeutig beantworten, sodass Sie volle Entscheidungsfreiheit haben. In jedem Fall sollten Sie aber auf den Sittenkodex eingehen, der in der letzten Regieanweisung explizit formuliert wird. Hieraus können Sie mögliche Gründe für Skippers Freitod entwickeln.
Halten Sie die üblichen Formalien eines Briefes ein, d. h. verwenden Sie Einleitungs- und Schlussfloskeln. Sprachlich darf der Stil durchaus informell sein und Kurzformen sowie umgangssprachliche Ausdrücke enthalten. Der Ton sollte der Situation entsprechend emotional und gleichzeitig getragen sein.

Dear Brick!
Now the time has come and I don't know how to tell you what I intend to do. But maybe I should start at the beginning, which is just as good as anywhere else. We always were a great team, you and I. Football was one part of my life and the other half was you. Some of my fondest memories are the ones of us touring the country in pro-football. The fun we had together, the

F R I E N D S H I P.

I'm not sure if you feel the same, but before I die, I need to tell you the truth. A truth you never wanted to see or – let alone – face up to. At some point in one's life one has to be utterly sincere without regard for the consequences. And to be honest, I'm past caring what other people think. That was always your greatest problem, Brick. You were so dependent on what other people thought about you – caught in your image of being morally good and totally successful, you were afraid of not being perfect. On every occasion you tried to make people think the best of you. But tragically you couldn't live up to your own high standards. You wanted to be someone you weren't. And that was my fault. It was my love that ruined you. You always talked of a rare and clean friendship, but in your heart of hearts you know that it was more than that. What we had was not only friendship, and you should finally face that. Love between people of the same sex,

H O M O S E X U A L I T Y,

collides with your conventional patterns of morality, your beliefs and what you dream to be. But you can't change what you are. Denying love does not make life better and what is so wrong about our feelings for one another anyway? Just because society frowns, does that make it wrong? But that discussion is beside the point right now. You have made your decision, my friend, and now you and I have to live with that. Except that I cannot live with it. Knowing that you will never allow yourself to reciprocate my feelings leaves me hopeless and desperate.
I know you well, you will try to forget me and perhaps you will succeed. Who knows? I will not embarrass you any further. You can stop worrying about me and keep denying the truth. However, believe me, some day you will have to face up to yourself and admit the true nature of your feelings, too.

Farewell my friend.
L O V E
Skipper

(446 words)

Abiturprüfung NRW – Englisch Leistungskurs: Aufgabe 3
Globalisation – global challenges

Aufgabentyp: *Literarischer Text, A 1 (Textaufgabe mit analytisch-interpretierendem Schwerpunkt)*
Unterrichtsinhalte: *post-colonialism and migration, global challenges, cultural diversity, dystopia, ethics; narrative texts; comment*

The Refugee by Pearl S. Buck (first part)

They walked through the new capital, alien and from a far country, yes, although their own lands were only a few hundred miles perhaps from this very street upon which they now walked. But to them it was very far. Their eyes were the eyes of those who have been taken suddenly and by some unaccountable force from the world they have always known and always thought safe until this time. They who had been accustomed only to country roads and fields, walked now along the proud street of the new capital, their feet treading upon the new concrete side-walk, and although the street was full of things they had never seen before, so that there were even automobiles and such things of which they had never even heard, still they looked at nothing, but passed as in a dream, seeing nothing.

There were several hundred of them passing at this moment. If they did not look at anything nor at anyone, neither did any look at them. The city was full of refugees, many thousands of them, fed after a fashion, clothed somehow, sheltered in mats in great camps outside the city wall. At any hour of the day lines of ragged men and women and a few children could be seen making their way towards the camps, and if any city dweller noticed them it was to think with increased bitterness:

"More refugees – will there never be an end to them? We will all starve trying to feed them even a little!"

This bitterness, which is the bitterness of fear, made small shopkeepers bawl out rudely to the many beggars who came hourly to beg at the doors, and it made men ruthless in paying small fares to the rickshaw pullers, of which there were ten times as many as could be used, because the refugees were trying to earn something thus. Even the usual pullers of rickshaws who followed this as their profession cursed the refugees because, being starving, they would pull for anything given them, and so fares were low for all, and all suffered. With the city full of refugees, then, begging at every door, swarming into every unskilled trade and service, lying dead on the streets at every frozen dawn, why should one look at this fresh horde coming in now at twilight of a winter's day?

But these were no common men and women, no riff-raff from some community always poor and easily starving in a flood time. No, these were men and women of which any nation might have been proud. It could be seen they were all from one region, for they wore garments woven out of the same dark blue cotton stuff, plain and cut in an old-fashioned way, the sleeves long and the coats long and full. The men wore smocked aprons, the smocking done in curious, intricate, beautiful designs. The women had bands of the same plain blue stuff wrapped like kerchiefs about their heads. Both men and women were tall and strong in frame, although the women's feet were bound. There were a few lads in the throng, a few children sitting in baskets slung upon a pole across the shoulders of their fathers, but there were no young girls, no young infants. Every man and every lad bore a burden on his shoulder. This burden was always bedding, quilts made of the blue cotton stuff and padded. Clothing and bedding were clean and strongly made. On top of every folded quilt, with a bit of mat between, was an iron cauldron. These cauldrons had doubtless been taken from the earthen ovens of the village when the people saw the time had come when they must move. But in no basket was there a vestige of food, nor was there a trace of food having been cooked in them recently.

This lack of food was confirmed when one looked closely into the faces of the people. In the first glance in the twilight they seemed well enough, but when one looked more closely one saw they were the faces of people starving and moving now in despair to a last hope. They saw nothing of the strange sights of a new city because they were too near death to see anything. No new sight could move their curiosity. They were men and women […] *(729 words)*

From: Pearl S. Buck, The Refugee (first part)

Aufgabenstellung

1. Briefly explain the different types of "bitterness" presented in the story.
2. How does Buck employ character descriptions and narrative technique in order to build up a discriminative tension between foreigners and natives?
3. "Understanding and friendship between people is frequently a victim of group pressure". Comment by referring to the story and to your background knowledge about American culture.

Lösungsvorschläge

1. *Grundkompetenzen: comprehension/orientation/context*
   Sie müssen in wenigen (!) Sätzen die Verbitterung der Flüchtlinge der Verbitterung der Stadtbewohner gegenüberstellen.
   – the bitterness of loss and the bitterness of fear lead to a lack of communication

   In the short story called *The Refugee*, the author describes two different types of bitterness occurring at the same place but among different peoples. The first example of bitterness presented is that of the refugees, who come to a new town because they had to flee from their home country. They have lost "the world they have always known and thought safe" (ll. 4/5), which creates a feeling of being unsure and stranded in a completely different world. They are very poor, simply "clothed somehow" (l. 13), and do not have anything to eat. The second type of bitterness is that of the inhabitants, which the narrator calls "the bitterness of fear" (l. 19). The town people are afraid of losing their own existence, because cheap refugee workers dump their prices (l. 25). In the following, they totally ignore the immigrants and there is a complete lack of communication, which aggravates the bitterness on both sides. *(164 words)*

2. *Grundkompetenz: analysis*
Sie sollten in Ihrer Antwort darstellen, dass die Spannungen zwischen den Völkern aus der Unterschiedlichkeit der beiden Gruppen resultieren. Reichtum und Armut stehen sich genauso gegenüber wie Fremdenhass und Abhängigkeit.
- *egotism, stereotyping, and xenophobia arise from the fear of the natives*
- *owing to the loss of their home and their possessions, the refugees depend on mercy*
- *people are not treated humanely and the tension increases*

Der Erzähler wertet die Angst und das Verhalten der Stadtbewohner und er zeigt Mitgefühl für die Flüchtlinge. Der Konflikt zwischen den Gruppen erscheint ebenso unvermeidbar wie unmenschlich.
- *the narrator sympathizes with the refugees and creates empathy in the reader*

The different characteristics of the peoples involved form the basis for the discriminative tension in the story. The natives, the people living in the city, are depicted as hostile, egotistic and xenophobic, whereas the foreigners seem to be mysterious but able people, who have simply been forced into a new environment. The narrative technique is marked by a third-person narrator who formally lacks introspection, but draws his own conclusions and reveals his personal impressions. He evaluates what he describes and that strongly influences the reader.
The depiction of the town people consists of analytical and reporting elements. In the analytical parts, the reader is given the reasons for the hostile behaviour of this group. Obviously, the people living in the city have come to detest the refugees because the refugees seem to pose a threat to them. The narrator explicitly explains that the town people are afraid that everybody will "starve trying to feed (the refugees) even a little" (ll. 17/18). In addition, Buck explains how generalization leads to xenophobia: the city dwellers no longer look at the individual refugees, but see them as a homogeneous group, about which they have already made up their minds. The latest refugees look like all the ones before, and this leads to the question "why (the city dwellers should) look at this fresh horde coming in […]" (l. 27). The rhetorical question creates a basic understanding of the situation of the natives, but it also shows that their attitude is extremely inhumane. They treat the newcomers as if they were uncivilized – they consider them a "horde" rather than a group of equal human beings. The influx of people leads to unpleasant encounters which are explained in the reporting parts of the text. Out of their anxiety and prejudice, the city people threaten the refugees. "Shopkeepers

bawl out rudely to the many beggars" (ll. 19/20), for example. This action indirectly characterizes the natives as aggressive.
In contrast to the first group, the refugees appear to be alone and abandoned in a world in which they do not belong. Their true character traits seem to be lost because of the necessities of their flight. Helplessly, they face a situation they were not prepared for – they can only survive if they beg for food and they depend on the mercy of others. Buck contrasts this situation with the refugee's appearance. They have neatly and artfully manufactured clothes which symbolize their former affluence and craftsmanship: "The men wore smock aprons, the smocking done in curious, intricate, beautiful designs" (ll. 33/34). In the setting of the story, however, neither the bedecked aprons nor any of their talents help them to earn money.
The third-person narrator is not involved in the story's plot. He appears to be an outsider, who not only describes what he sees in the city, but also partly evaluates the conflict between the different ethnic groups. Even though the narrator's words are based on general observations, he frequently appears to be omniscient. His perception comes close to introspection, especially when he examines the refugees: "When one looked more closely one saw (they had) the faces of people starving" (ll. 46/47). The fact that the whole process of starvation is mirrored in one look by the narrator shows how important his evaluation is for the basic understanding of the story's conflict. Above all, the narrator helps to build up the discriminative tension due to the empathy he feels with the foreigners. He sympathises with the people who have lost their homes. This can be seen in the way he illustrates their encounter with the town people. The beggars on the streets are treated "rudely" even though the narrator's words insinuate that the refugees are modest and just "a little" would be enough to feed them.
The explanations and evaluations in the text show that the tension between the two groups is seemingly inevitable. The aggressiveness of the town people is both understandable and unfair, which adds a tragic touch to the rising conflict.

(502 words)

3. *Grundkompetenz: evaluation*
Sie können der vorgegebenen These zustimmen oder sie ablehnen. Unabhängig davon, welche Meinung Sie vertreten, müssen Sie Ihre Auffassung mit Beispielen aus der amerikanischen Landeskunde oder Literatur begründen. So könnten Sie zum Beispiel darstellen, in welchen Fällen eine Entfremdung zwischen ethnisch, religiös oder wirtschaftlich definierten Klassen auf Gruppenzwänge zurückzuführen ist.

In my opinion, stereotypes and prejudices that arise from group pressure often lead to severe misunderstanding and hostility. In Western societies such as the USA, many social constraints arise from group formation – especially from the individual feeling of belonging to a group of people that possesses a specific status or from the attempt to reach such a status and to become a member of a specific group.

Groups are usually defined by characteristics that separate group members from other people. In Pearl S. Buck's *The Refugee*, the groups can be identified by both their outward appearance and their living conditions. The clash seems inevitable because it is rooted in a vicious circle that can be found in reality, too. People are confronted with somebody that does not fit the familiar group pattern. The deviation seems to endanger the existence of the group and the members of the group are bound together more closely in order to defend the group's existence. Thus, the group pattern is strengthened and the contrast to other groups increases further. This obviously leads to the fact that more and more people fail to come close enough to the core of the group's identity. Consequently, fewer and fewer people get accepted by the group members, which again strengthens the group's unity and the contrast to others. Unfortunately, those who are involved in such a process are vulnerable for racist attitudes, economic or political dogma, and religious fundamentalism.

Once the gap between different groups has come into existence, it is difficult to close it again. In an American context, for example, the many fruitless attempts to overcome slavery have shown that the way (back) to understanding each other is long and troublesome. First attempts to stop the importing of slaves failed because of the group pressure among Southern planters who wanted to maintain their social status. On a political level, that finally led to the formation of the Northern and the Southern unions. Later, discrimination between groups became subtler but the distance between the different groups is still tangible after so many years – "the sons of the former slaves and the sons of the former slave owners" are still not able to sit "at the table of brotherhood" together, as Martin L. King put it. Whereas the ethnic and economic gap between black and white has at least become smaller, the gap between American and Arabic culture is ever growing. Since 9/11, religion and politics have been used to separate different groups and keep them from understanding each other.

If people attempt to become a member of a special group, they are liable to lose their former friends. People change because their aspirations force them to adopt thought patterns that promise success. If somebody fails to enter a higher social class, he gets stranded – just like Willy Loman in Arthur Miller's play *Death of a Salesman*. He follows the all-American belief in the myth of the self-made man, he gives up a happy life for the pursuit of an even happier one. He is confronted with a loss of friendship and understanding but he cannot overcome the group pressure of the capitalist society that surrounds him until he dies. *(537 words)*

Abiturprüfung NRW – Englisch Leistungskurs: Aufgabe 4
Globalisation – global challenges

Aufgabentyp: *Sach- und Gebrauchstext, B1 (Textaufgabe in Kombination mit weiteren Medien, Kartoon)*
Unterrichtsinhalte: *global challenges, international peace-keeping, the role of Britain und the USA, the media; cartoon; evaluation*

The war was illegal

The declaration of the United Nations secretary-general, Kofi Annan, on the Iraq war was shocking in its simplicity. He described it for the first time as "illegal". No caveats. No equivocation. None of the ambiguity loved by diplomats, especially at UN headquarters. The shock is in part because Annan is an inherently cautious individual. He has long professed that his role is basically that of a civil servant carrying out the decisions of the UN security council. But he has finally made his stand, angered by the damage the war has done to Iraq, to the international community and to the UN. He has been building up to these outspoken comments. Only days before the invasion of Iraq in March last year, he hinted at his opposition but without going so far as to declare it illegal, only saying that without a second UN resolution the "war's legitimacy will be questioned and the support for it will be diminished". In September, he returned to this theme, saying pre-emptive strikes "could set precedents for the proliferation of the unilateral and lawless use of force". He finally left all restraint behind in an interview broadcast by the BBC on Wednesday night in which he concluded: "From our point of view and from the charter point of view, it was illegal."

His verdict undercuts the argument pursued relentlessly by George Bush and Tony Blair that the war had UN approval. Blair cites as justification two security council resolutions from the aftermath of the 1991 Gulf war and the one agreed after much tortuous negotiation in 2002, even though it did not warn explicitly of war if Iraq failed to disarm, only of "serious consequences". Annan said on Wednesday this was not enough: a second resolution explicitly authorising war was needed. Both the US and British governments have a tendency to treat the run-up to the war as history. This is especially so in Britain where the government argues that the issues have been gone over exhaustively in the Hutton and Butler inquiries. Weary ministers say that whatever the rights and wrongs of going to war, it is time to address the problems facing Iraq now. But the reasons for going to war still matter because the UN matters, and the credibility of the government matters. The Labour party has a long history of passionate support for the ideals of the UN and international law. And the UN charter is perfectly clear in permitting force in only two circumstances: the first in self-defence and the second when the security council authorises action to counter a threat, usually one regarded as imminent. Neither was the case in Iraq.

Bush personally and Blair through his Downing Street press officer yesterday continued to insist that the case for war was legal. If Blair is so sure of this, it is time for him to publish the legal advice he received at the time from the attorney general in its entirety so that people can judge for themselves.

Blair would like to see the UN take on a bigger role in Iraq but Annan is resistant, partly because of the bombing of the UN headquarters last year and partly, according to one of his advisers, because he does not feel an obligation to sort a mess of someone else's making. The carnage on Iraq's streets shows no sign of lessening, and if the security situation does not improve, there is doubt, as Annan hinted, over the feasibility of holding the country's first democratic election in January as planned. There was a brief hope when the US handed over to the interim Iraq government in June that the worst might be over, but since then there has been the siege of Najaf and this week, which has proved to be one of the bloodiest yet. Civil war and fragmentation of the country remain possible. While Annan's verdict on the war is welcome, the pity is that he did not have the courage to make it last year, before the US and Britain embarked on war. *(676 words)*

l. 25 Hutton and Butler: The so-called "Hutton inquiry" was chaired by Lord Butler. Its aim was to find out the background to the death of a government weapons expert, Dr. David Kelly, in the early phase of the Iraq war.

Aufgabenstellung

1. Sum up what arguments Kofi Annan and Toni Blair bring forth to support their view of the war's legality.
2. Analyse how the cartoon makes a mockery of Tony Blair.
3. Evaluate to what extent the cartoon is suitable to illustrate the article's contents.

Lösungsvorschläge

1. *Grundkompetenzen: comprehension/orientation/context*
   Zeigen Sie die gegensätzlichen Positionen Kofi Annans und Tony Blairs auf. Im Kern geht es um die Auslegung der UN-Resolution von 2002, in der dem Irak ernste Konsequenzen angedroht werden.
   – Tony Blair believes this resolution (ll. 20/21) to justify the second war on Iraq.
   – Kofi Annan declares the war to be a pre-emptive strike and a lawless use of force (ll. 12/13).

   The article "The War Was Illegal", published on 17th September 2004 in "The Guardian", presents two contrasting opinions about the justifiability of the second war on Iraq. On the one hand, there is Kofi Annan, the United Nation's secretary-general, who "described (the war) as illegal" (l. 2). On the other hand, there is Tony Blair, Britain's Prime Minister, who believes that the war was started in accordance with the laws of the international community.
   Kofi Annan argues that another UN resolution would have been necessary to create a legal basis for the attack. This resolution of the security council should have explicitly authorised the Iraq war as a countermeasure against an imminent threat – according to the UN charter this is the only justification of war unless a country has been attacked and defends itself on its own territory. Kofi Annan fears that other countries could follow the example of the United States and Great Britain and take military action without UN resolutions, and thus "(proliferate) the unilateral and lawless use of force" (l. 13).
   In contrast, Tony Blair and the American President George W. Bush believe that the Iraq war had UN approval. They base their argumentation on two security council resolutions that date back to the Gulf war in 1991 and to the year 2002. Indeed, the latter resolution threatens Iraq with "serious consequences" (l. 21) but the danger of "war" was not explicitly mentioned. *(235 words)*

2. *Grundkompetenz: analysis*
   Der Karikaturist verwendet verschiedene Bild- und Textelemente, um Tony Blair zu verspotten. Das im Cartoon dargestellte körperliche Erscheinungsbild des Premierministers legt nahe, dass sich seine Bereitschaft zur militärischen Gewalt zum Wahn gesteigert hat und dass er durch eine illegale Handlung Schuld auf sich geladen hat.

– the outward appearance of the Prime Minister suggests that he has gone mad
– the huge eyes underline his alertness and his bloody hands symbolize his guilt
Der Eindruck des zunehmenden Irrsinns wird durch Kleidung und Requisiten gezielt verstärkt. Die grafische Ausgestaltung des Handlungsortes zeigt zudem auf humoristische Weise, wie weit sich Blair in seiner Funktion als Vertreter seines Landes von grundlegenden moralischen Werten der Zivilisation entfernt hat:
– props and clothing make Tony Blair a stereotypical Englishman
– the rifle aludes to illegal fox hunting, which insinuates that the war in Iraq was illegal, too
– Saddam Hussein's head hung up as a trophy shows the inhumanity of the man-hunt
– the empty wooden panels show that Blair and Bush failed
– sandbags and barbed wire insinuate Blair's isolation within the UK, the EU and the UN
Der Text bezieht sich auf den Konflikt mit Kofi Annan und deutet an, dass die Gewaltbereitschaft des Premiers u. U. auch den zukünftigen Umgang mit den UN bestimmen könnte.
– the speech bubbles insinuate that the conflict with Kofi Annan could become bloody, too

The cartoon uses Tony Blair's physical appearance, clothes, props, and the setting to make a mockery of the Prime Minister and his political decisions concerning the Iraq war. The most significant graphical items are facial expressions and gestures; the gun in Tony Blair's hands, Saddam Hussein's head and empty wooden panels on the wall; and finally the barbed wire and the sandbags, which are piled up in front of the window. The text in the speech bubble contributes to the impression that the Prime Minister has lost his ability to govern – Tony Blair has turned into a stubborn and ridiculous person.

The face of the politician is the first thing that catches the viewer's attention because it is completely distorted. The "head" of state is depicted with big eyes, clenched teeth and enormous ears. The pupils of his eyes are widened – which can be seen as a sign of madness – and the deep rings under his eyes suggest that he cannot find any sleep. Supposedly, his deeds give him a bad conscience that causes insomnia. Tony Blair's mouth shows that he has gone wild. As animals bare their teeth, he is showing his jaws in order to demonstrate his will to protect himself and to hunt for his prey. The ears can also be seen as a sign of alertness – they indicate that he is listening carefully to locate his next victim. The fact that Tony Blair is following a morally and legally wrong path, is illustrated by his blood-stained hands, which are proof of the murders he has committed.

The Prime Minister is dressed in clothes that are typical of English landlords, especially the tweed hat and jumper. With the rifle in his hands, Tony Blair seems to match the cliché of the traditional Englishman who enjoys going hunting at the weekends. Indeed, in the UK rifles were frequently used for fox hunting until it was considered an "illegal bloodsport" – a term that can be found in the caption.

The combination of picture and text insinuates that Tony Blair is doing something illegal, just as Kofi Annan stressed shortly before the cartoon was published.
The setting supports the impression that the British Prime Minister disrespects basic laws of morality: just as animals are preserved and kept as trophies, Saddam Hussein's head has been hung up on the wall. The prize mirrors Tony Blair's success in arresting the dictator but it also stresses the inhumanity of this manhunt. By the numerous empty wooden panels with the inscription "the one that got away", the cartoonist suggests that many other culprits, such as the most wanted Osama bin Laden, have not been arrested yet.
The barbed wire and the sandbags piled up in front of the window illustrate an exaggerated reaction of fear. Tony Blair shields himself completely from the rest of the world, ready to fight for what he believes is a just cause. The undue protective measures show the Prime Minister's political isolation – indeed, most European countries and the UN were and still are opponents of the Iraq war, and are suspicious of the motives and intentions behind it. The only person that supports a sandbag-policy is George W. Bush. Even in Britain Tony Blair is now disputed, as was shown by the Hutton and Butler inquiries.
The disagreement with the UN secretary-general is depicted in the speech bubble. Blair's exclamation that "Kofi Annan hasn't heard the last of this" shows that the two have contrasting opinions about the war's legality and that the dispute has not reached its end yet. Instead, the words imply that Tony Blair wants to take (bloody) revenge on Kofi Annan. The punctuation marks in the speech bubble reveal anger, frustration and emotion.
The textual and pictorial elements of the cartoon mock Tony Blair's madness, failure and isolation. All these characteristics suggest that he is no longer a competent and responsible Prime Minister. *(658 words)*

3. *Grundkompetenzen: comment/evaluation*
Wenn Sie das inhaltliche Zusammenspiel der beiden Materialien beurteilen, müssen Sie jeweils deutlich machen, ob Sie sich gerade auf den Text oder auf den Cartoon beziehen.
Prinzipiell ist festzuhalten, dass die Karikatur die zentrale Aussage des Zeitungsartikels widerspiegelt: Der Irakkrieg war illegal. In beiden Materialien werden zudem die Meinungsverschiedenheiten zwischen Blair und Annan sowie die Sturheit des britischen Premierministers thematisiert.
- *the headline of the article and the caption of the cartoon show illegality*
- *both text structure and visual elements stress Tony Blair's guilt*
- *the leader uses quotes and the cartoon uses fictitious exclamations to underline stubbornness*

Obwohl die Karikatur die zentralen Aussagen des Zeitungsberichts unterstützt, konzentriert sie sich (ihrer Funktion entsprechend) stark auf die humoristische Kritik an Tony Blair. Der Artikel ist insbesondere im Hinblick auf die Rolle der Labour-Partei, die Situation im Irak und mögliche Versäumnisse Kofi Annans deutlich differenzierter:
- *the article takes into account that the Labour Party traditionally supports the*

UN (l. 29)

– *journalist argues that because of his late stand, Annan must take some of the blame*

Though it is not clear whether the cartoon is actually meant to illustrate the leader "The War Was Illegal", it supports its general message very well – both express that the war was illegal. Yet the cartoon focuses much more on Tony Blair himself, while the article takes into account the position of the Labour Party, the situation in Iraq and the role of Kofi Annan.

The reference to "illegal blood sports" in the caption of the cartoon perfectly matches the article's headline. The outward appearance of Tony Blair, and especially his bloody hands, further underline the guilt he has loaded upon himself by following the US into a war which was not authorised by the UN. The speech bubble of the cartoon reveals Blair's dispute with Annan. The fact that he declares that the judgement of the UN general secretary is "an attack on (his) personal conscience" stresses his stubbornness. Likewise, the article explains that Tony Blair does not agree with Kofi Annan and continues "to insist that the case for war was legal" (l. 34). "(The) credibility of the government" (l. 28) is called into question in the article – in the cartoon, Tony Blair's obvious madness shows that he is no longer reliable and trustworthy enough to be the head of the British government.

Whereas the article gives rather detailed background information, the cartoon concentrates on holding up the current political situation to ridicule. In the second paragraph of the leader, for example, the journalist explains that the "Labour Party has a long history of passionate support for the ideals of the UN and international law" (ll. 28/29). Against this background, the personal – and possibly national – isolation which is shown in the cartoon seems to be even more exaggerated. In the end, the journalist even puts some of the blame on the UN secretary-general Kofi Annan by criticizing him for not having taken a firm stand before the war – by contrast the cartoon fixes all the blame on Tony Blair. *(335 words)*

Abiturprüfung NRW – Englisch Leistungskurs: Aufgabe 5
Post-colonialism and migration

Aufgabentyp: *Sach- und Gebrauchstext, A1 (Textaufgabe mit analytisch-interpretierendem Schwerpunkt)*
Unterrichtsinhalte: *post-colonialism, South Africa; speech; comment*

Nelson Mandela: Inauguration Address

STATEMENT OF THE PRESIDENT OF THE AFRICAN NATIONAL CONGRESS NELSON ROLIHLAHLA MANDELA AT HIS INAUGURATION AS PRESIDENT OF THE DEMOCRATIC REPUBLIC OF SOUTH AFRICA, UNION BUILDINGS

Pretoria, 10 May 1994

Your Majesties,
Your Highnesses,
Distinguished Guests,
Comrades and Friends.

Today, all of us do, by our presence here, and by our celebrations in other parts of our country and the world, confer glory and hope to newborn liberty.

Out of the experience of an extraordinary human disaster that lasted too long, must be born a society of which all humanity will be proud.

Our daily deeds as ordinary South Africans must produce an actual South African reality that will reinforce humanity's belief in justice, strengthen its confidence in the nobility of the human soul and sustain all our hopes for a glorious life for all.

All this we owe both to ourselves and to the peoples of the world who are so well represented here today.

To my compatriots, I have no hesitation in saying that each one of us is as intimately attached to the soil of this beautiful country as are the famous jacaranda trees of Pretoria and the mimosa trees of the bushveld.

Each time one of us touches the soil of this land, we feel a sense of personal renewal.

The national mood changes as the seasons change.

We are moved by a sense of joy and exhilaration when the grass turns green and the flowers bloom.

That spiritual and physical oneness we all share with this common homeland explains the depth of the pain we all carried in our hearts as we saw our country tear itself apart in a terrible conflict, and as we saw it spurned, outlawed and isolated by the peoples of the world, precisely because it has become the universal base of the pernicious ideology and practice of racism and racial oppression.

We, the people of South Africa, feel fulfilled that humanity has taken us back into its bosom, that we, who were outlaws not so long ago, have today been given the rare privilege to be host to the nations of the world on our own soil.

We thank all our distinguished international guests for having come to take possession with the people of our country of what is, after all, a common victory for justice, for peace, for human dignity.

We trust that you will continue to stand by us as we tackle the challenges of building peace, prosperity, non-sexism, non-racialism and democracy.

We deeply appreciate the role that the masses of our people and their political mass democratic, religious, women, youth, business, traditional and other leaders have played to bring about this conclusion. Not least among them is my Second Deputy President, the Honourable F. W. de Klerk.

We would also like to pay tribute to our security forces, in all their ranks, for the distinguished role they have played in securing our first democratic elections and the transition to democracy, from blood-thirsty forces which still refuse to see the light.

The time for the healing of the wounds has come.

The moment to bridge the chasms that divide us has come.

The time to build is upon us.

We have, at last, achieved our political emancipation. We pledge ourselves to liberate all our people from the continuing bondage of poverty, deprivation, suffering, gender and other discrimination.

We succeeded to take our last steps to freedom in conditions of relative peace. We commit ourselves to the construction of a complete, just and lasting peace.

We have triumphed in the effort to implant hope in the breasts of the millions of our people. We enter into a covenant that we shall build the society in which all South Africans, both black and white, will be able to walk tall, without any fear in their hearts, assured of their inalienable right to human dignity – a rainbow nation at peace with itself and the world.

As a token of its commitment to the renewal of our country, the new Interim Government of National Unity will, as a matter of urgency, address the issue of amnesty for various categories of our people who are currently serving terms of imprisonment.

We dedicate this day to all the heroes and heroines in this country and the rest of the world who sacrificed in many ways and surrendered their lives so that we could be free.

Their dreams have become reality. Freedom is their reward.

We are both humbled and elevated by the honour and privilege that you, the people of South Africa, have bestowed on us, as the first President of a united, democratic, non-racial and non-sexist government.

We understand it still that there is no easy road to freedom.

We know it well that none of us acting alone can achieve success.

We must therefore act together as a united people, for national reconciliation, for nation building, for the birth of a new world.

Let there be justice for all.

Let there be peace for all.

Let there be work, bread, water and salt for all.

Let each know that for each the body, the mind and the soul have been freed to fulfill themselves.

Never, never and never again shall it be that this beautiful land will again experience the oppression of one by another and suffer the indignity of being the skunk of the world.
Let freedom reign.
The sun shall never set on so glorious a human achievement!
God bless Africa!
Thank you. *(913 Wörter)*

Aufgabenstellung

1. Brief outline the historical events that led to Mandela's inauguration. Focus on the people he mentions.
2. What is the purpose of the speech? Analyse the text.
3. An old saying runs "per aspera ad astra" which means that you have to crawl through the dirt in order to reach the stars. Against the background of the developments that have taken place in South Africa since May 1994, comment on whether this rule has proven right for Mandela's country.

Lösungsvorschläge

1. *Grundkompetenzen: comprehension/orientation/context*
   Zunächst wird erwartet, dass Sie Mandelas Rede in den historischen Zusammenhang einordnen.
   - *Mandela was elected the first black president of SA in 1994*
   - *before that there were more than 40 years of Apartheid regime (introduced in 1948)*
   - *from the early 1950s, international sanctions put pressure on South Africa's government*
   - *de Klerk (l. 37) is elected President in 1989*
   - *in 1990 he announces Mandela's release from prison and repeals the ban of the ANC*
   - *in 1993 Mandela and de Klerk were awarded the Nobel Peace Prize together*

   Anschließend sollen Sie die Bedeutung der Personen erklären, die Mandela in seiner Rede nennt.
   - *the terms "compatriots" (l. 14) and "comrades" (l. 4) refer to ANC members*
   - *in ll. 1/2 he probably addresses the English and Dutch Royal Families and the African monarchs, who supported SA's struggle for democracy*
   - *there are allusions to freedom fighters and victims like Steve Biko*

   This speech by Nelson Mandela dates back to 1994, the year of the first non-racial general election of South Africa, in which he was elected the first black president ever.

This unprecedented event would have been unimaginable only a few decades before, when South Africa's policy was characterised by blatant racism and discrimination against black people and non-white people in general. It had developed and become aggravated since the beginnings of the 20th century, when immigrants from India were treated like second-rate citizens. The "Mines and Works Act" of 1911, for instance, reserved better employment in mining for white people; the "Urban Areas Act" of 1924 led to separated residential areas for blacks and whites.

Establishing their own party in 1912, the ANC (African National Congress), the black majority of the population tried to protest against the discrimination they had to face and called for equality and peace. However, racism developed even further and laws were passed to secure the supremacy of white people.

In 1948, the so-called Apartheid policy became an integral part of South African's domestic policy. This caused a strict economic, political and social separation of blacks and whites. The protests of the ANC that had been peaceful so far began to become violent and bloody, which led to a ban of the ANC and the imprisonment of several members, such as Nelson Mandela, who was sentenced to life imprisonment for High Treason in 1964. Many of those who struggled for equality and democracy lost their lives, such as Steve Biko, one of the most prominent victims.

From the early 1950s on, the opponents' fight against the system was supported by international pressure and sanctions, which left the country more and more isolated. In 1961, South Africa left the Commonwealth and became a republic, and in 1974 it was excluded from the general assembly of the UN. In 1989 de Klerk, the leader of the white National Party, was elected State President. He recognised the need for an end to the Apartheid policy, as international isolation increased. That is probably the main reason why he announced Mandela's release from prison and lifted the ban on the ANC in 1990.

In his speech, Mandela alludes to the assassinated freedom fighters when he talks about "the heroes and heroines […] who sacrificed […] their lives" (ll. 57/58). Furthermore, Mandela mentions his "compatriots" (l. 14) and "comrades" (l. 4), to thank all people that fought for democracy and peace in their country, especially his fellow-members of the ANC.

When Mandela thankfully addresses the "Majesties" and "Highnesses" (ll. 1/2), he is probably referring to the English and Dutch Royal Families and the African monarchs that supported South African's struggle for democracy.

Further, Nelson Mandela thanks de Klerk in his speech (ll. 34–37), because he made the first non-racial general election possible – the reason why the two politicians were awarded the Nobel Peace Prize together in 1993. This underlines their shared responsibility for a peaceful change in South Africa, which brought this inauguration address about. *(501 words)*

2. *Grundkompetenz: analysis*

In seiner Rede verfolgt Nelson Mandela offensichtlich drei grundlegende Gedanken.

Gemäß den Konventionen einer Amtsantrittsrede dankt er zunächst seinen Wählern und den politisch Gleichgesinnten für ihre Unterstützung.

- *he refers to the power of the masses and the numerous groups that contributed to his election*
- *he underlines the importance of black victims*
- *he points out that de Klerk has played an important role*

Des Weiteren stellt er seine Ziele dar und vermittelt ihre Angemessenheit durch stilistische Figuren, durch den Ton und durch die Wortwahl. Mandela geht es insbesondere darum, Apartheid durch Menschlichkeit zu ersetzen und die Südafrikaner zu einer Einheit zu formen.

- *targets are conveyed by catchwords like "justice", "peace" and "human dignity" (ll. 30/31)*
- *he uses negations like "non-racialism" to show the contrast to the former regime (l. 33)*
- *enumerations underline the variety of future responsibilities*
- *he adapts the style of a prayer that is reminiscent of Martin L. King's speeches*
- *repetitive use of personal pronouns and metaphors court unity*

Die Besonderheit der Rede besteht vor allem in Mandelas Versuch, die Bedeutung seines Amtsantritts als politischen Wendepunkt zu betonen, indem er Vergangenheit, Gegenwart und Zukunft gegenüberstellt.

- *contrasting catchwords show the difference between past, present and future of SA*

This speech, which was delivered by Nelson Mandela on the occasion of the first non-racial general election of South Africa in 1994, has three main purposes. The first two are typical of every inauguration: having just won the election and having become the head of state, Mandela's main concern is to thank all the people that contributed to his victory. Furthermore, he wishes to present his political goals. The third purpose, however, makes Mandela's speech a unique address: he wants to underline that his inauguration marks an about-turn in the country's history – and indeed he has a fair claim to this. All three purposes are pursued by a particular tone, an abundant use of stylistic devices, above all enumeration and metaphor, and by a significant choice of words.

The beginning of the address embraces people inside and outside South Africa who have fought against Apartheid. When addressing his compatriots, Mandela chooses a very emotional tone (ll. 14–25). He mentions their "(intimate attachment) to the soil of (their) beautiful country" (ll. 14/15) in order to emphasize how important the country and its fortune is to all of them. Later on, the speaker's tone gets even more personal when he expresses his gratefulness and "(dedicates the) day to all heroes and heroines [...] who sacrificed in many ways and surrendered their lives so that (South Africa) could be free" (ll. 57/58).

Mandela uses an enumeration to indicate that many social groups took part in the struggle for freedom (ll. 34/35) – basically everybody in the audience can get the impression that he or she has significantly contributed to the changes and that his or her endeavour is appreciated. Special tribute, however, is paid to Mandela's predecessor, de Klerk, as he is the only one who is mentioned by name (l. 37) and to the police and military forces that secured the elections.
The enumeration of allies in Mandela's fight for freedom is followed by a reference to "blood-thirsty forces which still refuse to see the light." (ll. 39/40). Here, Mandela uses a rather religious metaphor in order to contrast friends and foes – the fact that seeing is usually an automatic process insinuates that people will naturally appreciate democracy sooner or later.
Mandela uses the speech to explain his political targets such as leaving behind the Apartheid system for good and promoting a new South Africa that reunites the different races.
The first aim is underlined by several enumerations and the use of parallelism (ll. 30/31, 45/46, 62/63). Mandela draws attention to the crucial aims, namely "peace, prosperity, non-sexism, non-racialism and democracy" (l. 33). The inversion of sexism and racialism by the prefix "non" stresses the contrast between Mandela's plans and the policies of the former government. Towards the end of the speech, Mandela uses an anaphoric sentence structure to swear the audience to this common cause: "Let there be justice for all. Let there be peace for all. Let there be work, bread, water and salt for all. [...] Let freedom reign" (ll. 68–76). The grammatical structure reminds the audience of a prayer and includes a reference to Martin Luther King's historic speech.
The new unity of the races is symbolised by the use of the personal pronoun "we" (l. 61) – Mandela does not make a distinction between black and white but stresses that all South Africans "must [...] act together as a united people, for national reconciliation, for nation building, for the birth of a new world" (ll. 66/67). The well-known metaphor of the "rainbow nation" (l. 52) underlines that SA deserves a pleasant and colourful future after years of rainy days.
The function of the speech as a turning point in the country's history is accentuated by the comparison of past, present and future. Mandela describes the past as an "extraordinary human disaster that lasted too long" (l. 7), whereas he claims that from the day of his election society will be marked by a "newborn liberty" (l. 6), which opens up the chance for a better life.
Mandela uses derogatory terms to refer to the past – adjectives like "pernicious" (ll. 24/25), nouns like "suffering" (l. 45) and verb phrases like "spurned, outlawed and isolated" (l. 23) indicate that people had enough reasons to consider South Africa "the skunk of the world" (l. 74). By contrast, the present is described with extremely positive words, which clearly show that the status of an outlaw has been overcome (e.g. "victory", l. 30; "triumphed", l. 49). The future of the country is characterized by the catchwords "success" (l. 65), "reconciliation" (l. 66), and "justice" (l. 68).

The audience is left with the thought that South Africa is heading towards a united and peaceful future – a positive development that is owing to the cooperation of many South Africans and to Nelson Mandela's political talent. *(754 words)*

3. *Grundkompetenzen: comment/evaluation*
In Ihrer Stellungnahme sollen Sie darlegen, ob das Sprichwort nach Ihrer Einschätzung auf Südafrika ganz, teilweise oder gar nicht zutrifft. In allen drei Fällen müssen Sie Ihre Meinung genau begründen und dabei Ihr Hintergrundwissen zur Entwicklung Südafrikas *__nach__* *der Amtsübernahme Mandelas einfließen lassen. Da es sicher unstrittig ist, dass die Apartheid für viele Schwarze einem „Weg durch den Staub" gleichkam, können Sie sich in Ihrer Stellungnahme vor allem auf die Frage konzentrieren, ob Südafrika es seit 1994 geschafft hat, die „Sterne" zu erreichen. Stellen Sie die positiven Entwicklungen den Schwierigkeiten gegenüber. Als Fortschritte können u. a. politische Stabilität, zunehmende wirtschaftliche Chancengleichheit, Versöhnung und internationale Akzeptanz genannt werden.*
– a stable multi-party democracy has come into existence
– blacks occupy prominent positions in every walk of life
– reconciliation between victims and criminals of the apartheid regime has advanced
– SA is no longer banned by other countries but accepted as a partner
Die verbleibenden Probleme beruhen auf mangelnder Gesundheitsvorsorge, hoher Kriminalität und starken sozialen Disparitäten.
– AIDS threatens large parts of the (black) population
– poverty leads to an extremely high crime rate
– the races are still not equal in terms of education and economic success
– social and political stability are constantly threatened

To my mind, the gist of the old saying has proven right for South Africa even though a lot of problems still have to be solved before the country reaches the stars.

After the black majority had crawled through the dirt for so many years before Nelson Mandela was elected, the country has been on the up and up ever since. Indeed, South Africa has developed into a multi-party democracy and both races are represented in (different) political parties – blacks mainly in the African National Congress (ANC), whites in the National Party (NP). Democracy appears to be stable, which is for example mirrored by the fact that Mbeki was peacefully elected Mandela's successor in 1998. In every walk of life, blacks occupy prominent positions today, which shows that South Africa is on its way to justice and equality.

What is more, the people of South Africa do not want to ignore their past and the mistakes that have been made. That is why the "Truth and Reconciliation Commission" (TRC) was founded, which has the task of uncovering the truth about crimes committed during Apartheid. The hearing of those involved is supposed to advance the reconciliation between victims and criminals and to strengthen mutual understanding. From my point of view, this is a very important measure in order

to achieve long-lasting peace, even though some decisions of the TRC are highly debatable and the institution is not accepted by all citizens. On an international level, reconciliation and acceptance were reached more quickly: only shortly after Mandela's inauguration the country was admitted to join the UN and the Commonwealth again after a ban of many years.
Nevertheless, a lot remains to be done. Problems like economic disparities and insufficient education of the lower classes have to be tackled in order to guarantee social and political stability. Poverty – especially among blacks – still leads to a high crime rate and dissatisfaction, and both favour a growth of extremist parties. Whereas white extremists argue that democracy does not offer enough protection, black ones claim that democracy does not guarantee equal opportunities for everybody. The current crisis is furthered by the fact that AIDS poses a severe threat to South Africa. A considerable number of people get infected with this fatal disease every day and the insecurity about the country's future is constantly rising.
Even though I am convinced that South Africa has come close to the stars, because it has succeeded in establishing a just and peaceful society, the fight for freedom has to be continued. If the country fails to move on, it may fall back into the dirt. *(442 words)*

Aufgabentyp: *Sach- und Gebrauchstext, A 2 (analytisch-interpretierende Textaufgabe mit anwendungs-/produktionsorientierter Aufgabenstellung)*
Unterrichtsinhalte: *migration, cultural diversity in Great Britain, the media; news story; letter to the editor*

The Life and Death of an Asylum Seeker

HOW BRITISH POLICY DROVE AN AMBITIOUS, YOUNG AFGHAN TO KILL HIMSELF IN A GLASGOW HIGH-RISE, BY PAUL KELBIE

Yesterday, Zekria Ghulm Salem Mohammed might have been quenching his remarkable thirst for knowledge in his local library in Glasgow – just as he had done most days for the last four years.

Instead, his broken, emaciated body was being laid to rest more than 3,500 miles away, in the country he had fled to avoid the Taliban's persecution, only to die, alone and desperate, in a top-floor council flat of a tower block in one of Scotland's poorest areas.

Brought up in a wealthy family in Kabul – his father works for the United Nations in Afghanistan; his mother is involved in the Red Cross; and his brother is a doctor – the fiercely independent young man always seemed destined for a successful career in public service. He too always wanted to help others.

But, in 2000, like so many others, his moderate political views meant he fell foul of the Taliban regime, and he was forced to abandon the University of Kabul where he was in the third year of his studies to become a dentist. He fled Afghanistan, in fear of his life.

Zekria believed Britain would best offer him the sanctuary needed. He already had family in Southampton and knew that the Home Office had ceased deportations to Afghanistan several years earlier because of its political and social instability. In return, he wanted to contribute. He planned to graduate, and then to work in the community. And so began his gruelling journey.

After escaping from Afghanistan across the border into Uzbekistan, he made his way – on foot and in the back of lorries – to Hungary. There he was arrested as an illegal immigrant, and detained for two months.

He managed to get out of the country, made his way to France and the notorious Sangatte refugee camp near Calais. For 16 weeks, he plotted the final part of his escape to a better life.

When he finally arrived in Britain and applied for asylum, he was almost immediately "dispersed" to Glasgow under Home Office rules – along with up to 8,000 other refugees now living in the city. For the last four years, he lived in a flat on the

28th floor of a tower block in Bluevale Street, Dennistoun, provided for him by the National Asylum Support Service.

At first the optimistic young man with the "pleasant smile and polite manner" was confident that the authorities would allow him to repay their hospitality as a hard-working, honest citizen.

Scotland is in desperate need of new blood. A decreasing, ageing population – allied to a shortage of skilled workers – is creating a demographic time bomb threatening the nation's economy, and taking the number of its people below the five million mark within five years. Jack McConnell, Scotland's First Minister, is keen to attract up to 8,000 "educated" immigrants a year.

With more than half the adult population in Scotland, and a third of children, unable to get NHS dental cover, dentists are among those most keenly sought. Friends say that gave Zekria great hope, but, as the weeks passed into months and then into years, the 27-year-old became increasingly despondent.

As someone who had taken the legal route and applied for asylum, instead of disappearing and working illegally, he was forbidden to work or study. He had instead to rely on benefits, when he would have preferred to have made his own way. "He was a good man who wanted to work and make a new life", said a neighbour too afraid to give his name in case it affected his own asylum application. "He didn't want charity or somebody to look after him. He wanted to complete his studies as a dentist and be of some use to the community."

Friends say that the introverted student's frustration was compounded by the general feeling of resentment many asylum seekers face from local people.

[…]

Zekria's will to live began to crack when the Government announced in May 2003 that, following the fall of the Taliban, deportations of refused asylum-seekers from Afghanistan would resume.

Although David Blunkett, the Home Secretary, announced last October that more than 15,000 families could stay in Britain if they had been seeking asylum for more than three years, Zekria, as a single man, was excluded, even though he had been here almost four years by then.

After exhausting all legal attempts to stay in Britain, he was told that he would have to leave his flat and his £38-a-week allowance for food and other essentials was stopped. Tokens from the National Asylum Support Service which should have provided him with food failed to arrive.

"He was too proud to beg and scavenge for food in the bins. But he was starving," said Dr Amir Mohammed, 28, another Iranian friend, who claimed he had to trick Zekria into taking food so that he would not feel like he was begging. "He was ashamed and broken. He felt there was no hope left."

On 18 May, just days after being told he would be evicted from his flat and sent back to Afghanistan, Zekria smashed a glass panel above a door. He looped a rope around it. And then, he hanged himself. […] *(884 words)*

Paul Kelbie, The Independent, 29 May 2004. © The Independent

Aufgabenstellung

1. Explain the headline. How did Zekria Ghulm Salem Mohammed live and die?
2. How does the author arouse pity? Analyse.
3. In 2004, the Independent was named "National Newspaper of the Year" at the British Press Awards. It was given the award for its move to a compact edition*. Against the background of this article, write a letter to the editor in which you argue whether the newspaper also deserves the award for its contents.

* In fact the Independent uses tabloid format but calls it a compact edition to set itself off against the yellow press.

Lösungsvorschläge

1. *Grundkompetenzen: comprehension/orientation/context*
   Führen Sie kurz auf, wie Zekrias Leben verlief und welche Umstände zu seinem Selbstmord führten. Sie könnten auf folgende Aspekte Bezug nehmen:
   – he was born in Afghanistan as the son of a wealthy family
   – he studied to become a dentist
   – he was threatened by the Taliban regime and had a difficult escape to Great Britain
   – he wanted to be a full member of society but was denied access
   – the danger of being deported to Afghanistan led to his suicide

   The article *The Life and Death of an Asylum Seeker* portrays the life of a refugee from Afghanistan, who tried to lead a new life in Britain. As both the headline and the subheading indicate, it is a very sad story that results in a suicide.
   Zekria Ghulm Salem Mohammed, who grew up in a "wealthy family in Kabul" (l. 8) had to stop studying dentistry to flee from his home country Afghanistan as his "moderate political views" (l. 12) contradicted those of the Taliban regime. After a long and problematic journey to Britain, Zekria was sent to Scotland, along with many other refugees. There, the National Asylum Support Service provided him with a flat and enough money to live on. Zekria, who was a very ambitious and honest man, did not want to rely on these benefits but wanted to graduate first and later work in the community.
   Although there is a lack of dentists in Scotland, he could not continue his studies because asylum-seekers are not allowed to study or work. Consequently, he continued to live his poor life in Glasgow (ll. 6/7), where he had to face discrimination and racist abuse (ll. 51/52). He could not accept the low respect he was confronted with and began to lose all hope.
   What further destroyed his optimistic view was the announcement that he would be deported soon, as the Taliban regime in his home country had been abolished. He was denied his weekly allowance for food and knew that he soon would have to leave his flat. Being "too proud to beg and scavenge for food in the bins"

(l. 65), the young Afghan began to starve. When the eviction from his flat and his deportation to Afghanistan were imminent he saw no other way out than to commit suicide and therefore hung himself. *(307 words)*

2. *Grundkompetenz: analysis*
Es gilt zu untersuchen, wie der Autor beim Leser Mitleid für Zekria weckt. Dies geschieht vor allem durch die Gegenüberstellung der positiven Eigenschaften des Flüchtlings und seiner bedauernswerten Lebenssituation in Glasgow. Außerdem werden Zekrias anfängliche Hoffnung und sein Optimismus mit der späteren Frustration kontrastiert.
– *he comes from a wealthy family and is sent to the poorest area in Glasgow*
– *he is a political refugee but he is treated like an economic one*
– *he spends his time broadening his horizons but is not allowed to contribute to society*
– *at the beginning he is hopeful but then becomes more and more desperate*
Neben der beschriebenen Kontrastierung trägt insbesondere die Klärung der Schuldfrage zur Erzeugung von Mitleid bei. Dem persönlichen Einzelschicksal Zekrias steht die kalte britische Bürokratie gegenüber, deren Widersinnigkeit den Leser erschüttert.
– *regulations keep Zekria from being a dentist even though skilled workers are needed*
– *regardless of persecution Zekria is threatened with being sent back to Afghanistan*
In beiden Teilen der Argumentation weckt vor allem die Wortwahl Sympathie für den toten Asylbewerber.

The author arouses pity by underlining Zekria's wealthy origins, and his positive character traits and skills, which could have been the basis for a successful career – and the reader completely sympathizes with him. In the following, the journalist contrasts Zekria's great potential and hopes with the poor life he was offered in the UK. The sad fate is shown by detailed descriptions of harsh living conditions and Zekria's character change – when facing poverty in Scotland he turns from an optimist into a frustrated man. Additionally, pity is aroused by dealing with the question of guilt: Zekria is presented as a victim, whereas British officials seem to be the reason for his suicide.
At the beginning of the article, the author emphasises that Zekria was no economic migrant that wanted to live at other people's expense, but a young and well-educated man, who had been "brought up in a wealthy family in Kabul" (l. 8). By stating the professions of the refugee's parents, who were employed by well-known organisations like the "United Nations" (l. 8) and the "Red Cross" (l. 9), the author suggests that honesty and helpfulness were very important values for Zekria.
The positive impression is supported by Zekria's intelligence and ambition. His "remarkable thirst for knowledge" (ll. 1/2) shows that he was interested in broadening his horizons instead of living a lazy life. His interest was not egotistic

at all, as his ultimate aim was to be a useful member of society: "He [...] always wanted to help others" (l. 11). "He wanted to contribute" (l. 19) to Scotland's society and economy, which means that it was his wish to "repay (its) hospitality as a hard-working, honest citizen" (ll. 33/34). Zekria's altruism is underlined by the constant use of positive adjectives and the frequent references to the refugee's friends and acquaintances. All of them describe Zekria as an amiable character and share the opinion that "he was a good man who wanted to work and make a new life" (l. 47).

In the following passage, the author of the article contrasts Zekria's talent and willpower with the poor living conditions that were offered to him in Scotland. He was denied the right to work and had to live in a "top-floor council flat of a tower block in one of Scotland's poorest areas" (ll. 6/7). The superlative shows particularly that the asylum seeker's situation was rather extreme. The journalist uses evaluating adjectives in order to underline the fact that life in Britain brought about a radical change in Zekria's personality. The "fiercely independent young man" (l. 10) lost his optimism and gradually turned into a frustrated person. In order to portray the Afghan's sentiments only a few days before his death, the author again quotes one of his closest friends, who vividly describes him as "ashamed and broken" (l. 68).

The fact that Zekria was mistreated in Britain is underlined by the comparison to the injustice the refugee had to face in his home country. Sadly enough, he "fled to avoid the Taliban's persecution, only to die, alone and desperate, (in Scotland)" (ll. 5/6). The author points out that Zekria was treated coldly by British officials who kept him from working as a dentist even though highly qualified physicians were "keenly sought" (l. 41) in Scotland during that time. The evaluating adjective underlines the absurdity of asylum regulations. For the journalist the country's "desperate need of new blood" (l. 35) is "a demographic time bomb" (l. 36) that the asylum seeker could have helped to defuse. The personification of the country shows the author to believe that a state is a system which can only work if all of its parts work together well – nobody who is willing to contribute should be excluded. Otherwise the nation might die, just like Zekria.

The moral clash is enhanced by Zekria's lawfulness – the refugee is described as "someone who had taken the legal route and applied for asylum, instead of disappearing and working illegally" (ll. 44/45). The adverb "legally" can be seen as the operative word – in fact it is employed several times throughout the article to distinguish Zekria from other immigrants. The repetition of the word stresses that Zekria's honesty was punished, because he was first forbidden to work and later threatened with deportation.

After British officials had complicated Zekria's life in Britain, they intended to force him to return to Afghanistan, because the Taliban regime had been officially removed. This prospect caused the suicide of the asylum seeker, probably because he knew about the danger of being tortured to death in his home country. This confirms the impression that British authorities (have to) act against general principles of humanity. *(803 words)*

3. *Grundkompetenzen: comment, (re)creation of text*
Beim Verfassen Ihres Leserbriefes sollten Sie vor allem auf die Einhaltung der formalen Kriterien achten: Über dem Artikel muss rechts Ihre Postanschrift mit Telefonnummer und ggf. E-Mail-Adresse erscheinen (Sie können sich auch einen Absender ausdenken!). Sollten Sie Informationen zur Anschrift der Zeitung vorfinden, gehören diese links unter Ihre eigene Adresse (ansonsten verwenden Sie einfach eine fiktive Anschrift). Eine Betreffzeile ist hilfreich, aber nicht zwingend notwendig; als Anrede verwenden Sie „Sir".
Im ersten Absatz machen Sie deutlich, auf welchen Artikel Sie sich beziehen (Titel, Erscheinungsdatum) und welchen Standpunkt Sie vertreten. Im Hauptteil begründen Sie Ihre Meinung – achten Sie dabei insbesondere darauf, dass für den Leser erkennbar ist, welche Ausführungen den Artikel betreffen und welche sich auf die Zeitung allgemein beziehen. Am Ende fassen Sie Ihre Argumente kurz zusammen und formulieren gegebenenfalls einen Appell.
Fassen Sie sich relativ kurz, ohne dass Ihre Überzeugungskraft darunter leidet. In Bezug auf den Stil gilt, dass Sie ruhig ironisch sein können, aber niemals emotional oder verletzend werden dürfen.

1 London Road
London
E98 ITA
Tel: 08888888888
E-mail:
pparker@yahoo.com
May 31, 2004

The Independent
Independent House
191 Marsh Wall
London
E14 9RS

Re: "The Life and Death of an Asylum Seeker", 29 May, 2004

Sir,
After reading the article, "The Life and Death of an Asylum Seeker", which was published in "The Independent" on 29 May 2004, I wondered about the label "Newspaper of the Year", which is printed in the banner above the article. I have to admit that I am not entirely convinced that this specific article contributes to the good reputation of your publishing house. Although the text offers a really interesting approach to an important topic, it is far too biased and emotional for a quality paper.
In contrast to other reports, Kelbie takes a rather personal view, presenting the life story of a particular refugee from Afghanistan. The journalist shows that there is a difference between refugees who want to live at the expense of Britain's society and those who want to contribute to it. The fact that Zekria Ghulm Salem Mo-

hammed – the man presented in the news story – was certainly an example of the latter helps to fight against prejudices and stereotypes.
Nevertheless, I am not convinced that the article deserves being published in the "Newspaper of the Year", as – from my point of view – a good report needs to be neutral and based on facts which are taken from credible sources. By contrast, in "The Life and Death of an Asylum Seeker" many undefined "friends" and other asylum seekers are quoted, whereas the local authorities do not have the chance to defend themselves even though they are blamed for the refugee's death. I believe that this type of selective information simply makes it impossible to understand the complex scenario of asylum seeking.
What is more, the language of the article is extremely lurid and partly reminds me of that used in tabloids, of which you hopefully only intend to copy the format. The author speculates about the feelings Zekria Ghulm Salem Mohammed might have had, and he describes his "broken, emaciated body". To my mind, these speculations and details are completely superfluous and out of place – they only aim to arouse pity.
To put it in a nutshell, I hope that you will maintain interesting topics in the future, but change to a more unbiased and legitimate way of presenting them. Otherwise you should label your articles "editorial" or "comment" to indicate that neutral information cannot be expected.

Yours faithfully,
Patricia Parker

(426 words)

Abiturprüfung NRW – Englisch Leistungskurs: Aufgabe 7
The interest of young audiences in Shakespeare

Aufgabentyp: *Literarischer Text, A 2 (analytisch-interpretierende Textaufgabe mit anwendungsorientierter Aufgabenstellung)*
Unterrichtsinhalte: *Love; poetry; comment; play*

***My Heart Leaps Up* by William Wordsworth**

My heart leaps up when I behold
A rainbow in the sky:
So was it when my life began;
So is it now I am a man;
So be it when I shall grow old,
Or let me die!
The Child is father of the Man;
And I could wish my days to be
Bound each to each by natural piety.

Aufgabenstellung

1. State the main aspects of the poem *My Heart Leaps up* in your own words.
2. Explain the speaker's attitude towards the process of growing old and analyse how he uses stylistic and formal means to present it.
3. Shakespeare's "Romeo and Juliet" depicts tragic differences between "old" and "young" which are owing to a loss of youthful thinking in the course of aging. Comment on Shakespeare's and Wordsworth's views on the question if "the child" can really be the "father of the Man" (l. 7).

Lösungsvorschläge

1. *Grundkompetenzen: comprehension/orientation/context*
Zwei wesentliche Aspekte gilt es herauszuarbeiten:
– the speaker has an unrestricted love of nature
– the importance of childhood helps growing old
Diese Elemente werden in der Bewunderung des Regenbogens miteinander verbunden. Damit ist Wordsworths Gedicht typisch für romantische Lyrik.

The poem *My Heart Leaps Up* by William Wordsworth describes the intensive emotions of the speaker, who sees a rainbow. The text deals with unrestricted love of nature, the wish for thankful appreciation, the importance of infancy for every human being's life and the process of growing old.
The lyrical I is dominated by its admiration of nature and its powers – it glorifies the moment when it gladly beholds the beauty of a natural phenomenon (ll. 1/2). Humble love seems to be the basis for the speaker's existence as he wishes to have all of his days "bound each to each by natural piety" (ll. 8/9), otherwise he would prefer to die (l. 6).
In line seven, the importance of childhood for human life is revealed. Every experience that children have when they are young is crucial and shapes their personality and their later lives. Children are admired for their innocence and sense of natural beauty, which makes them an example for all adults that have lost the ability to realise the beauty of a simple moment like that presented by Wordsworth. The speaker hopes that he can take delight in the – typically romantic – admiration of nature until he dies. *(196 words)*

2. *Grundkompetenz: analysis*
Zeigen Sie in Ihrer Antwort, dass der Sprecher des Gedichts das Altern als Kontinuum versteht und sich auch im Alter Glück erhofft. Die Grundvoraussetzung für eine positive Lebensentwicklung liegt in der Fähigkeit, sich in allen Phasen an der Schönheit der Natur erfreuen zu können.
In der ersten Doppelzeile wird die Freude an der Umwelt beschrieben.
– the rainbow serves as a symbol of hope
– the personification of the heart (l. 1) stresses the emotional reaction
Im zweiten Teil des Gedichts äußert der Sprecher den Wunsch, diese Freude sein Leben lang zu empfinden, und versichert, dass er ansonsten lieber sterben möchte.
– anaphora in lines 3–5 stresses the parallelism of feelings
– different tenses indicate that life as such is subject to change
– the wish to die is stressed by the brevity and punctuation of line 6
Im dritten Teil des Werkes wird die Bedeutung der Jugend hervorgehoben, die dem Alter die unschuldige Freude an der Natur lehren kann.
– the connection between child and father is emphasised by capital letters
– the enjambment of the last two lines stresses the wish for continuity

The speaker shows his attitude towards ageing by means of his reactions to his observing a rainbow during different periods of his life and the wishes he utters for

his personal future. He further underlines this attitude by using diverse stylistic and formal means, such as symbolism, personification, enjambment and free verse.
The symbol of the “rainbow in the sky” (l. 2) is both the prime example of an initiating incident that gives joy and new hope to people as long as they live, and an indication that rainy days are followed by good times in the course of human life. Further, Wordsworth’s lyrical I claims that positive feelings hit him all of a sudden with mighty power: in order to show that he personifies the heart – obviously the human organ generally equated with life – he gives it individual reactions: “(it) leaps up” (l. 1).
That serves to prove the independence of Wordsworthian joy from rational thinking. Thus we have to state that the process described here is a very direct one, which is also indicated by the enjambment used in lines one and two.
In the following three lines the author reveals the experience of happy feelings during the process of ageing, i.e. in his childhood and at present. Furthermore, he wishes for a corresponding future. To this purpose, Wordsworth uses an anaphoric sentence structure (ll. 3–5) that formalizes the parallelism of feelings even though life as such is moving on. The latter fact can be traced back in the usage of different tenses (ibid.).
The sixth verse stands out because it differs in length and position. It shows that the lyrical I is unsure about whether he can maintain his joyful feelings. Indeed, the exclamation emphasizes the strictness of the commitment to die in case he loses the ability to be exalted by nature’s beauty. The contrast between possible death and former life is enhanced by the strong connection between the two contrasting rhyming words “sky“ and “die“ (ll. 2, 6).
In the final part (ll. 7–9), which is separated by the usage of free verse, the lyrical I’s acknowledgement of and his wishes for the future course of ageing are presented. First Wordsworth inverts biological facts into poetic recognition by describing the child metaphorically as the “father of the Man” (l. 7): the innocent and virginal joy of youth is worth maintaining because it is in many ways superior to more mature ways of perceiving our surroundings. By capitalising the two key words, their importance is stressed. The enjambment in lines eight and nine emphasizes that the speaker wishes this innocent exaltation to continue throughout his life.
According to the poet, only if we hold on to the positive feelings of our youth can we reach the status of a man who is both happy and wiser – or at least wise enough to be thankful for the opportunity to grow old happily (ll. 8/9). *(492 words)*

3. *Grundkompetenzen: comment/evaluation*

Es bietet sich an, dass Sie Ihre Argumentation zunächst auf einer Erklärung aufbauen, warum die Unterschiede zwischen den jungen und den alten Charakteren zu dem tragischen Ende von „Romeo and Juliet" führen. Abschließend können Sie dann ganz einfach herausstellen, dass Shakespeare und Wordsworth unterschiedliche Standpunkte aufzeigen und Ihre persönliche Meinung dazu ausdrücken.

Shakespeares Tragödie kann als klassisches Beispiel einer Liebesaffäre zweier junger Menschen gelten, die an den Fehlern ihrer Eltern scheitert. Hier sind insbesondere jahrelang aufgestauter Hass, Sturheit und (finanzielles) Kalkül zu nennen – von einer spontanen, wertschätzenden Empfindung, wie sie das lyrische Ich in Wordsworths Gedicht beschreibt, hat sich die ältere Generation der Capulets und Montagues (von wenigen Ansätzen abgesehen) weit entfernt.

- *the parents pass on negative feelings towards their children*
- *the family feud seems to prove that bad things rather than good things prevail in the course of time*
- *the decision for Paris shows that they do not leave any room for other than cold and rational thoughts*

Die Jugend von Romeo und Juliet sorgt dagegen für eine Neubewertung des Lebens und der Zeit – aus einem Gegeneinander wird durch ihre Liebe (für kurze Zeit) ein Miteinander:

- *spontaneous appreciation of each other leads to instant love*
- *the innocence, the enthusiasm and the love of the young couple seems to triumph*
- *the plot line seems to show that youth can change life for the better*
- *the "wings of love" overcome the highest and strongest walls which have been built in the course of time*

Die Liebe scheitert letztlich daran, dass die spontane Emotion der Jugend im Kalkül des Erwachsenwerdens verstrickt wird. Mit dem Plan von Bruder Lawrence (und seinem vermeintlichen Scheitern) stirbt das Kind in Romeo und Juliet und letztlich sterben auch die beiden selbst.

Anders als in dem Stück bleiben negative Erscheinungen in Wordsworths Gedicht völlig ausgeblendet. Lebensabschnitte, die vielfach mit Furcht besetzt sind, werden positiv gesehen, ohne dass unvermeidliche negative Lebenserfahrungen (hinreichend) berücksichtigt werden:

- *social pressures and negative experiences, which inevitably lead to a negative attitude towards life, are ignored in the poem*

Shakespeare's tragedy is a dramatic text which shows that many people have lost their youthful enthusiasm and their ability to love – above all the parents of Romeo Montague and Juliet Capulet. In the play this even leads to the tragic death of the protagonists, who try to fight the stubbornness, the hatred and the inhumane rationalism which time has inflicted on the older generation. Slightly simplified: the older characters in Shakespeare's *Romeo and Juliet* have lost the capacity which the speaker in Wordsworth's poem describes.

As a consequence, the parents mainly pass on negative feelings to Romeo and Juliet and all the younger kinsmen; and the consistent fierceness of the family feud between the Capulets and the Montagues clearly indicates that in the course of time the bad things prevail rather than the good things. The decision for Paris shows that there is no room for other than cold and rational thoughts.

Suddenly the young characters change the situation completely because they come to believe in spontaneous feelings of appreciation and trust their intuition. At the masked ball they fall in love with each other at first sight and the plot line seems to show that their enthusiasm and their love can change life for the better. The "wings of love", as Romeo puts it in the balcony scene, can overcome the highest and strongest walls which the older generation has built in the course of time.

However, childlike innocence is lost soon and the intensity of feelings – which Wordsworth appraises – turns out to be a fatal trap for the two lovers. Through the death of Romeo and Juliet the parents are confronted with their own shortcomings and there is a faint hope that they have learnt something for the rest of their lives: in a way we could maybe even say that at this very moment "the child" indeed "is father to the man" – but with a tragic twist.

In contrast to Shakespeare's play, social pressures and negative experiences, which inevitably lead to a negative attitude towards life, are ignored in Wordsworth's poem.

To me, Wordsworth's poem sheds a rather unrealistic light on the processes of growing old. Whereas ageing is often fearfully associated with increasing stubbornness and steadily decreasing optimism and vitality, *My Heart Leaps Up* presents it as something normal and even beautiful. The fact that many grown-ups are confronted with strong social pressures and unpleasant experiences and thus inevitably develop a negative attitude towards life is completely forgotten, In contrast, Shakespeare's play shows this in an impressive and lifelike way. In my personal opinion the hope that "the child is father to the man" is just as romantic as useless. *(444 words)*

Abiturprüfung NRW – Englisch Leistungskurs: Aufgabe 8
The interest of young audiences in Shakespeare

Aufgabentyp: *Literarischer Text, A 2 (analytisch-interpretierende Textaufgabe mit anwendungs-/produktionsorientierter Aufgabenstellung)*
Unterrichtsinhalte: *Shakespeare, Elizabethan theatre, plays; media*

***Hamlet* by William Shakespeare**

ACT I. SCENE I.

Elsinore. A platform before the castle.
FRANCISCO *at his post. Enter to him* BERNARDO.

BERNARDO.
Who's there?

FRANCISCO.
Nay, answer me: stand, and unfold yourself.

BERNARDO.
Long live the king!

FRANCISCO.
Bernardo?

BERNARDO.
He.

FRANCISCO.
You come most carefully upon your hour.

BERNARDO.
'Tis now struck twelve; get thee to bed, Francisco.

FRANCISCO.
For this relief much thanks: 'its bitter cold,
And I am sick at heart.

BERNARDO.
Have you had quiet guard?

FRANCISCO.
Not a mouse stirring.

BERNARDO.

Well, good night.
If you do meet Horatio and Marcellus,
The rivals of my watch, bid them make haste.

FRANCISCO.

I think I hear them. – Stand, ho! Who is there?

Enter HORATIO *and* MARCELLUS.

HORATIO.

Friends to this ground.

MARCELLUS.

And liegemen to the Dane.

FRANCISCO.

Give you good night.

MARCELLUS.

O, farewell, honest soldier:
Who hath relieved you?

FRANCISCO.

Bernardo has my place.
Give you good night. *[Exit.]*

MARCELLUS.

Holla, Bernardo!

BERNARDO.

Say –
What, is Horatio there?

HORATIO.

A piece of him.

BERNARDO.

Welcome, Horatio: – welcome, good Marcellus.

MARCELLUS.

What, has this thing appear'd again to-night?

BERNARDO.

I have seen nothing.

MARCELLUS.

Horatio says 'tis but our fantasy,
And will not let belief take hold of him
Touching this dreaded sight, twice seen of us:
Therefore I have entreated him along
With us to watch the minutes of this night!

That, if again this apparition come,
He may approve our eyes, and speak to it.

HORATIO.

Tush, tush, 'twill not appear.

BERNARDO.

Sit down awhile;
And let us once again assail your ears,
That are so fortified against our story,
What we two nights have seen.

HORATIO.

Well, sit we down,
And let us hear Bernardo speak of this.

BERNARDO.

Last night of all,
When yond same start that's westward from the pole
Had made his course t'illume that part of heaven
Where now it burns, Marcellus and myself,
The bell then beating one, –

MARCELLUS.

Peace, break thee off; look, where it comes again!

Enter GHOST.

BERNARDO.

In the same figure, like the king that's dead.

MARCELLUS.

Thou art a scholar; speak to it, Horatio.

BERNARDO.

Looks it not like the king? Mark it, Horatio.

HORATIO.

Most like: – it harrows me with fear and wonder.

BERNARDO.

It would be spoke to.

MARCELLUS.

Question it, Horatio.

HORATIO.

What art thou, that usurp'st this time of night,
Together with that fair and warlike form
In which the majesty of buried Denmark

Did sometimes march? By heaven I charge thee, speak!

MARCELLUS.
It is offended.

BERNARDO.
See, it stalks away!

HORATIO.
Stay! Speak, speak! I charge thee, speak!
[*Exit* GHOST.]

MARCELLUS.
'Tis gone, and will not answer.

BERNARDO.
How now, Horatio! You tremble, and look pale:
Is not this something more than fantasy?
What think you on't?

HORATIO.
Before my God, I might not this believe
Without the sensible and true avouch
Of mine own eyes.

MARCELLUS.
Is it not like the king?

HORATIO.
As thou art to thyself:
Such was the very armour he had on
When he th'ambitious Norway combated;
So frown'd he once, when, in an angry parle,
He smote the sledded Polacks on the ice.
'Tis strange.

MARCELLUS.
Thus twice before, and jump at this dead hour,
With martial stalk hath he gone by our watch.

HORATIO.
In what particular thought to work I know not;
But, in the gross and scope of my opinion,
This bodes some strange eruption to our state.

MARCELLUS.
Good now, sit down, and tell me, he that knows,
Why this same strict and most observant watch
So nightly toils the subject of the land,

And why such daily cast of brazen cannon,
And foreign mart for implements of war;
Why such impress of shipwrights, whose sore task
Does not divide the Sunday from the week;
What might be toward, that this sweaty haste
Doth make the night joint-labourer with the day:
Who is't that can inform me?

HORATIO.

That can I;
At least, the whisper goes so. Our last king,
Whose image even but now appear'd to us,
Was, as you know, by Fortinbras of Norway,
Thereto prick'd on by a most emulate pride,
Dared to the combat; in which our valiant Hamlet--
For so this side of our known world esteem'd him--
Did slay this Fortinbras; who by a seal'd compact,
Well ratified by law and heraldry,
Did forfeit, with his life, all those his lands
Which he stood seized of, to the conqueror:
Against the which, a moiety competent
Was gaged by our king; which had return'd
To the inheritance of Fortinbras,
Had he been vanquisher; as, by the same covenant,
And carriage of the article design'd,
His fell to Hamlet. Now, sir, young Fortinbras,
Of unimproved mettle hot and full,
Hath in the skirts of Norway here and there
Shark'd up a list of lawless resolutes,
For food and diet, to some enterprise
That hath a stomach in't; which is no other--
As it doth well appear unto our state--
But to recover of us, by strong hand
And terms compulsatory, those foresaid lands
So by his father lost: and this, I take it,
Is the main motive of our preparations,
The source of this our watch and the chief head
Of this post-haste and romage in the land. *(873 words)*

l. 8	unfold yourself: make yourself known
l. 30	rival: companion
l. 61	will not let belief take hold of him: does not want to believe
l. 62	touching: concerning
ll. 119/120	without the […] avouch/of mine own eyes: if I had not seen it with my own eyes
l. 127	parle: discussion between enemies or people who disagree

l. 128 He smote the sledded Polacks: he beat the Polish riding a sledge
l. 131 jump: exactly, just
ll. 160/161 a moiety competent/Was gaged: a sufficient portion was pledged

Aufgabenstellung

1. Explain how the opening complies with the Elizabethan stage.
2. Analyse how tension is created.
3. Explain the first couple of shots you would use to begin a "Hamlet" film.

Lösungsvorschläge

1. *Grundkompetenzen: comprehension/orientation/context*
Ausgehend von der ersten Szene sollen Sie hier vor allem Hintergrundwissen zur elisabethanischen Bühne nachweisen. Typische Elemente des Theaters im späten 16. und frühen 17. Jahrhundert waren die geringe Anzahl von Requisiten, der Balkon über der Bühnenplattform, die Falltür und das Publikum, dass teilweise dicht gedrängt an der Bühne stand und ggf. laute Kommentare zum Geschehen beisteuerte. Des Weiteren ist es wichtig zu erwähnen, dass die Theaterstücke nachmittags unter freiem Himmel aufgeführt wurden.
Diese Elemente spiegeln sich in der Anfangsszene von „Hamlet" wie folgt wider:
– *different parts of the stage have different functions*
– *the appearance of the ghost attracts the audience's attention*
– *the characters' replies refer to time and place to give the audience some orientation*

The first scene of *Hamlet* includes three major elements that are typical of a play written during Elizabethan times: Shakespeare uses different parts of the stage, he provides a supernatural sensation for the audience, and he uses spoken stage.
The "platform before the castle" (l. 2), where the changing of the guards takes place, could be represented by the balcony, which every Elizabethan theatre possessed. It was used as required, sometimes by musicians, sometimes by spectators and most often as a part of the play itself.
The appearance of a ghost in the opening scene of *Hamlet* is a successful means of pleasing the groundlings in the theatre. When a supernatural apparition entered through the trap door or over the balcony, the attention and involvement of the 3000 people in the playhouse was guaranteed. Especially the lower classes frequently commented on what they saw, and they took part in what was happening on stage.
As the open-air performances of Elizabethan plays were done in sparsely decorated theatres and usually started in the afternoon, Shakespeare could only use language to indicate time and place of the action. The audience would not know that it was midnight if Bernardo did not say that "'tis now struck twelve" and if he

did not tell Francisco to go to bed (ll. 18/19). The place is defined when the characters talk about "the Dane" (l. 37) and "Denmark" (l. 101) – the "bitter cold" of the night shows that the setting is rather unpleasant. *(246 words)*

2. *Grundkompetenz: analysis*
   Der Spannungsbogen der Szene baut auf zwei Grundelementen auf. Zunächst erfährt der Zuschauer, dass etwas nicht stimmt, wird über die genaueren Gründe aber zunächst im Dunkeln gelassen. Diese Ungewissheit spiegelt sich auch im Sprachgebrauch der Charaktere und in der allgemeinen Unruhe im Staat Dänemark wider (wobei letztere auf den Machtwechsel und die Kriegsgefahr zurückzuführen ist).
   - *the guards diverge from their expected behaviour*
   - *there are six questions in the first 20 lines*
   - *the conversation between Francisco and Bernardo is terse*
   - *the former king is dead and Denmark is preparing for war against Norway (ll. 138–177)*

   Erst im weiteren Verlauf wird deutlich, dass das wiederholte Erscheinen eines Geistes der Grund für die Sorge der Soldaten ist. Die Bedeutung der Erscheinung zeigt sich im veränderten Verhalten Horatios: Obwohl dieser anfangs nicht an einen Geist glauben wollte, muss er dessen Existenz nun anerkennen und fürchtet sich.
   - *Horatio identifies the ghost as the former King of Denmark (ll. 91–93)*
   - *the ghost does not speak and therefore the audience does not know whether he bodes well or ill (ll. 85 ff.)*

Shakespeare's expressive symbolism of disturbance as well as the supernatural apparition serve to create an atmosphere of anxiety and dread. Horatio's change in behaviour shows how deeply man can be affected by the unexpected.

Disturbance and uncertainty are the central threads the audience can follow throughout the opening scene of *Hamlet*. A sense of unrest is not only revealed in the conduct of the guards on duty, but is additionally mirrored in the uneasy situation of the state of Denmark.

Bernardo's incorrect and thoughtless challenge shows his nervousness and apprehension. In fact, it is not his duty to call out – in contrast it is a military custom that the officer on guard enquires who is approaching his post. Accordingly, Francisco does not answer Bernado's question. It is worth noting that it is not only Francisco who refuses to call out his name, but Horatio and Marcellus too, who only mention that they are "liegemen to the Dane" (l. 37). Both characters and audience are constantly faced with a lack of information. Another major omission is rooted in the fact that Shakespeare does not give any reason why Francisco claims to be "sick at heart" (l. 22). It is noticeable that Francisco, the sentry, is relieved when his duty comes to an end (l. 22), whereas Bernardo is anxious about being alone. He requests Francisco to look out for Marcellus and Horatio, "the rivals of (his) watch" (l. 30), and "to bid them make haste" (l. 30). This request is another indication of the danger inherent in the situation.

The conversation between Francisco and Bernardo is characterised by its terseness and abruptness. The verse does not flow, which is a further implication of how ill at ease the two men are. Altogether six questions are put forward in the first 20 lines of the scene – the characters obviously feel insecure.
The phenomenon that frightens Bernardo and Marcellus is first described as a "thing" (l. 56), then as a "dreaded sight" (l. 62), and finally as a supernatural "apparition"(l. 65). Horatio has not seen the ghost yet and does not trust the sentry's perception. According to Bernardo, his "ears [...] are [...] fortified against (their) story" (ll. 71/72). The personification reveals that Horatio's rational thinking is similar to a castle that is hard to conquer and that he needs proof to believe them.
When Horatio identifies the ghost as the former King of Denmark he overcomes his scepticism and thus mirrors the reaction of the audience. For the greater part of the Elizabethan audience, there was no doubt that the apparition on stage was a real ghost, because even traditional scholars believed in them. Horatio's exclamations and the numerous exclamation marks show how powerful his emotions suddenly are. The revelation that his friends have been telling the truth is a shock for him – he trembles and looks pale (l. 114). Horatio has lost his self-assurance – he has to admit that the apparition "harrows (him) with fear and wonder" (l. 93).
He also links the fate of his country to the apparition of the ghost, which according to him "bodes some strange eruption to (their) state" (l. 136). He speaks of a coming evil for Denmark, and interprets the appearance of the ghost as a bad omen.

(687 words)

3. *Grundkompetenz: (re-)creation of text*
Hier kommt es vor allem darauf an, die im zweiten Teil analysierte Spannung filmtechnisch umzusetzen. Dabei wird von Ihnen die Verwendung fachsprachlicher Termini aus dem Bereich Filmanalyse erwartet (z. B. „establishing shot", „close-up"). Neben den zu verwendenden Kameraeinstellungen sollten Sie auch beschreiben, was auf dem Bildschirm zu sehen ist. Geräusche (z. B. „sound of footsteps"), Licht (z. B. „low key") und bestimmte Wettererscheinungen (z. B. „fog", „rain") sind sehr gut geeignet, um die spannende Atmosphäre zu verdichten. Achten Sie darauf, dass Sie alle Ihre Entscheidungen überzeugend begründen.

As a director of a *Hamlet* film I would aim at creating tension in the opening scenes by enhancing the fear of the unknown, which has been depicted in task 2.
The first shot would be an establishing shot to give a general overview of the setting. The camera would be placed at a high angle showing an old stone castle with its impressive fortifications, which are covered by a blanket of fog. Thus, a creepy and mysterious atmosphere is created from the very beginning.
The camera would then pan and at the same time zoom in on the platform in front of the castle in order to take the viewer closer to the scene of the action. Due to the fact that it is night, I would only use low key lighting – just enough to perceive the skyline of the building and the relief of the surrounding hills. The zoom ends in a medium shot of Francisco standing on guard on the platform, which is partly

lit by a torch. This enables the audience to have a closer look at costumes and facial expressions. A bell strikes twelve and footsteps approach from off screen. It is not yet clear whether a friend or foe is advancing towards Francisco, whose determination is shown in a short close-up of his face.
After a cut, Bernardo can be seen climbing steps up to the platform. This would first be done from a low angle point of view and then in a tracking shot. The low angle shot serves to show the importance of the person arriving while the tracking camera emphasises Bernardo's movements and involves the viewers more directly. The camera would then show a close-up of Bernardo's face which indicates anxiety, followed by a quick cross-cut to Bernardo's weapon in his fist. Further cross-cuts of various pieces of his armour would then be shown. The camera would finally rest again in a close-up of Bernardo's face. The viewer feels Bernardo's dread of going on watch even though he is well armed. During this whole sequence, the sound of creaking metal and feet on stone can be heard off-screen, which adds to the creepy atmosphere.
In an over-the-shoulder shot, Francisco is shown from Bernardo's perspective. Due to the fog the viewer only gets a blurred vision of the other sentry. The relationship between the two men is still unclear. The last sound of my opening sequence of Shakespeare's *Hamlet* would be Bernardo's challenge from off-screen.

(413 words)

Abiturprüfung NRW – Englisch Leistungskurs: Aufgabe 9
Visions of the future – exploring alternative worlds

Aufgabentyp: *Sach- und Gebrauchstext, A1 (Textaufgabe mit analytisch-interpretierendem Schwerpunkt)*
Unterrichtsinhalte: *utopia, science and ethics, economic and ecological issues, global challenges; the media; comment*

Farming is not like any old business
The dogma of profit led to GM crops; it could spell global disaster

Genetically modified crops are excellent technology. If Britain and the world had agricultural policies that truly were designed for the benefit of humankind – to feed everybody well, provide employment and look after the environment – they might be useful in many ways; and this week's Monsanto decision to give up on GM wheat might be regrettable.

But we have no such policy. Instead we have a mantra embraced by the World Bank, the IMF, the World Trade Organisation, and the US and British governments: "Agriculture is a business like any other." This dogma is leading the world in totally the wrong directions – and within it, GM crops have become key players.

For agriculture qua business must seek to maximise profit. So it must maximise turnover and output. Scientists and politicians claim this must be good – for there still are famines, and the world population is set to increase by 50 % to around 9 billion by 2050.

But the recent famines have rarely resulted from inability to produce food. Almost always you find civil war in the background, corruption, or – as in the Ireland of the 1840s or recently in Argentina – starvation in the midst of plenteous crops that are earmarked for export. In the short term, more production leads to glut – and so world prices for coffee have dropped by nearly 70 % in the past five years. The world population is indeed rising but (says the UN) it will stabilise by 2050 and no frenetic increase in food is required. Besides, by then the world's livestock will be consuming enough grain to feed 4 billion people. If we ate less meat we could feed ourselves easily. All that's needed is traditional cuisines, which use meat sparingly. But the business dogma requires ever more livestock because that is where the profit lies.

Agriculture qua business must then strive to minimise costs. This is dangerous: cheap cattle-feed (made from bits of other cattle) is what caused BSE. Worse: cutting costs means cutting labour, which traditionally is the biggest input. After the second world war, about 20 % of Britain's workforce was on the land, while now (like the US) we are down to a little over 1 %. The foot-and-mouth epidemic arose from too little care – farming run on a wing and a prayer. But that's business.

In Britain, the rundown of the agrarian workforce is foul, but not quite disastrous. We are rich and have alternatives. But in the developing world, 60 % of people work on the land. In India, that is 600 million. Commercial forces worldwide have been urging India to industrialise its farming as Britain has done. This would increase yields and bring down costs – but would also put at least 500 million out of work. The envisaged alternatives fall short of what would be required by orders of magnitude. IT, India's great success, employs barely 100,000. The world as a whole needs to remain primarily agrarian – but if agriculture is just a business, then the fewer on the land, the better.

[…]

A radical rethink is needed in all agriculture: social, economic, political, scientific, technical. When the thinking has been done, the world may find roles for GM crops. Until then, they must be resisted. *(539 words)*

l. 4 Monsanto: name of a company which is a major producer of GM seeds
l. 7 IMF: International Monetary Fund
l. 9 GM crops – fruits or vegetables that were produced on the basis of a genetical modification
l. 6 mantra – Indian for personal creed
l. 8 dogma – here: extremely strict rule
l. 10 qua – as a/as something (from Latin)

Aufgabenstellung

1. Which impact does the dogma that "Agriculture is a business like any other" (l. 8) have on farming?
2. Classify the article and analyse how different text type elements and stylistic devices convey the author's opinion.
3. What effects will the past of farming have on its future? Comment.

Lösungsvorschläge

1. *Grundkompetenz: comprehension*
   In diesem Teil der Klausur sollen Sie aufzeigen, welche Konsequenzen sich Tudge zufolge für die Landwirtschaft ergeben, wenn sie, wie ein gewöhnliches Wirtschaftsunternehmen, dem Profitdenken unterworfen bleibt.
   – output has to be maximised and input has to be minimized
   – overproduction leads to drop-off in prices
   – livestock consumes grain which could be used to feed mankind
   – cheap feed caused BSE
   – reduction of workforce leads to unemployment and neglect of animals

   The dogma that "(a)griculture is a business like any other", which is criticised by Colin Tudge in his article, "Farming is not like any old business", has grave impacts on farming today because the same rules that are applied to any commercial

business are applied to farming, too. This affects production, prices for food on the world market, the amount of livestock bred, employment and, last but not least, causes diseases.
As agriculture is now seen as a business, its purpose is to "maximise turnover" (ll. 10/11) and at the same time to "minimise costs" (l. 24). This leads to massive overproduction, which in return leads to a decrease in prices on the world market. The need to increase profit makes farmers keep more and more livestock, which on the one hand is very profitable, but on the other hand takes away "enough grain to feed 4 billion people" (l. 21).
One way to minimise costs is to feed animals on cheap but low quality feed, which is why BSE broke out. Another way to earn more money is to reduce the workforce. In industrialized countries, this has led to the fact that many people have lost their jobs and that many animals are less well cared for. This lack of care is considered one reason for the foot-and-mouth epidemic. As soon as income rises in third world countries, the urge to save money on salaries will rise. Because in most of those countries, 60 % of all people are employed in the first sector, unemployment will be an even greater problem than in economically more developed countries (EMDCs). *(267 words)*

2. *Grundkompetenz: analysis*
Sie sollten hier feststellen, dass es sich bei dem Artikel um eine „biased discussion" handelt, also um eine vom Standpunkt des Autors geprägte Diskussion. Die Ablehnung des wirtschaftlichen Dogmas wird bereits im Titel und im Untertitel ausgedrückt.
– *the operative words "not" and "but" show that the journalist disagrees with the dogma*
Entscheidende, die Argumentation des Artikels tragende Stilmittel sind die Zeichensetzung, kontrastierende Bindewörter sowie die Auswahl und Präsentation von Fakten und Zahlen:
– *symbolic punctuation underlines the weighing of positive and negative aspects (ll. 2/3)*
– *connectives mirror the contrastive character of the text (e. g. "but", l. 6)*
– *the author gives selective information and uses facts and figure extensively (e. g. ll. 12/13, 17/18, 26–28)*
Schließlich transportieren wertende Adjektive und schlussfolgernde Stellungnahmen die persönliche Auffassung des Verfassers:
– *evaluating adjectives like "disastrous" or "dangerous" underline the negative attitude of the author*
– *he concludes by personally evaluating the situation and calling for a change*

The newspaper article, *Farming is not like any old business*, can be classified as a biased discussion because it is not neutral and also comprises elements which are typical of a comment. Colin Tudge not only depicts the contrasting opinions on the question of whether "agriculture is a business like any other" (l. 8), but clearly tries to influence the reader. It is evident that the author is not in favour of transferring economic principles from the second and third sectors to the first sector – this is already insinuated at the very beginning of the article. The usage of symbolic punctuation in combination with contrasting connectives, and the selection of facts and figures support this impression. Additionally, evaluating adjectives, commenting and evaluating text type elements reveal the fact that the author of the article tries to push through his personal opinion.

The heading is not formulated as a question but as a thesis, which can be more frequently found in a comment than in a discussion. The operative word "not" (title) hints at the fact that Colin Tudge does not agree with the common opinion that farming can be compared to any kind of industry or service. The subtitle refers to the fact that the urge to make profit has already manifested itself in the spread of genetically modified crops, which "could spell global disaster" (subheading). The word "spell" brings about negative connotations as it insinuates that a merely economic dogma is nothing but a curse. According to the subtitle, plagues may befall the planet as a result of greed. Tudge's assumption that we face a worldwide threat can be considered an exaggeration but it can also be understood as a realistic prediction: indeed, we may not be able to limit the forthcoming crisis to a certain country or region.

The author frequently uses symbolic punctuation in order to stress his opinion on what is "wrong" and what is "right". The dashes in lines 3 and 4, for example, emphasise the definition of an agro-political target, which Tudge considers beneficial. The punctuation marks stress the significance of his utopia that agriculture can one day "feed everybody well, provide employment and look after the environment" (ll. 2/3). In lines 24 and 25, Colin Tudge uses colons in order to point out how negative the results of cost minimization are and that they will be even more negative in the future. The parallel grammatical construction creates the impression that job losses will be as inevitable as mad cow disease: "This is dangerous: cheap cattle-feed [...] is what caused BSE. Worse: cutting costs means cutting labour" (ll. 24–26). Against the backdrop of the fatal effects of BSE, this argument implies that job losses will result in an even higher death toll. In the last but one paragraph, Tudge uses dashes in combination with the word "but" in order to create a contrast. Before the punctuation marks and the connectives, the advantages of industrialised farming are put forward; after them the author stresses that the disadvantages actually outweigh the positive aspects.

Colin Tudge's discussion is based on a biased selection of facts and figures. By giving statistical information and referring to trustworthy sources such as the UN, he makes his arguments more credible (l. 19). His repeated references to figures such as in lines 12/13, 17/18, 26–28, are an indication that there are a large variety of facts that can be put forward in order to support his point of view. Most of the facts and figures presented focus on the contrast between developed and developing countries. One sees the great difference in the percentage of people employed in the first sector in industrialized countries, namely "a little over 1 %" (l. 28), and non-industrialized countries, in which "60 % of the people work on the land" (ll. 31/32). The significance of farming for developing countries such as India is further underlined by the absolute figures of workers. "Barely 100,000"

(l. 36) work in the – allegedly successful – Indian IT business, whereas "600 million" (l. 32) are employed in farming. These figures correspond to Clark's sector model, which describes the development of a country from an agricultural society to an industrial or post-industrial economy. India is clearly stuck in the first stage as a large majority of the Indian population is employed in farming, with only a small part of the population working in the third or fourth economic sector. In contrast to developing countries, the workforce of developed countries is mainly employed in the service or new technologies sector. One could also take into account Rostow's sector model of development, which depicts that in early stages of development farming plays a major role for the individual country as it usually feeds and employs more than 2/3 of the population.
Colin Tudge also shows his personal opinion by evaluating adjectives and commenting text type elements. Adjectives that refer to the negative consequences of considering farming a mere business such as "regrettable" (l. 5) "dangerous" (l. 24) and finally "disastrous" (l. 30) give rise to increasingly negative feelings. The corresponding claim that "a radical rethink is needed in all agriculture" (l. 40) seems to be the only logical consequence. *(855 words)*

3. *Grundkompetenz: evaluation*
An dieser Stelle wird von Ihnen erwartet, dass Sie verschiedene Aspekte erläutern, die die weitere Entwicklung bestimmen könnten. Sie könnten zum Beispiel so argumentieren, dass der Verlust des alten agrarwirtschaftlichen Wertesystems und die soziale bzw. räumliche Ungleichverteilung von Armut und Reichtum zu einer zunehmenden Ökonomisierung führen werden.
– *loss of old land use system leads to loss of agrarian ethic*
– *regional and social disparities may increase the problem*

Farming has always been of great importance for human societies. Since the days of the caveman it has been crucial for all cultures. It was often connected to a special lifestyle: most agricultural systems enabled man to live in unity with their family and nature.
Since the end of the Second World War, however, this has changed. Whereas in 1945 thousands were starving as food production lay down completely, in the 1950s, food production increased by leaps and bounds. On the one hand, mechanization and fertilization led to a comfortable surplus that could be stored – just in case the Cold War turned into a Hot War again. On the other hand, technical and chemical developments led to a loss of our traditional attitude towards farming. The natural union of man and nature was largely destroyed and increasingly replaced by a scientific approach to the land – today genetically modified plants promise far higher yields than ecological systems such as crop rotation. To my mind, many people who plant GM crops do not care about the damage they may be causing by (mis-)using their land. Long-term side effects of new technology are neglected. To put it in a nutshell: for most farmers it is just the short-term profit which is important.

Provided that capitalist societies dominate the world of the future, we may suspect that the trend towards a capitalist attitude towards agriculture will continue. This would mean that farming will destroy more and more land forever and that it will widen the gap between the first and the third world instead of feeding the growing population in the poor countries.

There are two ways of changing this for the better. First, a critical attitude of consumers could lead to a renaissance of nature orientated land use systems. If genetic modification, chemical measures, and exploitation of the workforce keep the customers from buying foodstuffs, the production of other goods will seem to pay more. Additionally, a worldwide organisation of food distribution could be a remedy. If agricultural companies are kept from destroying surpluses and instead paid a low price for exporting part of it to specific developing countries, a sufficient food supply for everybody could be guaranteed. *(369 words)*

Abiturprüfung NRW – Englisch Leistungskurs: Aufgabe 10
Visions of the future – exploring alternative worlds

Aufgabentyp: *Literarischer Text, A 1 (Textaufgabe mit analytisch-interpretierendem Schwerpunkt)*
Unterrichtsinhalte: *Science fiction, science and ethics; narrative texts; comment*

***Frankenstein* by Mary Shelley**

The being finished speaking, and fixed his looks upon me in expectation of a reply. But I was bewildered, perplexed, and unable to arrange my ideas sufficiently to understand the full extent of his proposition. He continued.

"You must create a female for me, with whom I can live in the interchange of those sympathies necessary for my being. This you alone can do; and I demand it of you as a right which you must not refuse to concede."

The latter part of his tale had kindled anew in me the anger that had died away while he narrated his peaceful life among the cottagers, and, as he said this, I could no longer suppress the rage that burned within me.

"I do refuse it," I replied; "and no torture shall ever extort a consent from me. You may render me the most miserable of men, but you shall never make me base in my own eyes. Shall I create another like yourself, whose joint wickedness might desolate the world! Begone! I have answered you; you may torture me, but I will never consent."

"You are in the wrong," replied the fiend; "and, instead of threatening, I am content to reason with you. I am malicious because I am miserable. Am I not shunned and hated by all mankind? You, my creator, would tear me to pieces, and triumph; remember that, and tell me why I should pity man more than he pities me? You would not call it murder if you could precipitate me into one of those ice-rifts, and destroy my frame, the work of your own hands. Shall I respect man when he condemns me? Let him live with me in the interchange of kindness; and, instead of injury, I would bestow every benefit upon him with tears of gratitude at his acceptance. But that cannot be; the human senses are insurmountable barriers to our union. Yet mine shall not be the submission of abject slavery. I will revenge my injuries: if I cannot inspire love, I will cause fear; and chiefly towards you my arch-enemy, because my creator, do I swear inextinguishable hatred. Have a care: I will work at your destruction, nor finish until I desolate your heart, so that you shall curse the hour of your birth."

A fiendish rage animated him as he said this; his face was wrinkled into contortions too horrible for human eyes to behold; but presently he calmed himself and proceeded.

"I intended to reason. This passion is detrimental to me; for you do not reflect that you are the cause of its excess. If any being felt emotions of benevolence towards me, I should return them an hundred and an hundred fold; for that one creature's sake, I would make peace with the whole kind! But I now indulge in dreams of bliss that cannot be realised. What I ask of you is reasonable and moderate; I demand a creature of another sex, but as hideous as myself; the gratification is small, but it is all that I can receive, and it shall content me. It is true, we shall be monsters, cut off from all the world; but on that account we shall be more attached to one another. Our lives will not be happy, but they will be harmless, and free from the misery I now feel. Oh! my creator, make me happy; let me feel gratitude towards you for one benefit! Let me see that I excite the sympathy of some existing thing; do not deny me my request!"

I was moved. I shuddered when I thought of the possible consequences of my consent; but I felt that there was some justice in his argument. [...] the feelings he now expressed, proved him to be a creature of fine sensations; and did I not, as his maker, owe him all the portion of happiness that it was in my power to bestow? He saw my change of feeling, and continued –

"If you consent, neither you nor any other human being shall ever see us again: I will go to the vast wilds of South America. My food is not that of man; I do not destroy the lamb and the kid to glut my appetite; acorns and berries afford me sufficient nourishment. My companion will be of the same nature as myself, and will be content with the same fare. We shall make our bed of dried leaves; the sun will shine on us as on man, and will ripen our food. The picture I present to you is peaceful and human, and you must feel that you could deny it only in the wantonness of power and cruelty. Pitiless as you have been towards me, I now see compassion in your eyes; let me seize the favourable moment, and persuade you to promise what I so ardently desire."

"You propose," replied I, "to fly from the habitations of man, to dwell in those wilds where the beasts of the field will be your only companions. How can you, who long for the love and sympathy of man, persevere in this exile? You will return, and again seek their kindness, and you will meet with their detestation; your evil passions will be renewed, and you will then have a companion to aid you in the task of destruction. This may not be: cease to argue the point, for I cannot consent."

(907 words)

Mary Shelley: Frankenstein

Explanation of context: Frankenstein is a talented scientist who has created an artificial being from dead bodies. After he has sparked life to it, he detests the creature, which flees. The being is constantly rejected by man because it appears to be a monster. The creature longs for a female counterpart and confronts its maker with this thought. In this part of the novel, the first person narrator Frankenstein describes how he finally rejects the wish.

Aufgabenstellung

1. Against the backdrop of the given text, state the pros and cons of fulfilling the "being's" wish to have a female counterpart.
2. How are scientific thought and personal feelings combined in the excerpt? Analyse the narrative technique and the use of stylistic means.
3. "*Frankenstein* is too philosophical for a modern Gothic novel". Comment based on the excerpt.

Lösungsvorschläge

1. *Grundkompetenzen: comprehension/orientation/context*
   Stellen Sie dar, dass das Geschöpf sich inständig eine weibliche Gefährtin wünscht und dass ihm dieser Wunsch versagt bleibt. Das Wesen führt folgende Argumente für die Schaffung eines weiblichen Gegenstücks an:
   – he is not accepted by mankind and he will take revenge
   – a female companion would free him from his misery and malice
   – they could live in the wilderness far away from all habitations
   Frankenstein erkennt die Empfindsamkeit seiner Kreatur und zögert daher kurz. Schließlich überwiegen aber die Gegenargumente:
   – they would not stay in the wilderness because they need love and sympathy
   – man would reject them and thus kindle their thirst for revenge
   – the being's wickedness would lead to destruction

   In the excerpt of Mary Shelley's *Frankenstein*, the creature puts forward several arguments for the creation of a female being, whereas the creator expresses fear and doubt concerning the rightfulness of fulfilling the wish.
   The being argues that his own love for destruction is instilled by man's refusal to accept him as a companion. By contrast, having a "creature of another sex" (l. 37) would allow him to develop feelings of happiness, gratitude and love. The new being would become a friend he could relate and become attached to. He reasons that this female counterpart would make him "free from […] misery" (l. 40) and turn his hate into love – not only for this particular being but for the sake of mankind. He pleads his cause and argues that the two would live together in the wilderness far from any human being and never be a threat to anyone. The being claims that if he was given a partner, his desire for revenge would die and leave him living peacefully in the forest.
   Although Frankenstein appreciates that the being is "a creature of fine sensations" (l. 46) and understands that it deserves happiness, he is not convinced by its arguments. The idea of creating a second being that could help to destroy the world fills him with dread. He does not believe that the two beings would stay in the wilderness and he fears that their wickedness and hatred could be renewed if

they once again experienced humans who rejected them. Therefore, giving the being the chance to procreate may eventually lead to the destruction of the entire human species. *(271 words)*

2. *Grundkompetenz: analysis*
Während der Figur des Frankenstein eine wissenschaftliche Denkweise zu Eigen ist, agiert das Geschöpf vor allem aufgrund persönlicher Emotionen. Wohl wissend, dass Frankenstein nur durch rationale Aspekte überzeugt werden kann, ist das Wesen aber auch bemüht, eine logische Argumentation aufzubauen. Dabei brechen allerdings immer wieder intensive Gefühle durch, was durch mehrere Stilmittel betont wird.
– *technical style shows scientific rationality*
– *contrast and exaggeration underline the possible change in character*
– *rhetorical questions and evaluating adjectives emphasize the terrible situation*
– *imperatives stress the urgency of the request*
– *anaphora and exclamation show passion*
Obwohl der emotionale Aspekt Frankenstein rührt, überwiegt die nüchterne Abwägung der Vor- und Nachteile. Er lehnt schließlich die Schaffung eines weiblichen Gegenstücks ab.

In the given excerpt, Frankenstein's scientific rationality is mirrored by the use of technical terms and a clear argumentative structure. At first sight, the being's argumentation is just as precise, but occasional outbursts of feeling show its uncontrollable emotional involvement.
Even though the creation has many human characteristics, Frankenstein labels him with a neutral technical term. The "being" (l. 1) is something that cannot be classified as man or beast – indeed it has qualities of both. The being refers to Frankenstein as his "creator" (ll. 17, 26, 41). The address insinuates that scientific progress – innovation and construction – has a religious component. Like God, the scientist Frankenstein has created life, and he consistently refers to himself as the "maker" (l. 47).
Frankenstein's attitude is determined by his scientific way of looking at the matter under discussion. While thoroughly considering the pros and cons, his thoughts resemble a cost-benefit analysis. Before he starts, Frankenstein declares his willingness to decide from a neutral point of view: when first confronted with the being's proposal, the narrator reveals his need "to arrange (his) ideas sufficiently to understand the full extent of (the being's) proposition" (ll. 2/3).
Feelings and emotions only play a minor role for the protagonist. For the sake of his scientific evaluation he refuses to listen to his heart. Though he is moved by the being's words he is afraid of helping him: "(he shudders) when (he thinks) of the possible consequences" (l. 44). The physical reaction makes it entirely clear that the potential dangers of another creation would outweigh the positive effects. This impression is enhanced when Frankenstein admits that the creature has got a fair claim to demand a companion (l. 45) but still comes to the conclusion that he

"cannot consent" (l. 64). The auxiliary stresses that Frankenstein considers himself inferior to rationality – science, again, has the status of a higher power.
What makes Frankenstein see the justice of the being's proposition is the way the being constructs his argument. He follows scientific thought patterns and repeats twice that he wants "to reason" (ll. 16, 32) with his maker. His arguments form a logical sequence: first, the being points out the difficulties of his present situation and explains the reasons for his hatred. Then he goes on by portraying the change in character a female companion could bring about. Finally, he argues that he and his partner would live in a remote place in the wilderness so that they would not pose any threat to man.
However, the "being" frequently abandons his intention to reason soberly. This is due to the rage and the passion that carry him away (ll. 29–31). His argumentation is often very emotional, which can be seen by the deployment of rhetorical questions (ll. 16/17, 20/21) and evaluating adjectives ("inextinguishable", l. 34; "insurmountable", l. 23). In order to stress the positive effects of another creation, the being uses exaggeration: "(if) any being felt emotions of benevolence towards me I should return them an hundred and an hundred fold, for that one creature's sake I would make peace with the whole kind" (ll. 33–35). The contrasts between "one" and the "whole kind" and between "any" and "an hundred" seem to quantify the potential benefits for mankind.
To lend further weight to his request and to stress its urgency, the creature makes use of imperatives and anaphora. He exclaims: "Oh! my creator, make me happy; let me feel gratitude towards you for one benefit! Let me see that I excite the sympathy of some existing thing; do not deny me my request!" (ll. 41–43). Additionally, the use of exclamation and corresponding punctuation marks underline the frenzy of the being. His feelings and the ardent wish for a partner overwhelm him.
The appeal and the measures the being employs are partially successful, as Frankenstein starts to change his mind. His feelings tell him that there is righteousness in the being's argument. However, Frankenstein is not swayed completely and in the end he refuses to follow the creature's plea. Though the key question is a very personal one, which is stressed by the being's inability to stay calm and to reason rationally, the decision is taken on rational grounds. Frankenstein's scientific thoughts outweigh the personal ones. *(697 words)*

3. *Grundkompetenzen: comment/evaluation*
Der Roman wirft einerseits philosophische Fragen auf und andererseits enthält er unterschiedliche Elemente des Schauerromans (gothic novel). In dem vorliegenden Auszug werden z. B. folgende Aspekte angesprochen:
– What does a human being need in order to lead a happy life?
– What leads to hatred?
Schauereffekte werden im Ausgangstext z. B. von der Erscheinung des Geschöpfs ausgelöst – das Wesen selbst ist mysteriös, seine Absichten und die davon ausgehende Bedrohung sind undurchschaubar.
Auf der Basis dieser Erkenntnisse sollten Sie Ihre persönliche Meinung darüber formulieren, ob auch in einer modernen Gruselgeschichte Raum für philosophische Überlegungen bleibt oder ob der Schwerpunkt stärker auf den Horroreffekten liegt.

Grossly simplified, philosophy deals with the meaning of human life in relation to all the entities that surround us. Philosophers therefore strive to explain the perception, the thoughts and the behaviour of people; their internal logic, their needs and desires, their relationship to others and their relationship to nature and the universe. Mary Shelley's *Frankenstein* contains many questions that further such philosophical thought: what does a human being need in order to lead a happy life? What feelings do humans need to experience in order to be content? What actions lead to hatred? What happens if one does not have somebody to share one's life with? These questions are partially answered by the fact that the being suffers from his miserable life. He wants to be appreciated, liked, and even loved. He cannot bear to face nothing but hatred and contempt and needs a companion who inspires love. He has the deep desire to have somebody to hold on to.
But do these questions and answers make Frankenstein an entirely philosophical novel? I do not believe so, because there are various gothic elements that dominate the plot. The story appeals to the reader's feelings, it conveys excessive emotion and creates fear – there is a dense atmosphere of mystery and suspense. The reader does not exactly know how the being was created and what consequences the creation will ultimately have. The outward appearance of the being makes us shudder – the creature's face is "too horrible for human eyes to behold" (l. 30).
Even today, most gothic novels are based on the fear of the unknown and the fear of the abnormal. Even though modern film technology gives directors the chance to create anxiety by visual effects, it is still the underlying moral conflict that involves the viewer. If there is no personal involvement, there is no deeper fear. If the internal logic of fear stays untouched and if the basic meaning of life stays unquestioned, the viewer cannot be deprived of a feeling of safety. This, however, is what a modern gothic novel must aim at. *(345 words)*

Abiturprüfung NRW – Englisch Leistungskurs 2009
Aufgabe 1

Aufgabentyp: *Literarischer Text (Gedicht) (Textaufgabe mit analytisch-interpretierendem Schwerpunkt; alternativ mit anwendungs-/produktionsorientiertem Schwerpunkt)*
Unterrichtsinhalte: *American Dream, American traditions and visions; economic and ecological issues; poems; comment, narrative*

Joyce Carol Oates: *Dreaming America*

When the two-lane highway was widened
the animals retreated.
Skunks, raccoons, rabbits – even their small corpses
disappeared from the road – transformed into rags
then into designs
then into stains
then nothing.

When the highway was linked to another
then to another
six lanes then nine then twelve rose
sweeping to the horizon
along measured white lines.
The polled Herefords were sold.
When the cornfields were bulldozed
the farmhouses at their edges turned into shanties;
the outbuildings fell.

When the fields were paved over
Frisch's Big Boy rose seventy-five feet in the air.
The *Sunoco* and *Texaco* and *Gulf* signs competed
on hundred-foot stilts
like eyeballs on stalks
white optic-nerves
miraculous.
Illuminated at night.

Where the useless stretch of trees lay
an orange sphere like a golf ball
announces the Shopping Mall, open
for Thursday evening shopping.
There, tonight, droves of teenage hunt
one another, alert on the memorized pavement.

Where did the country go? – cry the travelers, soaring
past. *Where did the country go?* – ask the strangers.
The teenagers never ask.
Where horses grazed in a dream that had no history,
tonight a thirteen-year old girl stands dreaming
into the window of Levitz's Record Shop.
We drive past, in a hurry. We disappear.
We return. *(210 words)*

From Joyce Carol Oates, "Dreaming America" (1975),
in: The Fabulous Beasts, *Poems by Joyce Carol Oates,*
Baton Rouge; London: Louisiana State University Press, 1975, S. 83/84.

Annotations:
l. 13 *The polled Herefords:* breed of beef cattle with horns cut
l. 18 *Frisch's Big Boy:* chain of family-style restaurants
l. 19 *Sunoco, Texaco, Gulf signs:* gas stations owned by the respective companies

Aufgabenstellung

1. Describe the process of American civilization and the reactions to it as presented in the poem. *(Comprehension)* 16 Punkte

2. Analyse the speaker's attitude to this process of civilization. Focus on the poem's structure, language and stylistic devices. *(Analysis)* 24 Punkte

3. Choose **one** of the following tasks:

3.1 Comment on Oates' poem as a statement on the *American Dream.* *(Evaluation: comment)* 20 Punkte

3.2 Imagine you are the thirteen year old girl *"dreaming into the window of Levitz's Record Shop"* (ll. 35/36). Write down the girl's dreams and thoughts in the form of an interior monologue. The title should be *"My American Dream". (Evaluation: re-creation of text)* 20 Punkte

Lösungsvorschläge

1. *Das Gedicht stellt den Prozess des kulturellen Wandels der USA in mehreren Phasen dar, wobei die erste Phase der Landnutzung durch Viehhaltung und Ackerbau im Rückblick als positiv erscheint, weil sie im Einklang mit Natur und der Natürlichkeit des Menschen stand.*
   - *the continent was won by cattle farming and growing crops*

   Als Wendepunkt und gleichzeitig als Schlüsselaspekt des Wandels können die Erweiterungen der Autobahnen und die Aufgabe des Ackerbaus verstanden werden.
   - *country was victimized by building more and bigger highways etc.*

   Stellen Sie heraus, dass zunächst die Tiere und letztlich auch die jungen Menschen zu Opfern werden; letztere, weil ihnen die kulturellen Veränderungen nicht bewusst sind und sie unweigerlich auf den Kommerz beschränkt werden:
   - *young people do not understand that the original character of the country is gone*
   - *they are confined to a commercial life*

   In the process of American civilisation the continent was first won by using it for cattle farming and growing crops such as sweetcorn. Looking back at that time we can surmise that people lived in peaceful, inspired coexistence not only with their own animals but also with wild creatures such as skunks, racoons or rabbits.
   Later the Americans started to victimize the country – slowly but surely – by building ever bigger and more highways, filling stations, roadside restaurants, and shopping malls. Farming was given up and the wild animals disappeared after they had been run over by cars on the wide roads. Nature was lost.
   Finally, advertising signs and shopping malls started to dominate the scene as well as the minds of young people. The young generation does not understand that the original character of the country is gone (for good?) and does not critically observe the changes. In contrast – from the perspective of the speaker – at least strangers and foreigners question the changes in American culture. The young Americans, however, are the latest victims of the ongoing changes in American civilisation. They are confined to a life of commerce and left with nothing except for record shops that fuel their dreams. Now people seem to be lost, too. *(208 words)*

2. *Hier ist es am besten, Sie gliedern Ihre Antwort nach den Aspekten, die in der Aufgabenstellung vorgegeben werden:*
   Als erstes geht es um die Struktur des Gedichts. Es ist zweiteilig mit einem zusätzlichen Schlussteil, der den Leser in die zentrale Aussage des Gedichts einbezieht:
   - *the first three stanzas all start with the word "when" and depict the historical cultural changes*
   - *last two stanzas describe the situation today*

- *final two lines are like a couplet and take a look at the attitudes of the lyrical I and the reader*

Als zweites beschäftigen Sie sich mit dem Sprachstil, der auf den ersten Blick nüchtern wirkt und mit Quantifizierung und Passiv-Konstruktionen arbeitet. Später werden dann einzelne Wertungen durch Adjektive vorgenommen:

- *the language is descriptive and exact as far as quantifications go*
- *the neutral style is even enhanced by the deployment of the passive voice*
- *at the end of the poem evaluative adjectives play an increasing role*

Der dritte Aspekt, der durch die Aufgabenformulierung vorgegeben wird, sind einzelne Stilmittel:

- *the enumeration of animals (l. 3) symbolize the variety of the natural American habitat*
- *the inevitability of its loss is made tangible by an anaphora*
- *a simile (l. 21) shows that everything the Americans do is surveyed and dominated by business life*
- *use of impressive direct speech parts / rhetorical questions*

The speaker shows his attitude towards the process of American civilisation by the strong structural division made after three stanzas of the poem and by the final two lines, which stand out clearly from the rest of the text. The use of language (for example a seemingly factual style or passive voice) and stylistic devices such as anaphoric structures, repetitions, enumerations, and rhetorical questions enhance the criticism inherent in the poem.

The first three stanzas all start with the word "when" and depict the historical changes in culture which have been explained in Task 1. The measures which initiated these changes are frequently explained in the first lines of the stanzas whereas the consequences are described in the final lines. The second part of the poem starts at line 25 and comprises two stanzas each starting with the word "where", which show the situation today. The final two lines differ from the rest of the poem like a concluding couplet in which the role of grown-up Americans is shown in a generalized way: The author uses the personal pronoun "we" to include both the speaker and the reader in the indifference of American life, which is exemplified by the speaker's uselessly driving back and forth in a hurry.

The language is descriptive and exact as far as quantifications go. The lyrical I seems to report mere facts, which is shown by the frequent use of quantifiers (ll. 1, 10). In the first part the neutral style is even enhanced by the deployment of the passive voice (ll. 1, 8, 13, 14, 17), which emphasizes that even though the responsibility for cultural changes is shared by all American people nobody actually feels responsible. At the end of the poem evaluative adjectives play an increasing role: the few trees which are left over as a decoration of the shopping malls are rated as "useless" (l. 25), whereas the stalks of the advertising signs are ironically depicted as being "miraculous" (l. 23).

In the first part, the enumeration of animals (l. 3) symbolizes the variety of the natural American habitat and the inevitability of its loss is made tangible by the anaphoric structure in lines 5 to 7. One step in the process of cultural change

follows the other one. Here but also later the connective "then" is constantly repeated, which stresses for example the extent to which highways were built: "Six lanes then nine then twelve rose; sweeping to the horizon" (ll. 10/11). After the original settlement structure and land use were "sold" and "bulldozed" even the family style restaurants lost their original character and grew larger than life: suddenly "Frisch's big boy" (l. 18) is seventy-five feet tall. The simile that compares "Sunoco and Texaco and Gulf signs" (l. 19) to "eyeballs" (l. 21) shows that everything the Americans do is surveyed and dominated by business life. From the author's point of view the absolute competitions between companies, which, of course, is part of the American Dream, has led the country astray.
The huge open space of the continent is lost for teenagers, who are confined to "evening shopping" (l. 28) and "hunting" each other around the malls (cf. ll. 29/30) – instead of hunting buffaloes like their forefathers did, we may possibly add here.
In the following the key issue is formulated twice in impressive direct speech parts: "Where did the country go?". Whereas the rhetoric question is asked by travellers and strangers, the young Americans themselves seem to be so used to the loss of their cultural roots that they "never ask" (l. 33). In the final part Oates again uses the geographical location to exemplify how the history of the country has replaced the love of nature by more technical, largely commercial (but maybe also artistic) values which are displayed in the show window of "Levitz's Record Shop" (l. 36). *(642 words)*

3.1 *Stellen Sie zunächst noch einmal kurz fest, welche Einstellung Oates in dem Gedicht Ihrer Meinung nach zum Ausdruck bringen will. Anschließend nennen Sie am sinnvollsten thesenartig Ihre persönliche Auffassung und differenzieren sie danach aus. Der zentrale Grund, warum Oates mit ihrer Kritik Recht haben könnte, ist:*

- *the destruction of nature has been and still is unnecessary and inconsiderate*

Zweifelhaft ist dagegen die Absolutheit, mit der an der landwirtschaftlichen Vergangenheit festgehalten wird:

- *the American Dream does not restrict people to an agricultural life*
- *"shopping malls" are an essential component of the dream and not necessarily only bad*

Der vorliegende Lösungsvorschlag schließt gleichwohl damit, dass sich der Verfasser dem indirekten Appell der Dichterin anschließt, die aktuelle amerikanische Lebensweise zu hinterfragen.

Oates advocates a traditionalist perspective and blames the cultural changes in the US for the emergence of a rather dull way of consuming life instead of creating it in accordance with the call for productivity inherent in the American Dream. From the perspective of the speaker, farming seems a more natural way of living than spending time and money at a shopping mall. Even though this seems to be true in a way, the issue needs to be looked at more closely.

I disagree with J. C. Oates because the American Dream does not restrict people to an agricultural life either. She disregards that the Pursuit of Happiness potentially opens up other ways of living – in fact, nobody should be kept from being happy at a shopping mall. This is especially true because the "business of America is business" as President Coolidge once put it. If we follow his line of thought and define the "happier life" of the Americans as being "richer" too, we have to assess that trade and thus shopping malls are an essential component of the dream.
In contrast I agree with the author in the way that the destruction of nature has been and still is unnecessary and inconsiderate. In this context, however, the huge advertising signs mentioned in the poem are significantly less important than the huge amount of CO_2 which the American nation produces without even having too many qualms about it.
The important point which is made by the poem includes the chance to improve on the nation's dream: according to Oates the Americans, including the speaker, do not tend to think about how they spend their days – "evenings" (l. 28), if we want to stick to the given text. Fighting against and finally breaking through the indifference amongst grown-up Americans and giving young people the chance to find a more responsible way of living seems a reasonable approach to keep the American Dream alive – maybe slightly more detached from sheer commerce and consumption. *(332 words)*

3.2 *Hier ist Ihnen die Lösung weitgehend freigestellt, wichtig sind Rückbezüge zum Wesen des American Dream (z. B. Reichtum, Erfolg, Beispiele für einen erfüllten Traum). Wenn Sie etwas jugendliche Umgangssprache verwenden und ihre Gedanken auf den Kontext des Oates Gedichts (z. B. auf die Dekoration des Geschäfts oder die Gedanken zur „urbanization") zurückbeziehen, wirkt ihre Ausarbeitung authentischer. Da es sich bei der Beschreibung des Traums um einen inneren Monolog handelt, sind auch unvollständige Sätze durchaus akzeptabel.*

My American Dream

The guitar on the left – I think it's a Micler. A good brand. It's a quality product from somewhere in the Midwest and Bon Jovi plays it on the record cover right beside it. In fact in this shop there are at least 10 covers that have a Micler on it. Still a shame that they just use it for decoration. I love it. And I love records, too. Anyway, if I want to be successful I'll surely need a Fender amplifier with this guitar. That's what they say: if you want to be real good, first thing is good equipment. And I'm sure I'll need good musicians for my band, too. The Trisha Keyne's Awsomes. American country mixed with urban style rock music. That is my dream … I already know what the sound check will be like. "They will love you", one of the roadies will say: "the whole country loves you, Trisha". Yeah, I will make the audience shout and scream when the concert starts. Maybe we should play the National anthem before that. Especially the boys will cheer and maybe some will even throw their underwear onto the stage. Yuck. I will have at least three number one hits and my picture will be on the zipper at Times

Square. 5 Grammies and maybe some Tonys if I do musicals, too. “Five girls from the Shopping Mall – the new Oklahoma” – that would be a pretty good title for a musical. My Daddy would be proud of me. Everybody will love me and maybe Europe will love me, too. Then I can buy my Mom a huge swimming pool and I will have my birthday party together with Zac Efron. If you are rich you can do everything in America. Maybe I can even sing for the President. I mean a good song, not like “Dear Mr President” by Pink. My god, she is soooo rude in that song even though she can live such a good life in this country – so ungrateful. Never mind her. Anyway, in ten years my first CD will be just where her CD is today – on the top of the billboard charts, the American No 1.

(368 words)

Abiturprüfung NRW – Englisch Leistungskurs 2009
Aufgabe 2

Aufgabentyp: *Sach- und Gebrauchstext (Kommentar der internationalen Presse) (Textaufgabe mit analytisch-interpretierendem Schwerpunkt; alternativ mit anwendungs-/produktionsorientierter Aufgabenstellung)*
Unterrichtsinhalte: *dystopia, ethics, social issues, moral issues, newspaper article; comment, letter to the editor*

Heather Brooke, "Has anybody in Britain actually read *1984*?"
The Independent, 13 October 2005

"There was, of course, no way of knowing whether you were being watched at any given moment. How often, or on what system, the Thought Police plugged in on any individual wire was guesswork. It was even conceivable that they watched everybody all the time." (George Orwell, 1984)

It seems appropriate that the author of *1984* was a British citizen. George Orwell must have seen how easily the great British public's lamb-like disposition towards its leaders could be exploited to create a police state. Say what you will about Americans, but one thing they are not is passive. The Bush administration may have pushed through the Patriot Act weeks after 11 September, but, as the American public got to grips with how the law was affecting their individual rights, their protest grew loud and angry.

Yesterday saw the publication of the Government's latest Anti-terror Bill that would give police even more power. The House of Lords, meanwhile, is debating the Racial and Religious Hatred Bill, and Whitehall is investigating ways to ban former civil servants from publishing their accounts of what happens in the corridors of power.

There are already nearly 200 pieces of anti-terrorism legislation. What else can be left except thought-crime? The police and politicians have scented power and they want to run it to ground. The Metropolitan Police Commissioner Sir Ian Blair shamelessly demands more laws even while his department is under investigation for shooting dead an innocent Brazilian.

But never underestimate the British public's lack of interest in serious issues. They may moan and gripe, but the most they are likely to do is to write a letter to the editor, "Yours outraged. Tunbridge Wells". Soon enough, they will be back gobbling up their junk diet of celebrity piffle. […]

Meanwhile, the public is being banned from protesting within 1 km of Parliament. The Serious Crime and Police Powers Act makes it a criminal offence to trespass on a "designated site" for "national security" reasons. It is likely we'll see the law used against protesters. Police can also store a person's details, fingerprints and DNA when that person is arrested. You don't have to be found guilty for the police to swab your mouth and keep records on you; simply looking suspicious or being in the wrong place at the wrong time is reason enough.

I hopped on a London bus recently and found my face broadcast on both decks. The cameras are to make us feel safer. They make me feel violated. I'd feel safer if the police were more accountable and told me, for example, how many officers patrol my neighbourhood or the number of times police fail to show up when called.

Across government, institutional privacy is protected at all costs, while individual privacy is under assault. Yet the passive faces of my bus companions show a society so dulled into submission they resemble stunned cows lined up for slaughter. I can't help thinking that in America there would be petitions, leaflets, protests, maybe even armed violence.

Constant surveillance, files on innocent people, secret trials – these are the hallmarks of a police state, one that is being erected with the meek acceptance of the British public.

Where are the fighters in the UK? Where is the concern that the state is invading every single nook of our privacy? That the police are becoming more politicised and more powerful? That politicians are cloaking themselves in secrecy under the guise of national security for the most ridiculous of reasons.

What should happen is this – we should give no more power to the state without the state giving something to us. If the Government wants to keep a database of our identities, then it should publish its entire staff directory so we can see who is doing what at taxpayers' expense. If the police want to detain people for longer periods, they must tell us who these people are and what they are accused of doing; they must provide enough evidence to a judge to warrant such internment.

Here's what you can do: write to your MP or send a fax or an email to them via www.writetothem.com. See what they say on anti-terror laws or ID cards at www.theyworkforyou.com, attend a local council meeting, start asking questions and demand accountability from all those public bodies who take your money. You could even form a citizens' group or donate money to an existing pro-democracy campaign such as Liberty, Justice, Inquest, www.Mysociety.org. The alternative is real life Big Brother with all the grainy grimness of a CCTV photo shoot. *(777 words)*

Heather Brooke, "Has anybody in Britain actually read '1984'*?",*
in: The Independent, *13 October 2005.*

Annotations:

l. 1 *1984:* dystopian novel in which the citizens are constantly watched through special monitors by *Big Brother,* i. e. by the state, seeking to prevent the citizens from committing *"thought-crime"*

l. 5 *Patriot Act:* an American law allowing the interception of phone calls

l. 10 *Whitehall:* seat of the British government in London

l. 15 *to run it to ground (metaphorical usage) (here):* to gain control without a democratic mandate

l. 17 the Brazilian referred to in this line was suspected to be a terrorist and shot dead by the police; it turned out, however, that he had been an innocent member of the public

l. 20 *Tunbridge Wells:* provincial town in Kent

l. 21 *piffle:* (infml.) nonsense

l. 57 *CCTV:* abbreviation for closed circuit television

Aufgabenstellung

1. Outline Heather Brooke's view on Britain's security policies, on the public's reactions, and on the action that should be taken by the readers. *(Comprehension)* 16 Punkte

2. Examine the way Brooke tries to convince and mobilize the reader. Focus on her line of argumentation and use of language. *(Analysis)* 24 Punkte

3. Choose **one** of the following tasks:

3.1 "Constant surveillance, files on innocent people, secret trials – these are the hallmarks of a police state [...]" (ll. 38/39). Discuss to what extent a citizen in a globalized world has to accept living under certain restrictions for the sake of security. Give an evaluation of the author's position. *(Evaluation: comment)* 20 Punkte

3.2 You are from Tunbridge Wells (cf. l. 20). Write a letter to the editor in which you strongly oppose Brooke's reproaches to the British public as well as her misjudgement of the political situation in the UK. *(Evaluation: re-creation of text)* 20 Punkte

Lösungsvorschläge

1. *Als erstes sollten Sie die deutliche Kritik der Verfasserin an der britischen Sicherheitspolitik hervorheben, da der Kommentar doch eine sehr einseitige Haltung vertritt. Als Beleg müssten Sie dann die einzelnen Aspekte auflisten, in denen die Journalistin eine Gefährdung der persönlichen Freiheit der britischen Bürger sieht:*
   - *strong tendency towards the creation of a police state*
   - *latest Anti-terror Bill adds to the huge number of almost 200 laws*
   - *biological identification material is collected as a general routine*
   - *CCTV surveillance is even used on public transport*
   - *in contrast to individual spheres the state protects itself quite fiercely*

   Die Reaktion der Briten besteht nach der Verfasserin darin, keine wirkliche Reaktion zu zeigen. Vor dem Hintergrund von George Orwells 1984 *und dem Beispiel der amerikanischen Öffentlichkeit, die ihre Privatsphäre offensiv verteidigt, erscheint dies verwunderlich:*
   - *Orwell's* 1984 *should have sufficiently warned the British of Big Brother*
   - *American citizens are more successful in protecting their privacy*

   Als Konsequenz fordert die Journalistin ihre Leser sehr direkt dazu auf, geeignete Maßnahmen zu ergreifen:
   - *Heather Brooke calls for immediate action by the readers (letters, e-mails, personal talks, membership in organizations like "MySociety")*

For Heather Brooke, the current British security policy is characterized by a strong tendency towards the creation of a police state while the general public remains passive because it seems to be disinterested.
According to the journalist the imminent danger of a police state shows in the Government's latest Anti-terror Bill which adds to the huge number of almost 200 laws against terrorism. Brooke points out that the police are already allowed to collect biological identification material (such as DNA or fingerprints) as a general routine (l. 25). Additionally CCTV surveillance is even used on public transport already (l. 29).
Whereas the people's private spheres are not private any longer, the state protects itself quite fiercely. For example it does not allow any protest marches in the vicinity of the seat of government and a new law will make sure that those in power are safe from any allegations by former civil servants.
That the public is mild and meek – "lamb-like" as the journalist puts it (l. 2) – astonishes her the most: she claims that George Orwell's novel *1984* should have sufficiently warned the British of Big Brother. Further, her comparison to the civil rights groups in the USA shows that citizens can be successful in protecting their privacy if their protests grow "loud and angry" (ll. 6/7).
As a consequence, Heather Brooke calls for immediate action by the readers, such as posting letters or e-mails to politicians or confronting them with critical questions at public meetings. She suggests that the readers join campaigns or at least give money to organizations like "MySociety" (l. 56). *(266 words)*

2. *Stellen Sie heraus, dass die Argumentation von Heather Brooke sehr gefühlsbetont ist:*
   - *strong emotional evaluations contrast helplessness and power-craze*
   - *figures underline that something must be wrong with British society*

   Brooke versucht, verschiedene Perspektiven und Bezugspunkte einzubringen, von denen natürlich die Verbindungen zu Orwell's 1984 *am häufigsten sind. Hier werden gezielt bildungsnahe Schichten angesprochen, während die Bezüge zu amerikanischen Aktivisten einen allgemeineren Charakter haben:*
   - *frequent allusions to Orwell's* 1984 *target educated citizens*
   - *comparisons to American activists add another perspective*
   - *author even uses sensationalist writing techniques and draws on personal experience which she shares with her readers*

   Die Journalistin macht sich über die Briten lustig, um ihre Leser zu provozieren, die von ihr empfohlenen Maßnahmen zu ergreifen:
   - *Brooke mocks the British public's "lack of interest in serious issues", blames them for consuming junk programmes*
   - *at the end of her argumentation Brooke offers a solution for the problem*

The strength of Heather Brooke's article is based on an affective approach that targets different groups among her readers. She does this by means of emotional evaluations, partly sardonic allusions, comparisons to fictitious and real societies, and mockery. Stylistic devices such as rhetorical questions or anaphora support her line of argumentation. Additionally, Brooke offers tangible information on how to take action against an aggressive police state.

The emotional approach is pursued by the use of strong evaluations of the British public's disposition, which she calls "lamb-like" (l. 2) or "easily […] exploited" (ll. 2/3). This helplessness is contrasted by the description of power crazed-politicians and shameless police officers such as the Metropolitan Police Commissioner Sir Ian Blair (cf. l. 15). The figure "200" (l. 13) additionally emphasizes or "quantifies" that something must be wrong with British society.

The frequent allusions to George Orwell's *1984* target educated citizens, who also fail to perceive the danger that anti-terror bills pose for the personal freedom of the British people. The visionary thoughts of the famous author are used guilefully to support the journalist's argumentation – in fact, many British (if not all) have "actually read" (headline) the book. In contrast, the comparison between the British failure to react and the sensitivity of American activists aims at convincing a slightly less high-brow group of readers for whom the American people still seem to be a positive example.

In order to prove the power craze of police forces, Brooke not only lards her argumentation with affective elements but she even uses sensationalist writing techniques: strictly speaking there is no direct logical connection between the (accidental) shooting of an "innocent Brazilian" (l. 14) and the police's quest for additional laws on terrorism. The narrative part which follows uses the journalist's personal experience to show that the measures which have been taken so far serve the state rather than its citizens. The frequent use of first-person pronouns

both singular (l. 29, ll. 30–32, l. 34) and plural (l. 24, l. 30, ll. 45–49) includes everybody in the argumentation, giving them the feeling that they share negative experiences concerning police power. The direct address in lines 26 and 27 stresses that there is a personal threat to the reader.
Brooke mocks the British public's "lack of interest in serious issues" (l. 18) by contrasting it with their eagerness to consume gossip programmes about celebrities like potato crisps. The man on the Clapham bus (in this case: from "Tunbridge Wells" l. 20) describes himself as being "outraged" (l. 20) but his rage shows in a polite letter to the editor – a pretty fierce reaction for a couch potato. In contrast, the rage of American activists results in "petitions, leaflets, protests, maybe even armed violence" (ll. 36/37). The rhetorical questions in lines 41 to 43 express the urge to find such "fighters in the UK" (l. 41), too.
At the end of her argumentation Brooke offers a solution for the problem by giving her readers precise information on how they can take action. This information is presented in an enumeration of possible steps, showing that there are a lot of things people could do and including a strong appeal to the reader (ll. 51–57). The last sentence is marked by an alliteration which stresses that the "grainy grimness" (l. 57) of constant surveillance cannot be avoided if the readers stay disinterested. According to Heather Brooke's line of argumentation, "Big Brother" is still small enough to be beaten. *(581 words)*

3.1 *Die Denkrichtung, die Sie in Ihrer Diskussion verfolgen, ist Ihnen selbstverständlich völlig freigestellt: Im folgenden Lösungsvorschlag wird beispielhaft eine Gegenposition zum Artikel von Heather Brooke entworfen.*
Zunächst wird die Haltung der Journalistin als inakzeptabel eingestuft. Danach wird erläutert, warum die Behauptungen des Artikels im Hinblick auf die Errichtung eines Polizeistaates schon im Grundsatz falsch sind. Es empfiehlt sich hier, die Aspekte in der Reihenfolge des Zitats in der Aufgabenstellung abzuarbeiten:
- *surveillance cannot possibly be constant but needs to be unpredictable*
- *trials are not secret: full account of the proceedings is given as long as a public investigation does not jeopardize the success of police and military forces*
- *police do not keep files on innocent people without reason*

Im Folgenden könnten Sie dann z. B. erläutern, warum Sie zusätzlich zu den aktuellen Maßnahmen z. B. eine Überwachung privater Haushalte für sinnvoll und nötig erachten. In unserem Beispiel benutzen wir rhetorische Fragen, um die Überzeugungskraft des Textes zu erhöhen. Da Sie in einer Diskussion auch Aspekte berücksichtigen sollten, die eine andere Position nahelegen, gehen wir in unserem Lösungsvorschlag kurz auf die Gefahren des Datenmissbrauchs ein.
- *data misuse could be a problem but we do not need to panic*

Überdies könnten Sie weitere Maßnahmen vorschlagen und abschließend ein persönliches Fazit ziehen:
- *the portion of freedom we have to give up is the freedom that enables us to harm or even kill innocent people*

The author's position on the security issue is extremely biased and her claims that Britain shows characteristics of a police state are not acceptable.
To start off, Heather Brooke is wrong when she says that surveillance in Britain is constant. There is no doubt that it cannot possibly cover all areas of life but at least it needs to be unpredictable for terrorists and criminals. Otherwise it does not work: if the fox knows where the hunter will appear next he can easily steal all the chickens.
She is also wrong when she claims that we have secret trials. They are only secret until an imminent threat is banned and a public investigation does not jeopardize the success of police and military work. However, in accordance with our laws a full account of the proceedings is given to the public after the case is closed. There is no other way.
She is wrong to accuse police forces of keeping files on innocent people without any reason. They are simply necessary to filter terrorists and other criminals. To put it graphically: if you want to find the rotten parts of an apple you have to examine the entire fruit and remove the rotten spots before the rotten parts destroy it.
Our personal freedom is not threatened by CCTV cameras at specific spots such as public transport facilities, schools, convention centres, company and state buildings. But unfortunately that is not enough and we need to consent to a much stricter control. What about private living quarters? What about checking on places where criminals and terrorists are more likely to work out and professionally organize their plots to destroy our freedom for good? What about the homes of terrorists? What about the homes of the suspicious people who could turn out to be terrorists? And finally: what about the home of any suspicious person? To my mind, there is no other option for stopping fanatic killers, who are willing to sacrifice their lives just to take the lives of innocent British citizens. If they are safe, we will be sorry forever after.
Of course, the danger of data misuse is a problem which we must not underestimate, yet there is no need to panic by assuming that for example police investigations on car movements close to Whitehall or Buckingham Palace will be used for blackmailing people, whose only crime might be that they are cheating on their husband or wife (if you can imagine an attractive partner close to Whitehall or Buckingham Palace).
We need internet searches on financial transactions, more options for aircraft control, face recognition and radio frequency identification to protect us from those who have misused the lack of surveillance for too long. We need to give up some of our freedom to a certain extent. We have to give up that portion of our freedom which enables us to harm or even kill innocent people. Not more, but not less either. *(492 words)*

3.2 *Die Aufgabenstellung fordert ausdrücklich eine kritische Position gegenüber dem Zeitungsartikel. Inhaltlich können Sie also ähnliche Aspekte aufgreifen wie wir es in Aufgabe 3 getan haben.*
- *fundamentalist people want to destroy our society*
- *policemen and -women make me feel safe when I walk around town*
- *we want to be safe from terrorist bombings, drugs, weapons*

Achten Sie darüber hinaus auf die Textform und die lokale Perspektive – letztere spricht für eine eher emotionale, vielleicht sogar aufgebrachte Antwort, da die Bürger von Tunbridge Wells in Heather Brookes Artikel lächerlich gemacht werden. Auch direkte Bezüge zur Lebenswelt des Ortes bieten sich an:
- *Tunbridge Well's police squad is honest, skilful and hard working*

Ein kurzes Gesamturteil über den Artikel wäre ein sinnvoller Abschluss:
- *we don't need junk newspapers*

Mark Holmes
23 Freedom Close
GF-982TH-65
Tunbridge Wells

The Independent
The Editor – Henry Jeln, PhD
34 Thregman Drive
TR-5342GD-63
London

2/4/2009

Dear Mr Jeln,
I'm writing to you in regard to the article "Has anybody in Britain actually read *1984*" by Heather Brooke.
Mrs Brooke is a lucky person: in our democracy freedom of thought is a fundamental human right which also applies to the most stupid ideas. What if the police no longer protect this freedom? What if terrorists gain power over Britain? What if Mrs Brooke loses her freedom to say whatever she wants to say?
In Tunbridge Wells we live peacefully together with people from all cultural backgrounds. Unfortunately in the whole of Britain there may also be fundamentalist people who do not want to contribute to a modern world of multiculturalism but who want to destroy our society. That is why we need our police forces. I'm glad that for example John Falkland, Tony Carrick and Rita Davis work for Tunbridge Well's police department. John, Tony and Rita and all the other police staff make me feel safe when I walk around town or when I come home from my pub late at night. And, let me add, John, Tony, Rita and all their colleagues work hard for us for relatively low pay, probably much less than Mrs Brooke earns by simply gossiping about them in her article.
Not only are the people of Tunbridge Wells "outraged", we simply cannot accept that the people who do us so much good are disgraced in such a shameless way. Sure, we all want to be safe from data misuse and constant surveillance. But even more so we want to be safe from terrorist bombings, we want our school

kids to be safe from drugs and weapons which are sold on the streets or on public transport and we want to be safe from hijackers who crash planes into high-rise blocks. Above all, however, we want to be safe from fanatic criminals who pursue their targets with the same irrational determination with which Mrs Brookes assesses that the only people we need to fear are the police. They are truly brave and skilful specialists – overworked, overburdened and willingly misunderstood and attacked by journalists who fail to take responsibility for this state. I don't feel safe in an environment in which the good are blamed, whereas the bad can rely on the freedom they want to destroy.
In a nutshell: the British are not on a junk TV diet – as Mrs Brooke puts it – but we don't need junk newspapers either.

Yours (extremely outraged)
Mark Holmes from Tunbridge Wells *(441 words)*

Abiturprüfung NRW – Englisch Leistungskurs 2010
Aufgabe 1

Aufgabentyp: *Literarischer Text (Dramenauszug), Textaufgabe mit analytisch-interpretierendem Schwerpunkt; alternativ mit anwendungs-/produktionsorientiertem Schwerpunkt*
Unterrichtsinhalte: *Utopia and dystopia – exploring alternative worlds; Science and ethics: genetic engineering*

Edward Albee: *Who's Afraid of Virginia Woolf?*

The characters are: George, 46, professor of history at an American college; his wife Martha, 52; Nick, 30, professor of biology at the same college; his wife Honey, 26. The scene is George and Martha's living-room. Having met the younger couple at an official university party earlier, Martha has invited them over for a drink. The two couples keep on socializing, talking and drinking through the night.

MARTHA *(to NICK):* Georgie-boy, here, says you're terrifying. Why are you terrifying?

NICK *(with a small smile):* I didn't know I was.

HONEY *(a little thickly):* It's because of your chromosomes, dear.

NICK: Oh, the chromosome business. …

MARTHA *(to NICK):* What's all this about chromosomes?

NICK: Well, chromosomes are …

MARTHA: I know what chromosomes are, sweetie, I love 'em.

NICK: Oh. … Well, then.

GEORGE: Martha eats them … for breakfast … she sprinkles them on her cereal. *(To* MARTHA, *now)* It's very simple, Martha, this young man is working on a system whereby chromosomes can be altered … well not all by himself – he probably has one or two co-conspirators – the genetic make-up of a sperm cell changed, reordered … *to* order, actually … for hair and eye colour, stature, potency … I imagine … hairiness, features, health … and *mind*. Most important … Mind. All imbalances will be corrected, sifted out … propensity for various diseases will be gone, longevity assured. We will have a race of men … test-tube-bred … incubator-born … superb and sublime.

MARTHA *(impressed):* Hunh!

HONEY: How exciting!

GEORGE: *But!* Everyone will tend to be rather the same … Alike. Everyone … and I'm sure I'm not wrong here … will tend to look like this young man here.

MARTHA: *That's* not a bad idea.

NICK *(impatient):* All right, now …

GEORGE: It will, on the surface of it, be all rather pretty … quite jolly. But of course there will be a dank side to it, too. A certain amount of regulation will be necessary … uh …for the experiment to succeed. A certain number of sperm tubes will have to be cut.

MARTHA: Hunh! …

GEORGE: Millions upon millions of them … millions of tiny little slicing operations that will leave just the smallest scar, on the underside of the scrotum (MARTHA *laughs.*) but which will assure the sterility of the imperfect … the ugly, the stupid … the … unfit.

NICK *(grimly):* Now look …!

GEORGE: … with this, we will have, in time, a race of glorious men.

MARTHA: Hunh!

GEORGE: I suspect we will not have much music, much painting, but we will have a civilization of men, smooth, blond, and right at the middleweight limit.

MARTHA: Awww. …

GEORGE: … a race of scientists and mathematicians, each dedicated to and working for the greater glory of the super-civilization.

MARTHA: Goody.

GEORGE: There will be a certain … loss of liberty, I imagine, as a result of this experiment … but diversity will no longer be the goal. Cultures and races will eventually vanish … the ants will take over the world.

NICK: Are you finished?

GEORGE *(ignoring him):* And I, naturally, am rather opposed to all this. History, which is my field … history, of which I am one of the most famous bogs …

MARTHA: Ha, ha, HA!

GEORGE: … will lose its glorious variety and unpredictability. I, and with me the … the surprise, the multiplexity, the sea-changing rhythm of … history, will be eliminated. There will be order and constancy … and I am unalterably opposed to it. I will not give up Berlin!

MARTHA: You'll give up Berlin, sweetheart. You going to defend it with your paunch?

HONEY: I don't see what Berlin has to *do* with anything.

GEORGE: There is a saloon in West Berlin where the bar stools are five feet high. And the earth … the floor … is … so … far … below you. I will not give up things like that. No … I won't. I will fight you, young man … one hand on my scrotum, to be sure … but with my free hand I will battle you to the death.

MARTHA *(mocking, laughing):* Bravo!

NICK (*to* GEORGE): That's right. And I am going to be the wave of the future.

MARTHA: You bet you are, baby.

HONEY (*quite drunk – to* NICK): I don't see why you want to do all those things, dear. You never told me.

NICK *(angry):* Oh for God's sake!

HONEY *(shocked):* OH!

GEORGE: The most profound indication of a social malignancy … no sense of humour. None of the monoliths could take a joke. Read history. I know something about history.

NICK *(to* GEORGE, *trying to make light of it all)*: You … you don't know much about science, do you?

GEORGE: I know something about history. I know when I'm being threatened.
MARTHA *(salaciously – to* NICK): So, everyone's going to look like you, eh?
NICK: Oh, sure. I'm going to be a personal screwing machine!
MARTHA: Isn't that nice. *(772 words)*

From: Edward Albee, Who's Afraid of Virginia Woolf? Harmondsworth: Penguin Books, 1965, pp. 44–47.

Annotations:
l. 19 *Hunh:* expression of approval
l. 26 *dank:* wet and cold, *here* disagreeable
l. 31 *scrotum:* bag of skin containing the testicles
l. 38 *middleweight limit:* reference to Nick's fitness and the significance of boxing in this play. George once refused to box with his father-in-law. So Martha put on a pair of gloves, approached her husband from behind and knocked him out.
l. 51 *multiplexity:* complexity, variety
l. 53 *Berlin:* during the Cold War, West Berlin was a symbol of freedom
l. 55 *paunch:* fat stomach
l. 69 *monolith:* a large block of stone, *here* powerful person or organization that is authoritarian and inflexible
l. 74 *salacious: here* full of sexual overtones

Aufgabenstellung

Punkte

1. Summarize George's account of the "experiment" (ll. 43/44) Focus on the changes envisaged, the potential consequences and different reactions to it. *(Comprehension)* 16

2. Analyse the communication and relationship between the characters. Pay attention to language, stylistic devices and stage directions. *(Analysis)* 24

3. Choose **one** of the following tasks:

3.1 George finds Nick and his programme of genetic engineering "terrifying" (l. 1). Comment on this view against the background of work done in class. *(Evaluation: comment)* 20

3.2 Nick realizes that he cannot win the argument about genetic engineering at two o'clock on a Sunday morning. Everybody is too tired and drunk. So he decides to call George late on Sunday afternoon to present his case. Write their dialogue. *(Evaluation: re-creation of text)* 20

Lösungsvorschläge

1. *Formulieren Sie zunächst das Hauptziel von Nicks Projekt. In einer Art Aufzählung entwirft sein Gegenspieler George außerdem ein sehr detailliertes Bild der untergeordneten Projektziele, auf die Sie eingehen müssen. Es macht hier allerdings Sinn, diese Ziele unter Ihren eigenen Schlagworten zusammenzufassen:*
   - *Nick's project aims at creating superior humans by means of genetic engineering*
   - *it targets perfect or at least preferred shapes (e. g. stature, blond hair) and body functions (e. g. health, potency)*

   Die Konsequenzen, die George vermutet, haben eher negativen Charakter:
   - *only some will procreate*
   - *the variety of mankind will be lost*

   Die Reaktionen auf Georges Ansprache sind unterschiedlich und sollten daher nacheinander abgehandelt werden:
   - *Nick is impatient, then annoyed and finally flees into irony*
   - *Martha is hostile and uses George's impulses to flirt with Nick*
   - *Honey lacks understanding and asks stupid questions*

   George states that Nick's project work aims at creating superior humans by means of genetic engineering. This includes perfect shapes (e. g. stature) and body functions (e. g. health, potency). Hair and eye colour can be ordered according to preference before birth. Above all the new technology targets creating great minds (suited especially for maths and science). Immunity to diseases and long life will be additional features of this new race.
   As a first consequence, George figures out, other people will not be allowed to procreate – instead their sperm supply will be cut off. Second the variety of human beings will get lost and, with it, arts will vanish. Also the unpredictability of life, and thus of history will not exist any longer.
   The other characters react differently to George's lecture. Nick, who smiles before George starts his talk, is impatient and enervated at the beginning, and then he gets annoyed and finally flees into irony. Martha is constantly hostile towards George and (mis-)uses his impulses to flirt with Nick. Honey, Nick's girl-friend, is puzzled and surprised. Her lack of understanding, which she additionally drowns in alcohol, makes her ask stupid questions and accounts for a short conflict with Nick. *(200 words)*

2. *Als Hauptaussage wird in folgender Beispiellösung zunächst festgehalten, dass die Kommunikation auf Nick ausgerichtet ist, auch wenn George im vorliegenden Dramenauszug den größten Redeanteil hat. Aus jeder Kommunikationslinie wird der Grad von Nähe und Distanz deutlich:*
   - *the communication between the characters is mostly directed towards Nick*
   - *George threatens his colleague verbally and shows his disinterest in his wife*

– *Martha wants to turn Nick on and thereby tries to hurt George*

Die Sprache, die Stilmittel und die Regieanweisungen können Sie entweder in dieser Reihenfolge analysieren (siehe Aufgabenstellung) oder Ihre Antwort nach den oben genannten Kommunikationsflüssen und Charakteren ordnen. So wird es im Folgenden gemacht. Im Einzelnen könnten Sie zu George ausführen:

- *hostility and determination, maybe also envy and jealousy can be felt in his speech*
- *for example tautology, enumeration, contrast and irony are used to express his dislike*
- *exaggerations and insinuations are used to stress the dark side of Nick*

Zu Martha:

- *her statements are both sour grapes and sweet talk*
- *she uses sexual double-talk and nick names to turn Nick on*
- *she tries to hurt and laughs about her husband*

Zu Honey:

- *Nick's wife lacks understanding and is alienated from her husband*

The communication between the characters is mostly directed towards Nick and clearly shows the distance and the grade of appreciation. George lectures during large parts of the excerpt and threatens his colleague verbally, whereas Martha adores Nick (or pretends to) and tries to turn him on. Honey stays pretty far away from him, even though she is his girl-friend. The relationship between George and Martha is indirectly characterized as being highly unpleasant.

George makes a stand against Nick's attempts to alter chromosomes in a university research programme. His stand is based on assumptions concerning the targets Nick pursues (l. 15), which hints at the fact that their encounter is their first one. The hostility and determination, maybe also envy and jealousy, can be felt in various parts of George's speech even though it is elegantly woven and its pace is pleasant. The character lands his first remarkable hit by using the tautology in lines 12/13 in which the professor assesses that Nick "probably has one or two co-conspirators". By the doubling of the "co" and by insinuation, the working together of the research group is given a negative, even criminal touch. When George enumerates the features people will be able to order in the future he reveals that he has understood Martha's leech for Nick and maybe is slightly jealous of Nick's youthful sexual power: "potency" (l. 14) clearly is an odd man out in the list of characteristics. In the following the contrast between the hyphenated technical terms (e. g. "test-tube-bred", l. 17) and the description of the new race as "superb and sublime" (l. 18) hints at the frictions which George perceives and which make him dislike Nick. By declaring Nick the model for the new generation of humans George starts his personal attack. It is obvious that Nick's model character for a new race is exaggerated or – at least – not intended at all. George turns his scientific style (e. g. quantifiers l. 30) into an exaggerated description of our genetic future. The "glorious men" (l. 35) he depicts are in fact pretty close to a Nazi image of a new Arian race which indirectly stresses the unpleasant side (cf. l. 26) of the programme. The selection of genes appears to be rather cruel than simply Darwinist. The hybris inherent in the creation process is further ironized in the prefix that makes our civilization a "super-civilization" (l. 41). Therefore George sees himself as a natural (cf. l. 47) opponent of Nick's project and announces that he will fight it. By directly addressing him as "young man" (l. 58) he includes him personally in his threat. That he holds up his own imperfectness to ridicule (cf. l. 58) merely stresses his determination to "battle [Nick] to the death" (l. 59). The stage directions also support the impression that George does not want to let anybody stop him and that he takes a superior position that allows him to ignore his opponent (cf. l. 47).

Martha's comments on George's speech are both sour grapes and sweet talk. She tries to hurt George by more than insinuating that she is attracted by Nick's personality and that she is awed by his physical appearance and his mental capacities. Her sexual double-talk starts when she claims that she likes chromosomes (cf. l. 8) which refers to Nick's research and also expresses a liking for sex. This is enhanced by Martha's addressing Nick with nicknames ("sweetie", l. 8; "baby", l. 62). Her exclamation in line 19 again shows her emotional involvement and that she is truly impressed by Nick's research work before she continues stressing that she also likes his looks (l. 23).

During the rising conflict the contrast between the two men grows steadily. Martha stresses the difference between the mediocre Professor George and the successful scientist Nick when she laughs about George's claim to belong to the leading edge of scholars in his field (cf. l. 49). When George expresses his (maybe too) positive self-picture she ridicules him in accordance with the stage direction (l. 60).

Honey lacks understanding and her contributions to the conversation are weak. She lives in a separate, even alienated, sphere because she can hardly follow what her husband is doing for a living. This is insinuated when she talks about Nick's chromosomes without understanding the double meaning of her statement (l. 4). She is easily taken in by George's talk and even turns against her husband when she is drunk (ll. 63/64). The misunderstanding is swept under the carpet by Nick's rude exclamation but it is not resolved by any explanation (l. 65). As difficulties in partnership are obviously also a focus of the play, this may be understood as a hint at severe frictions in Nick's and Honey's marriage. They seem to be too different to be compatible. *(804 words)*

3.1 *Der folgende Beispiel-Kommentar stimmt der These zu, dass Gentechnik als gefährlich und furchterregend einzustufen ist, obwohl es natürlich unbestreitbare Vorteile gibt. Entsprechend versucht der Text, anhand der bisherigen Erfahrungen mit Genmanipulationen bei Pflanzen, Tieren und Menschen vor allem auch die zentralen Gefahren aufzuzeigen.*

Bei Pflanzen gilt es, folgende Aspekte abzuwägen:

- *plants were made more resistant to infections and their yield was improved*
- *consequences were the diminishing of plant diversity, genetic pollution, loss of flavour*

Bei Tieren:
- *negative implications are already owing to traditional modification (e. g. fat cows which could hardly graze)*
- *the potential of cloning a "super"-sheep endangers variety*
- *eugenic approach is against basic rights of living beings*

Bei Menschen:
- *production of medicine and therapeutic cloning can be helpful*
- *there is a small line between healing and creating anew; there is no control*

Als Fazit bleibt die Aussicht auf eine Welt, in der der Mensch sich mit Hilfe von Gentechnologie selbst abgeschafft hat:
- *owing to genetic engineering a completely new, superior, race could arise and the human race dies out*

'Terrifying' is a very strong word that describes the notion of imminent and extreme danger. Unfortunately genetic engineering arouses exactly this feeling in myself, too. We have a fair claim to being frightened to death at the face of how scientists tinker with nature. In the long run, natural plants, animals and human beings are severely endangered by programmes that aim at "improving" life in a seemingly Post-Darwinist fashion.

Plants have the longest tradition in genetic modification, as they were made more resistant to infections and their yield was improved on. The results, of course, are both good and bad. The most prominent effects were a raise of revenues for food producers and the diminishing of plant diversity. Additionally, the potential of genetic pollution of wild plants certainly came into existence – both on the fields and beyond them. The flavour of plants (e. g. corn) has become less varied and often less interesting for the sake of weight and volume. What is more, we do not know how the alterations made might affect humans. Another (wrong) change, which we would not even notice for lack of declaration, may be enough to cause even more unpleasant allergies or – as a worst-case scenario – fatal plagues.

Changes in animals have been done in a slow way by selective breeding for quite a while before direct modifications were done on the genome. The negative implications of traditional selection processes are obvious: we have come to know that even though several of the new breeds are quite attractive or profitable, life is probably quite unpleasant for them – for example dogs with walking difficulties or extremely fat cows which could hardly graze or survive by showing their natural behaviour – not that they needed doing so, of course. If minor and slow alterations cause so much harm, what can we expect of major changes which can undoubtedly be accomplished by gene technology? The cloning of sheep such as Dolly in 1996 is probably the least dangerous approach even though it can be considered a break-through that paved the way for more. What is more, the cloning of a "super"-sheep, as George in *Who's Afraid of Virginia Woolf?* would probably put it, would certainly diminish the variety of sheep in general. We may ask ourselves if we actually need sheep with different wools and body shapes.

However, if we think it through to the end we would probably consider it more tragic and against human rights if we did the same with mankind.
Another aspect of an absolute genetic selection is that "Super", at the latest since the eugenic Nazi policy during the totalitarian Third Reich, must be seen as a matter of definition.
Without any doubt humans have also profited from genetic engineering – for example the production of insulin by means of genetically modified bacteria helps a lot of people every day. Disease, even the functional loss of organs can be healed by therapeutic cloning. Unfortunately, there is a fine line between healing and creating anew. Cloning in this context is not merely re-productive but productive. Any new creation involves an invention of life which took evolution years and years. Mary Shelly showed the dangers of playing god as early as in the Romantic Age: "Frankenstein", the creator-scientist who sparked life into a new being is haunted by it for the rest of his life. As we know from the history of science everything that can be done will be done by somebody. Nuclear weapons are just one fatal example which in their fury could easily be paralleled by the slightest genetic transformations.
If only the fittest survive we may truly fear that genetic engineering is actually not a Post-Darwinist phenomenon. Maybe genetic engineering does not replace evolution, but is merely a minor, for us, extremely unfortunate, part of it. Maybe once genetic alterations have been made on humans a completely new, superior, race will arise and our race will become extinct – simply because we are not the fittest any more. We will simply have used our technology to create something fitter. *(675 words)*

3.2 *Die Gestaltung des Dialogs ist Ihnen relativ freigestellt, allerdings sollten Sie auf Inhalt und Stil des Dramenauszugs Bezug nehmen. Konkret heißt das, dass George den bissigen Humor des Vortages beibehält und Nick sich aufgrund seiner verbesserten Tagesform etwas schlagfertiger darauf einstellt, ohne die angestrebte Versöhnlichkeit aus den Augen zu verlieren:*
- *include sour grapes ("I thought you were working on your superior race")*
- *make jokes (for example about Martha: "I thought that you could be screwing my wife", or about George: "Well as usual")*

Inhaltlich sollte Nick eine wissenschaftliche Ebene anstreben, sich gegen Georges Vorwürfe verteidigen, an dessen Sachlichkeit appellieren und einschlägige Argumente vorbringen:
- *include appeals ("let's talk the whole thing over without hard feelings")*
- *criticism ("no need to demonize it")*
- *arguments ("we can heal so many diseases")*

George sollte dagegenhalten, auf geschichtliche Fakten und Erfahrungen hinweisen, vielleicht aber auch auf den amerikanischen Kontext hin differenzieren:
- *historic parallels ("If you invent something […] people misuse it")*
- *social context ("there will be somebody who'll sell blond and blue-eyed kids to them")*

GEORGE: George speaking.
NICK: *(with a smile)* Well, as usual, George. This is Nick speaking.
GEORGE: Oh hi Nick. I thought you were working on your superior race this Sunday. You know the new race won't need a Sunday anyway. Alternatively I thought that you could be screwing my wife, who is not here again. You need to know that you'd probably not be her first personal screwing machine though.
NICK: Why don't we talk the whole thing over without all those hard feelings, George? On a University level. And without being too drunk.
GEORGE: Ok. We can always try …
NICK: Admittedly, my project has good sides and bad ones. But it deals with something we will be confronted with anyway, you know. There is no need to demonize it. And I'm convinced that it is better if decent scientists take care of the matter. American scientists. If we actually succeed in fully exploring the genetic code and one day somebody most certainly will, we can heal so many diseases – we can make life longer without the uniformity you were talking about yesterday.
GEORGE: History shows that the bad boys rule.
NICK: What exactly do you mean by that?
GEORGE: Just take the old nations. The Spaniards, the Dutch and the British invented the best ships. What did they do?
NICK: Sailed overseas and united the world?
GEORGE: Exploited is more the word. If you invent something with a potential of being misused, people will misuse it.
NICK: History doesn't have to repeat itself. This is not a totalitarian state in which some leader can decide that he wants babies with blue eyes and blond hair only.
GEORGE: I bet we are talking about history again here, Nick?
NICK: Well … this is a free nation. We have laws and we need more laws to double-check on genetic engineering.
GEORGE: I'm sure we don't even need any Hitler to mess up our world. If American people are confronted with blond and blue-eyed actors and actresses in their Hollywood movies they want blond and blue-eyed kids, too. And there will be somebody who'll sell blond and blue-eyed kids to them.
NICK: Above all, healthy kids, George. With a genetic cure for cancer and with a replacement forefinger from the lab.
GEORGE: I think this is kind of disgusting. I would not even want any artificial forefinger. Yet I've got to admit that you are a pretty rational hero, Nick. All the best.
(George hangs up)
NICK: *(aware that he is talking to himself)* I'm just a scientist, George. Enjoy the rest of your Sunday. *(416 words)*

Abiturprüfung NRW – Englisch Leistungskurs 2010
Aufgabe 2

Aufgabentyp: *Sach- und Gebrauchstexte (Kommentare und Leitartikel der internationalen Presse); Textaufgabe mit analytisch-interpretierendem Schwerpunkt; alternativ mit anwendungs-/produktionsorientiertem Schwerpunkt*
Unterrichtsinhalte: *Shakespeare – a literary 'giant' in the 21st century: Shakespeare and the Elizabethan World; in-depth study of a play and corresponding film passages/scenes from theatre performances*

Why it's time to give the Bard the heave ho!
by Brandon Robshaw; *The Independent*, April 24, 2008

As a tribute to Shakespeare this St George's day, isn't it time we dropped him from the National Curriculum? The Bard is a national monument. Nor is there anything wrong with that. Along with a flag, an anthem and a football team, a national writer is part of the trappings of nationhood. The Italians have Dante, the Germans have Goethe, the French have a pantheon which includes Molière, Racine, Victor Hugo and Proust.

And Shakespeare is peculiarly well-suited to be ours, for both literary and non-literary reasons. The date of his death and the putative date of his birth neatly fall on our patron saint's day; he belongs to the golden age of Elizabethan expansionism; his history plays chronicle our kings and queens and contain quotable patriotic gobbets ("This precious stone set in the silver sea," "We few, we happy few," etc.) His output is staggeringly prolific – 38 dramatic works in all the genres, several long poems and over 150 sonnets – and his plays work well enough dramatically to be constantly performed today. He had, as George Orwell put it, an amazing skill at putting one word beside another; as well as acute psychological insight, the largeness of mind to give great lines even to minor or unfavoured characters, an unmatched ear for rhythm, and an uncanny ability to coin memorable phrases which, in many cases, have passed into general usage.

One might even say that appreciation of Shakespeare is the touchstone of an educated literary taste. If you don't like him, you don't get it. Voltaire and Tolstoy famously didn't, but then English wasn't their mother tongue.

The trouble is that most schoolchildren today don't like him and don't get it. And this isn't their fault. Shakespeare wrote over 400 years ago. Few people realise how much English has changed in just the last generation. Grammar and vocabulary have altered to the extent that teenagers tend to dismiss anything written before about 1960 as "Old English".

Besides, the large and increasing number of second-language speakers are in the same boat as Voltaire and Tolstoy from the start. We don't have anything like the unified national culture we had when I first studied Shakespeare in the 1970s. Then, most schoolchildren had at least some exposure to the King James Bible, the Book of Common Prayer and Hymns Ancient and Modern. We still didn't find Shakespeare easy, but at least we didn't need to have "thee" and "thou" explained to us.

Even the key selling-point that many Shakespearisms have entered common usage is gradually losing its force as the years go by. I was recently taken aback to discover that virtually none of a class of London teenagers had encountered the expression "one fell swoop". Well, you might say, here's your chance to teach them, then. But that cannot be the justification for making Shakespeare compulsory – to teach outdated idioms that no one under the age of 40 uses.

We need to think more clearly about the purpose of enshrining Shakespeare in this manner. If it's to preserve his national monument status, this is an unnecessary and counterproductive way of going about it. If it is to teach those things that literature is supposed to teach – aesthetic pleasure, understanding of character, moral sensitivity, liberal humanist values, an inkling of the techniques by which literary texts work their magic – then Shakespeare is simply not delivering. It's like handing pupils a treasure in a locked chest. More contemporary texts may not offer quite such riches, but at least the kids could open the box.

Making today's school children read Shakespeare is about as sensible as compelling them to read *Ulysses* or *Tristram Shandy*. For all but a few – the brightest and best-read – it is a form of torture. Yet it's laid down in the National Curriculum that all British children of secondary school age must study not one but two Shakespeare plays. It is, as Will himself would say, a custom more honoured in the breach than in the observance – and in practice, many teachers circumvent the difficulty by teaching a fragment of *Romeo and Juliet* and then showing the class *West Side Story*.

By the time students come to choose their AS-levels, those with a liking for literature should be ready to appreciate the riches Shakespeare has to offer. Let them wait until then. This isn't "dumbing down". Force-feeding children Shakespeare can only induce nausea and a lifelong aversion. If we want Shakespeare to be for all-time as well of an age, we must let students come to him when they are willing and able to make the effort needed to enjoy him. Surely this is a tribute our national writer deserves?

From: Brandon Robshaw, Why it's time to give the Bard the heave ho!, in: The Independent, April 24, 2008
http://www.independent.co.uk/news/education/schools/brandon-robshaw-why-its-time-to-give-the-bard-the-heave-ho-814375.html (29. 06. 2009)

Annotations:
title *to give sb. the heave ho:* to end a relationship with sb.
l. 1 *St. George:* patron saint of England
l. 10 *gobbet:* fragment, *here* piece of literature
l. 14 *George Orwell:* British author
l. 36 *(at) one fell swoop:* in one go
l. 48 *Ulysses, Tristram Shandy:* novels by James Joyce and Laurence Sterne
l. 51 *a custom more honoured in the breach:* a custom better abandoned than followed (quote from Hamlet)
l. 53 *West Side Story:* musical based on Romeo and Juliet
l. 54 *AS-levels:* school subjects chosen at the age of 16

Aufgabenstellung Punkte

1. Summarize the author's views on the importance of Shakespeare today and the conclusions he draws for teaching Shakespeare. *(Comprehension)* 16

2. Analyse the way the author uses structure, argumentative techniques and language to attract and persuade his readers. *(Analysis)* 24

3. Choose **one** of the following tasks:

3.1 Discuss the author's view on Shakespeare's relevance for young people. Refer to your background knowledge as well as texts by Shakespeare and film adaptations that you know. *(Evaluation: comment)* 20

3.2 Write a letter to the editor of *The Independent* in which you comment on the author's views on teaching Shakespeare. Take into account your own experience of Shakespeare as a German student of English. *(Evaluation: re-creation of text)* 20

Lösungsvorschläge

1. *Die Wichtigkeit Shakespeares wird in dem vorliegenden Artikel von Brandon Robshaw auf zwei grundlegenden Ebenen dargestellt. Wir empfehlen daher eine klare Zweiteilung Ihres Antworttextes. Zum einen bezieht sich der Verfasser des Zeitungsartikels auf die grundlegende und herausragende Bedeutung des Künstlers für die nationale Kultur Großbritanniens.*
   - *he is a national symbol and an artful source for delight*
   - *the Bard undoubtedly left his stamp on the kingdom and his works are a source for learning*

   Zum anderen erläutert Robshaw, dass der Bedeutung Shakespeares durch den (verpflichtenden) Einsatz seiner Texte im Klassenzimmer nur vordergründig Rechnung getragen wird.
   - *the importance for the school curriculum only seemingly matches his general importance*
   - *any chances for appreciating Shakespeare's works have been ruined*

On the one hand, the author clearly states that the importance of Shakespeare as a national symbol and as an artful source for delight should by no means be underestimated. His great mind belongs to England and his works are a crucial part of British culture. Both from a historical and a modern perspective. To Brandon Robshaw the Bard undoubtedly left his stamp on the kingdom – for example as far as aphorisms and (more or less fashionable) idioms are concerned but also because people can still learn a lot from Shakespearean characters and plots.
On the other hand, the journalist explains that the importance of Shakespeare for the National Curriculum only seemingly matches his general importance. His presence on the reading lists is meant to maintain the Bard's extraordinary status

but in fact this is counterproductive. The educational policy fails because any potential appreciation of Shakespeare's works has been spoiled by social tendencies (mainly changes in language acquisition and reading habits) as well as recent developments in language conduct. These make it difficult, if not impossible, to understand Shakespearean texts well enough to enjoy doing so.
In a nutshell, compulsory reading of the Bard's texts (for all secondary school pupils) does not make sense anymore and has to be reconsidered accordingly.

(211 words)

2. *Die vorgegebenen Aspekte der Analyse können Sie in der vorgeschlagenen Reihenfolge abhandeln, allerdings können bestimmte Aspekte wahlweise der Struktur oder der Argumentationstechnik zugeordnet werden. Auch im Hinblick auf die Sprache haben Sie hier Spielräume. Wir schlagen folgende Aufteilung vor.*
Erstens, Struktur:
- *four main parts logically and inevitably lead the reader to the answer (description of status, key problem, conclusion, suggestions/appeal)*

Zweitens, Argumentationstechnik:
- *argumentation keeps the right balance between revealing and concealing*
- *initial question could be either considered a real or a rhetoric one*
- *the remainder of the introductory part is neutral and factual*
- *the author proves his competence and reliability*
- *he gives references and examples*

Drittens, Sprache:
- *the sober choice of words gives the text a rational touch*
- *the inner logic of the argumentation is stressed*
- *the "treasure in a locked chest" is the key metaphor*
- *later Robshaw's imagery becomes fiercer*

Robshaw's comment, which was published in *The Independent* on April the 24th, is clearly structured into four main parts which logically and inevitably lead the reader to the journalist's final answer to the topic question: From all we know from Robshaw's text, Shakespeare should indeed be (at least partly) dropped from the National Curriculum (ll. 1/2). The argumentative technique is extremely guileful, because it cleverly reveals more and more of the intentions the journalist pursues. Likewise, the use of language makes it increasingly tangible that, by the end of the article, we as readers will be convinced that educators should change their minds about Shakespearean pieces in the classroom as swiftly as possible.
Before the main body of the text starts the author asks the question if it "isn't [...] time" (l. 1) that we change our minds concerning Shakespeare and consider abandoning his texts from the National Curriculum. After that the author starts answering this initial question by providing a description of Shakespeare's contributions and by clearly stating that the Bard and his works are still valuable literary symbols of the nation (ll. 7–18). The next two paragraphs (ll. 19–38) pre-

sent the key problem by elaborating on the fact that an "appreciation of Shakespeare is the touchstone of an educated literary taste" (ll. 19/20) – a challenge which British kids simply cannot master any more. In the following two paragraphs a conclusion is presented (ll. 39–53) and suggestions are made concerning how (or more precisely, when) children can finally discover the magic of the old pieces of literature. At the end Robshaw rounds off the text's structure by paraphrasing his initial question. With a twist, by now the reader knows the proper answer.

The argumentative technique finds the right balance between revealing and concealing. The journalist's view on the issue is already visible in the provocative title and the question at the beginning. At face value especially the question could be either considered a real or a rhetorical one, because giving up Shakespeare simply seems too peculiar if not paradoxical to most educated British. For this reason a majority of readers would probably spontaneously answer the question in the negative (especially as *The Independent* is one of Britain's biggest quality papers, read by an educated audience). The impulse to do so, of course, is deliberately strengthened by the suggestion that the Bard should be given the "heave ho" (title) on St. George's of all days (l. 1) – the anniversary of St. George's death and his own "putative […] birth" (l. 8). Usually somebody's birthday is not a good day for saying goodbye to him (no matter for which reason we have to add at the backdrop of the rest of the article). The remainder of the introduction is neutral and factual – the facts such as the number of Shakespeare's works (ll. 12/13) or the high significance of national artists (ll. 4–6), which are enumerated here, cannot be doubted – especially as Robshaw makes comparisons on a European level. This obviously serves to build up an image of reliability, which he later needs in order to get away with selective and biased information on Shakespearean idioms (l. 36). Furthermore the author proves his competence by drawing on Shakespeare himself and on George Orwell (ll. 14–18) – a quote from *Hamlet* is used to make clear that there is nothing wrong with giving up inappropriate attitudes: "a custom more honoured in the breach than in the observance" (ll. 51/52). Here, at the latest, the last reader has to accept that the author of the article is serious about abandoning the tradition of reading Shakespeare at school. Other authorities Robshaw refers to are Voltaire and Tolstoy (l. 20). Robshaw uses them as examples to show that even bright minds may fail in understanding Shakespeare if their language skills are insufficient – the same, as he states in the following, is true for many school children. After Robshaw has prepared the grounds he formulates his cause in an appeal to stop force-feeding school children and to wait until they are old enough to appreciate him: "Let them wait until then" (ll. 55/56).

In some parts the language of the article is less emotional. Here the sober choice of words gives the text a rational touch. The inner logic of the argumentation is also stressed by anaphoric sentence structures such as in line 20 ("you don't like him, you don't get it"). In other parts the language becomes more symbolic. The key metaphor is the "treasure in a locked chest" (l. 45) which the author uses to describe Shakespeare's texts as a nuisance and, at the same time, a precious jewel. In the following paragraph Robshaw's imagery becomes fiercer. Reading Shakespeare has turned into a "form of torture" (l. 49) – another step on the way to persuasion. *(807 words)*

3.1 *Die Relevanz Shakespeares zeigt sich am deutlichsten auf drei Ebenen, die Sie nacheinander erklären und diskutieren sollten. Zunächst ist er unbestritten ein Künstler von Weltruhm und kann daher als kulturelles Erbe gelten:*
- *artist of worldwide reputation*
- *relevance as a cultural heritage can even be statistically proven*
- *if something "sells" we can assess that it is still attractive*

Der zweite Aspekt ist der künstlerische Wert, der sich vor allem in der Sprache zeigt:
- *some of the idioms and metaphors have been passed on over the generations*

Das dritte Moment ist die Aktualität der Themen in Shakespeares Werken:
- *the topics have not lost their magic and the messages are relevant*
- *the absoluteness of love is still desirable and frightening*
- *hatred, revenge, murder are part of the human psyche*
- *language can serve as a means of understanding but can also fail*

Zusammenfassend wird in der Beispiellösung noch einmal der zentrale Aspekt aufgegriffen, nämlich dass auch junge Menschen heute viel aus Shakespeares Stücken lernen können.

The relevance of Shakespeare for young people shows in his status as an iconic artist, the artistry of his works itself and his topics (also Leitmotifs) which still mean a lot to people in modern times.
Shakespeare is one of the few artists of worldwide reputation. His position in Britain, maybe in the whole of Western Europe, is obvious and does not have to be discussed. We all share a similar theatrical tradition and the Bard's general relevance as a cultural heritage can even be statistically proven by the fact that his plays are still the most staged ones. And not only because they are so numerous. *Romeo and Juliet*, *Hamlet* and also *Macbeth* still rank in the German top ten. Thus, if something "sells" we can assess that it is still attractive. This is also obvious when looking at more modern plays which employ techniques of Elizabethan theatre such as the spoken stage, "hell", balconies and various backstage parts.
Indeed we can say that so far Shakespeare's significance has been mirrored both on stage and by school curricula. What is more is that rather recent film adaptations of Shakespearean plays are successful even though the old fashioned language is kept such as in Baz Lurman's version of *Romeo and Juliet*. Likewise, it is amazing to see Emma Thomson and Kenneth Branagh battle and fall for each other in *Much Ado About Nothing*.
The artistic value is also tangible in some of the idioms and metaphors which have been passed on over the generations. If "something is rotten in the state of

Denmark" everybody knows that it is about time to do something against it. The adorably sharp wit – for example of Benedick and Beatrice – is still something we can learn from. Philosophical thoughts and recognitions as in Hamlet's famous soliloquy "To be or not to be" are still relevant in any situation in which we have to make a decision, but hesitate.

Basic topics have not lost their magic and neither have the behavioural patterns which Shakespeare depicts. For example, the love that Romeo and Juliet share still serves as an example to lovers today – of course, it has not changed that its absoluteness is desirable and frightening at the same time, but that is what love is like. The dark side of human nature is just as topical nowadays and Shakespeare's characters serve as an immersive warning: hatred and revenge, even murder, are still more integral to the human psyche than we might think. Shakespeare also vividly proves to us that language can serve as a means of understanding each other – sometimes it can also fail as a communication tool and be a reason for misunderstanding. Here Macbeth and also the tragic ending of *Romeo and Juliet* serve as a proof. Shakespeare plays are also relevant because they combine sophisticated content with sensationalist aspects (e. g. ghosts like in *Hamlet* or sword fights for the groundlings). This is highly relevant to today's world in which young people probably consider it impossible to combine ARTE and SUPER RTL – but life is like that.

To summarize, Shakespeare proves to young people that "all the world is a stage" – that we are confronted with the same crises as the dramatic characters in the Bard's tragedies, histories and comedies – and also with the same chances. The relevance for young people consists of the fact that we have similar choices and that Shakespeare can still impressively teach us what to do. *(578 words)*

3.2 *Beachten Sie bitte zunächst unbedingt die Form eines Briefes. Das heißt konkret, dass Sie Adressen (ggf. auch erfundene), Datum, Anrede und Abschiedsfloskel mit einbringen. Bei einer Stellungnahme in einem Leserbrief sollten Sie zudem eine klare Position beziehen. Im vorliegenden Beispiel stimmt der Verfasser mit dem Zeitungsartikel dahingehend überein, dass Shakespeares Texte eine große Herausforderung sind. Eine kategorische Abschaffung als Schullektüre kommt allerdings aufgrund persönlicher Erfahrungen nicht in Frage:*
- *Robshaw is right to assess that Shakespeare's texts are a challenge*
- *if the question is 'to read or not to read', I prefer to read*

Der erste Hauptaspekt, der zur Begründung dieser Auffassung dient, ist die Befriedigung, die beim Lesen von schwierigen Dramen oder Gedichten auftreten kann. Dies setzt allerdings voraus, dass man die Texte tatsächlich versteht:
- *it can be a good feeling to master the difficulties of classical literary texts*
- *the balcony scene in* Romeo and Juliet *(language, attitude towards the moon) is a good example of this*
- *understanding requires interest; thus, reading should be voluntary*

Der zweite Hauptaspekt ist die Relevanz als Kulturgut und der persönliche Nutzen, den man aus Stücken wie Romeo and Juliet *ziehen kann:*

- *there is a historic responsibility not to let the Bard fall into oblivion*
- *we need to identify with characters to see the connection to our lives, then we can learn a lot*

Als Schluss formuliert der Verfasser, dass es in seinem Fall sinnvoll war, dass er zum gründlichen Lesen gezwungen war. Dies hat ihm gezeigt, dass die heutige Generation nicht zu dumm zur Shakespeare-Lektüre ist und man ihr nicht die Chance nehmen darf:

- *we had to put enough effort into the play to appreciate it*

Jonathan Müller
Bruchstr. 25
52498 Siegen
Germany

The Independent
The Editor
34 Thregman Drive
TR- 5342GD- 63
London

20/4/2010

Dear Sir or Madam,

There is no doubt that Brandon Robshaw ("Why it is time to give the Bard the heave ho!" from April 24, 2008) is right to assess that Shakespeare's texts are a challenge for people of any age and language background. From my perspective, however, it is a challenge that is worth taking. If the question is 'to read or not to read', I prefer to read.
That is first because I have come to think that it is a good feeling if you master the difficulties of such classical literary texts – the crucial obstacle here is that reading texts is not very fruitful because many young people lack interest (this probably does not differ much between Britain and Germany). At school it is an additional problem that teachers often want to push through their way of understanding. Usually this ends with a model interpretation and nothing else is accepted.
My problems understanding the balcony scene in *Romeo and Juliet* and my finally grasping it are a good example of this: first it seemed unclear what the characters thought about the night and if they saw it as friend or foe – I really spent (too) much time on it speculating on single words and phrases, I even read something about "Elizabethan age and the stars". In the end, I came to the conclusion that the night was probably both positive and negative – for the people during the Elizabethan age as well as for myself. The basic recognition is that sleeplessness can be annoying unless you spend your time consciously appreciating life. Go out and celebrate, go out and find somebody you can watch the pale moon with! When I had found my way of understanding the scene I felt like Dr. House who had spent some time figuring out the solution to a difficult case and finally cleverly succeeded. What is more, I am positive that I can solve the next cases, too. In my class there were two girls who understood the text in a similar

way – they put just as much effort into the whole matter as I did. All the others had given up. The solution here is voluntary reading. School must make it possible to spend lesson time with the greatest writer ever – that is, for those who are interested in trying hard, for those who are willing to understand the Elizabethan world view and its underlying social values. For the rest, teachers will find other texts that can be more easily understood and appreciated. However, if you are given the choice to pick a Shakespeare text for reading, do not miss the challenge and go for second best instead.

Second, the relevance, which Robshaw explains in the first part of his article, must not be underestimated. The significance is tangible on two levels. The first level is a historic responsibility not to let the Bard fall into oblivion. For the British it must be pretty much like dumping all the country's rubbish on St. Paul's Cathedral, just because we do not understand its pictures and symbols straightaway (any more). The second level is a personal one. I would have missed the opportunity to learn a lot about love and partnership – things to do (devotion, spontaneity) and things to avoid (sacrifice and secret plans). The difficulty here is that we do not see the connection to our lives instantly. The best thing to do about that is to identify with the characters by acting out scenes and doing role plays – or by watching modern film versions of plays like for example Baz Lurman's *Romeo and Juliet* or by comparing it to other adaptations such as *West Side Story*.

For us as young people the key to Shakespearean texts is actually reading them instead of preparing ourselves by means of Internet devices and by writing cheat slips. I can remember that our teacher gave us a reading comprehension test that everybody failed the first time. He insisted on making us read the play more thoroughly and by the time most of us were able to pass another reading test, the appreciation of the text had grown enormously; before that we simply had not put enough effort into the perception process. It's not true that our generation is too stupid to understand plays like *Romeo and Juliet* – now that I know how splendid the texts are it appears to be sad enough that our teacher had to force us to read it in the first place.

Mr Robshaw, don't try to take away our chance to be educated.

Yours sincerely,

Jonathan Müller *(786 words)*

Abiturprüfung NRW – Englisch Leistungskurs 2011
Aufgabe 1

Aufgabentyp: *Literarischer Text (Romanauszug), Textaufgabe mit analytisch-interpretierendem Schwerpunkt; alternativ mit anwendungs-/produktionsorientiertem Schwerpunkt*
Unterrichtsinhalte: *Globalization, global challenges – Economic and ecological issues*

Ian McEwan: Solar

The first part of McEwan's novel is set in the year 2000. Professor Michael Beard, winner of the Nobel Prize for Physics, has been appointed first head of the National Centre for Renewable Energy, a government research laboratory in Reading, a university town west of London. On his weekly visits to the site Professor Beard is picked up at the station by Tom Aldous, one of the post-doctoral physicists working at the Centre.

His name was Tom Aldous. He told the Chief in that first chat that he had applied to work at the Centre because he thought the planet was in danger, and that his background in particle physics might be of some use, and that when he saw that Beard himself was going to lead the team, Beard of the Beard-Einstein Conflation, he, Tom Aldous, excitedly assumed that the Centre would have as its prime concern solar energy, particularly artificial photosynthesis and what he called nano-solar, about which he was convinced …

"Solar energy?" Beard said mildly. He knew perfectly well what was meant, but still, the term had a dubious halo of meaning, an invocation of New Age Druids in robes dancing round Stonehenge at Midsummer's dusk. He also distrusted anyone who routinely referred to "the planet" as proof of thinking big.

"Yes!" Aldous smiled with his many teeth into the rear-view mirror. It would not have occurred to him that the Chief was not an expert in the field. "It's all out there, waiting for us to understand how to use it, and when we do, we'll be amazed we ever thought of burning coal and oil and the like." […]

"Do you think we could ever get by," [Beard] asked, stifling a yawn, "without coal and oil and gas?"

Aldous was taking them at a clip around a giant roundabout as big and busy as a racing circuit, that slung them centrifugally out upon a descending slip road and down onto the motorway, into the redoubled roar of onrushing vehicles, and trucks the size of five terraced houses whining in file towards Bristol at eighty-five miles per hour, and everyone else lining up to shoot past. Exactly so – how long could this go on? Beard, weak and tender from sleeplessness, felt belittled. The M 4 demonstrated a passion for existence which he could no longer match. He was for the B-road, a cart track, a footpath. Shrinking inside his Harris tweed jacket, he listened to Tom Aldous, who spoke with the lilting confidence of a prize pupil providing the answers he thinks he knows his teacher wants.

"Coal and then oil have made us, but now we know, burning the stuff will ruin us. We need a different fuel or we fail, we sink. It's about another industrial revolution. And there's no way round it, the future is electricity and hydrogen, the only two energy carriers we know that are clean at the point of use."

"So, more nuclear power."

The boy took his eyes off the road to lock with Beard's in the mirror – but for too long, and the older man, tensing on the back seat, looked away to encourage the driver's gaze back on the mayhem outside.

"Dirty, dangerous, expensive. But you know, we've already got a nuclear power station up and running with a great safety record making clean energy converting hydrogen to helium at no cost, nicely situated ninety-three million miles away. You know what I always think, Professor Beard? If an alien arrived on earth and saw all this sunlight, he'd be amazed to hear that we think we've got an energy problem. Photovoltaics! I read Einstein on it, I read you. The Conflation is brilliant. And God's greatest gift to us is surely this, that a photon striking a semiconductor releases an electron. The laws of physics are so benign, so generous. And get this. There's a guy in a forest in the rain and he's dying of thirst. He has an axe and he starts cutting down the trees to drink the sap. A mouthful in each tree. All around him is a wasteland, no wildlife, and he knows that thanks to him the forest is disappearing fast. So why doesn't he just open his mouth and drink the rain? Because he's brilliant at chopping down trees, he's always done things this way, and he thinks that people who advocate rain-drinking are weird. That rain is our sunlight, Professor Beard. It drenches our planet, drives our climate and its life. A sweet rain of photons, and all we have to do is hold out our cups! D'you know, I read this guy saying somewhere that less than an hour's worth of all the sunlight falling on the earth would satisfy the whole world's needs for a year."

Unimpressed, Beard said, "And what was this guy taking as his measure of solar irradiance?"

"One quarter of the solar constant."

"Too optimistic. You'd need to halve that again." […]

Beard snapped the pages of his speech to indicate that the conversation was at a close. The essence of a crank was, firstly, to believe that all the world's problems could be reduced to one, and be solved. And secondly, to go on about it non-stop.

(799 words)

From: Ian McEwan, Solar, *London: Jonathan Cape, 2010, S. 24–27*

Annotations:

- l. 4 *Beard-Einstein Conflation: here* reference to Beard's discovery relating to the interaction of matter and electromagnetic radiation. It was Beard's contribution to quantum mechanics that won him the Nobel Prize
- l. 25 *Harris tweed jacket:* tweed jackets made out of fabric hand-woven on the island of Harris in the Outer Hebrides
- l. 42 *that a photon striking a semiconductor releases an electron:* Aldous refers to the basic principle of photovoltaics
- l. 54 f. *solar irradiance:* measurement of the amount of sunlight
- l. 56 *solar constant:* fixed amount of constant solar radiation on a specific area
- l. 58 *pages of his speech: here* the manuscript of a speech Beard was to give later that day

Aufgabenstellung Punkte

1. Describe the situation presented in the extract, the relationship of the two characters and the views expressed by them. *(Comprehension)* 16

2. Examine the way in which the characters' relationship is reflected in their dialogue. Consider the content and structure of the dialogue as well as the chosen point of view. *(Analysis)* 24

3. Choose **one** of the following tasks:

3.1 Discuss Tom Aldous' motives and his ideas on how to cope with the global energy crisis. Support your view with reference to work done in class. *(Evaluation: comment)* 20

3.2 Later that day Professor Beard will address sixth formers at a local secondary school on ways of coping with the global energy crisis. Write the introductory statement of his speech in which he also refers to his conversation with Tom Aldous. *(Evaluation: re-creation of text)* 20

Lösungsvorschläge

1. *In der Aufgabenstellung geht es um die Grundsituation, die sich im vorgegebenen Text vor allem aus Tom Aldous' Aufgabe ergibt, seinen Chef mit dem Auto abzuholen.*
   - *the excerpt deals with the first encounter between Tom Aldous, a post-doc physicist, and his boss, the Nobel Prize winner Michael Beard*

   Die Beziehung zwischen beiden ist von einer Distanz geprägt, die durch Toms glühende Rede über die Vorzüge der Sonnenenergie keineswegs aufgehoben wird:
   - *relationship is distanced, a distance which cannot be overcome by Aldous' enthusiasm*
   - *he advocates that the sun could nourish the planet and satisfy all our needs*

   Die klare Hierarchie zwischen dem Nobelpreisträger Beard und seinem Fahrer bleibt bis zum Ende des Exzerpts erhalten – insbesondere, weil sich der bekannte Physiker als kritisch und wortkarg erweist:
   - *there is a strong and tangible hierarchy*
   - *the professor is critical when he is confronted with umbrella terms and catch-phrases*

The excerpt describes the first encounter between a post-doc physicist, Tom Aldous, working at the National Centre for Renewable Energy and a well-known professor and Nobel Prize winner, Professor Michael Beard, who is the head of the laboratory. The scene is set in a car with the rear-view mirror being the focal point of connection between the two characters as the driver is sitting in front whereas the "Chief", as Aldous calls his boss (l. 1), is sitting in the back.
The relationship is distanced, a distance which cannot be overcome by Aldous' enthusiasm concerning solar energy, which he thinks should be the prime concern of Professor Beard and of mankind in general. There is a strong, tangible hierarchy as Aldous puts a lot of effort into playing the role of a nerdy and competent student who advocates that the sun could nourish the planet and satisfy all our needs. To him, the Lord has given us the key to living in full accordance with nature and complete luxury, just because the energy carried by photons can be isolated and used by means of semiconductors.
The professor's view of solar energy is rather sceptical, and he becomes even more critical when he is confronted with the umbrella terms and catch-phrases which Aldous uses in his excitement. He – somewhat unwillingly – listens to his driver, at least for long enough to reject his position with a few words and to come to the conclusion that Aldous is a weird person not worth talking to.

(252 words)

2. *Die unstimmige Beziehung der beiden Charaktere soll laut Aufgabe aus dem Inhalt und der Struktur ihres Dialogs heraus analysiert werden. Zudem spielt die Erzählperspektive eine entscheidende Rolle, was in der folgenden Beispiellösung als erster Aspekt erläutert wird, weil ihm besondere Bedeutung zukommt:*

- *third-person omniscient narrator*
- *the narrator puts a label on Beard that shows his superiority*
- *the outstanding position of Beard is also visible in the mentioning of the "Beard-Einstein Conflation"*

Der Inhalt des Dialogs zerfällt in zwei Teile, die genauso unvereinbar scheinen wie die beiden Charaktere, die den Dialog bestreiten:

- *the conversation falls into a highly affective approach on the part of Tom Aldous and a more or less scientific approach on the part of Prof. Michael Beard*
- *Aldous appears to be too young and too inexperienced*
- *his excitement is formalized by punctuation (l. 12) and by his tirades concerning solar energy*
- *Aldous expresses the necessity of solar energy by anaphoric structures (ll. 36ff.), rhetorical questions (ll. 38/39), exclamations (ll. 40/41) but does not prove it with facts and figures*
- *Prof. Beard is too tired and unwilling to build up any relationship*
- *the "Chief" is unimpressed and, to him, Aldous does not seem to be an acceptable conversation partner*
- *thus he ends the dialogue by snapping the pages of his script*

The encounter, which is described by a third-person omniscient narrator, shows a strong hierarchy and an emotional clash between the two characters involved. The content of the conversation falls into a highly affective approach on the part of Tom Aldous and a more or less scientific approach on the part of Prof. Michael Beard. Being completely absorbed by his own greatness and boredom, the head of the Centre does not put much effort into keeping up the conversation and therefore it has a one-sided structure.

In the exposition, the narrator puts a label on Beard that shows his superiority. It is a nickname most probably used by the employees at the Centre to show their boss' leading position. For Aldous and the others, the winner of the Nobel Prize for Physics is the "Chief" (l. 1), the only authority for the simple 'tribe members', who would follow his word without hesitation. The outstanding position of Michael Beard is also visible in the mentioning of the "Beard-Einstein Conflation" (l. 4), a scientific finding which leaves no doubt that Beard is a genius – even more so than Einstein himself, as the order of the names suggests. The narrator further depicts the hierarchy between the two characters by characterizing Aldous not by his achievements but only by his ideas and plans, which he pursues on the basis of excited assumptions (cf. ll. 5 ff.). In a nutshell, he appears to be too young and too inexperienced.

The conclusion we can draw from the insight the narrator gives us is paralleled by the setting. The distance between the two characters is visible in their seating position in the car, that allows for limited conversation only. The contrast between them is matched by the activity of the driver on the one hand and the reservedness of the passenger on the other.

The narrator also depicts Beard's body language to further the reader's impression that he does not want to be involved too closely with Tom Aldous. His lack of interest is demonstrated, for example, when Beard is "stifling a yawn" (l. 16) – he is too tired and unwilling to build up any relationship. However, at one point the hierarchy seems to be inverted: here the narrator takes the role of an observer and reveals that the professor is feeling insecure beneath his quality suit (cf. l. 25). In the dialogue, Aldous' excitement is formalized by punctuation ("Yes!", l. 12) and by his tirades concerning solar energy. To him it represents bliss (cf. ll. 28 ff.). He uses the same register a green activist would use on a political level, for example, when he claims that "we sink" (l. 29). As a political statement that might be appropriate, but it is most certainly inappropriate when talking to a Nobel Prize winner who obviously seems to be interested in scientific findings rather than emotional perspectives. The catch-phrases Aldous uses are partly convincing (e. g. l. 29), but he seems to oversimplify the situation and the generation of electricity from sunlight. Aldous' way of explaining the necessity of solar energy is marked by anaphoric structures (ll. 36 ff.), rhetorical questions (ll. 38/39) and exclamations (ll. 40/41), but the only fact he includes in his argument is that the sun is "ninety-three million miles away" (l. 38). He continues by telling a parable which indicates that we do not see the obvious solution to all our problems but still chop down trees (or mine coal and gas) to get our energy.
The driver's speech leaves the Chief "unimpressed" (l. 54). In his short replies he questions the physical preciseness of Aldous' thoughts and corrects the "measure of solar irradiance" (ll. 54/55) which is necessary to determine the amount of energy that can be gained from the sun. Finally, Professor Beard flips over the pages of his script, which formalizes the end of the dialogue (l. 58). To him, Aldous does not seem to be an acceptable conversation partner.
Whereas we only get an outsider's view of Aldous, the narrator gives us insights into Beard's thoughts (cf. ll. 8–11, ll. 59/60), showing the professor's contempt for his young employee. The last sentence, for example, reports a thought in which Beard explains his pattern for finding out if somebody is a "crank" (l. 59). And as far as this pattern is concerned, Aldous certainly belongs to this unpleasant category of human beings. *(736 words)*

3.1 *Es steht Ihnen bei dieser Aufgabe völlig frei, sich für oder gegen Tom Aldous' Ansatz auszusprechen, die Sonnenenergie als Allheilmittel in Bezug auf die wachsende Energieknappheit in der Welt anzusehen. Bei der Entwicklung Ihrer Argumentation sollten Sie u. a. auch auf die Argumente und Motive der Romanfigur eingehen. Der vorliegende Vorschlag stimmt Aldous insofern zu, als die Sonne unsere beste und wahrscheinlich einzige Option sein dürfte, stellt aber drei Bedingungen, damit der Traum des Charakters tatsächlich wahr werden kann:*

- *solar energy is mankind's number one opportunity to secure energy supply*
- *the sun must be complemented by other types of renewable energy*
- *wastefulness must be avoided and peaceful distribution must be secured*

In the long run (i. e. for the next 200 million years), solar energy is mankind's number one opportunity to secure an energy supply which is at least sufficient. This is especially true if it is complemented by other types of renewable energy and a waste of power is avoided. Provided that the global distribution of energy production can be solved peacefully, we indeed have the chance to bask in the sun.

However, additional efforts must be made with regard to wind and water resources. Only if other forms of green energy are added to solar power can fossil fuel combustion and nuclear power be replaced. This energy mix is recommendable until the generation of solar energy resources reach their full effectiveness. In this context, of course, the major question is whether the turn towards alternative energies will come quickly enough. For example, the attitude of the man in Aldous' parable, who thinks that he is dying of thirst, poses a severe threat to the introduction of solar energy or any other new type of energy. If the people of today do not believe in the power of the sun, they will continue destroying the planet by burning wood, coal and gas. In this context, characters like Aldous himself are ambivalent. On the one hand, he could be dangerous for the undertaking as he appears to be a zealous prophet who preaches his sermon to everyone he meets. As a result, his pushiness may put people off the idea of solar power rather than motivate them to believe in it. On the other hand, his disturbing idealism is also the reason why he devotes his whole (working) life to progress in the field of renewable energies – and we will need many people like him.

Moreover, wastefulness must be avoided as long as there is no technology to deal with it. One solution to this could be to impose taxes following the German policy concerning cars and the fuel they use. Taxes account for more than half of the fuel price at the filling station. In a perfect world all this money would be used to improve on the production of renewable energies and economical vehicles. Even though this is not the case, yet a start has been made, especially if you compare the German to the American approach.

The final obstacle that we have to overcome when introducing and developing solar energy is the global distribution of the resource. Similar to crude oil deposits, solar radiation is not evenly dispersed over the planet. As a general tendency, we can probably assume that the angle of the sun will account for a change in the world economy. For example, all of a sudden the desertified regions of the Sahel would possess the best opportunities for energy production. Europe and the US would suffer from a locational disadvantage and just as oil fields have been the reason for many wars, the sun unfortunately might be, too.

Unless we solve these problems, Aldous' vision will not come true even though it might be the only way for man to survive. *(517 words)*

3.2 *Hier wird von Ihnen ein „introductory statement" zu einer Rede von Prof. Beard verlangt. Schwierigkeit könnte hier sein, die angemessene Länge eines solchen Textes abzuschätzen. Ihr Text könnte in etwa den ersten 3–5 Minuten des Vortrags entsprechen.*
Die Rede, die von Ihnen gefordert wird, muss dem Charakter und der Rolle von Prof. Beard entsprechen. Zudem sollten Sie die Form einer Rede einhalten (Begrüßung, rhetorische Figuren) und auf die Zuhörer Bezug nehmen, indem Sie Beispiele aus deren Lebenswelt wählen. Zusätzlich wird explizit gewünscht, dass Sie die Begegnung mit Tom Aldous einflechten, wenn Sie Ihre kritischen Argumente zur Sonnenenergie entwickeln:
- *mention personal accomplishments and reasons for the speech ("awarded the Nobel prize", "head of the local Centre for Renewable Energy", "young people are extremely important")*
- *address audience ("Good morning students", "Who takes a shower every day?")*
- *refer to students' lives ("This school consumes an enormous amount of energy")*
- *mention Tom Aldous ("talked to an employee of my Centre this morning")*
- *make a stand and put forward extra arguments ("need to develop consciousness concerning the necessity of solar energy and [...] double our efforts", "it would only work if somebody gave us that giant silver sun panel")*

Good morning Ladies and Gentlemen, Mr Wilkins, students,

From Mr Wilkins' introductory speech you already know that I was awarded the Nobel Prize for Physics, but that is not the only important thing in my life. Currently I'm the chairman of the National Association of Physicists, a member of the International Board of Science, a professor at King's College, Oxford, and last but not least, the head of the local Centre for Renewable Energy just a few yards down the road.
I'm glad to be here with you because I think that young people are extremely important for the future of this planet: we will require gifted and well-educated people. That is why Mr Wilkins and myself have agreed on my talking about solar energy, a scientific field which will gain more and more importance in the years to come.
Let me tell you why … This school and its students consume an enormous amount of hot water, the heating is on all winter long and we have a lot of spot lights, which you can see right above me. At home you have probably got a TV set, you take a shower every day *(pauses, casts a disgusted look at one of the rows at the back)*. Well, maybe not everybody … but at least most of you. Let me ask you: Who takes a shower every day? Yes, put up your hands, please.
Who has got a computer?
Who has one cooked meal a day?
Burgers?
And then again it's not only the electricity from your socket that is necessary to work a computer. There's a lot of energy needed for its production, too. Consid-

er: a computer needs to be turned on constantly for more than 10 years to equal the amount of energy consumed during its processing. You, myself and Mr Wilkins, too – we all consume more energy than we may actually think. Coal, gas, in a word: fossil fuel combustion, nuclear power, and – to a very small degree – wind and sun.

You seem to be shocked because I've just held you responsible for the destruction of the planet, haven't I? But it is not that bad yet. In fact, I believe that the way we consume energy is a good thing because without coal or gas our country would be lagging behind the rest of the world. We'd be somewhere in the Middle Ages … and sadly enough we'll need coal, gas and nuclear energy for a few more years so that we won't be teleported back to the Middle Ages again.

A few solar panels alone cannot do the trick yet. We'll need time to make them effective enough, to save energy while producing them – the same phenomenon applies here as it does to the computer –, and to make them last longer. Only then can we catch some rays without getting our fingers burnt.

(Some of the students with an obviously more alternative lifestyle start muttering)

This morning I talked to an employee of my Centre who was mad about the idea of using purely solar energy. He has a PhD in Physics and he was extremely enthusiastic about the benefits of the sun. In fact, he came up with a simple equation that a single hour of sunshine that hit the Earth would be enough to give us energy for a full year. Does that make us happy?

(The students nod and applaud)

No, it doesn't, sorry to say – simply because his equation was wrong. Not only did he choose the wrong measure for solar irradiance but the idea would also require us to have sun panels across the whole planet like silver foil and we would have to live our great life in the shade. And even that would only work if we increased our efficiency and caught 100 % of the energy supplied. And then again it would only work if somebody gave us that giant silver cover for free without any energy consumption during its production.

We certainly have to develop our consciousness concerning the necessity of solar energy and we will have to double our efforts. However, for the time being I would suggest that we all try to reduce our personal energy consumption. Turn off the lights, turn off the heating, and turn off your laptops as well as the PCs in your classrooms.

If you succeed in halving your energy consumption over the next year, we'll be able to afford to equip the roof above you with cutting edge solar panels and, provided that you keep your consumption at the same low level, we will almost be able to refrain from using coal or gas or nuclear power. To cut a long story short, the sun is not our hero. If there is a hero at all, it has to be you (pointing at the students), and you, and you.

And now let us talk about further ways of coping with the global energy crisis …

(829 words)

2011-10

Abiturprüfung NRW – Englisch Leistungskurs 2011
Aufgabe 2

Aufgabentyp: *Sach- und Gebrauchstext (Zeitungsartikel); Textaufgabe mit analytisch-interpretierendem Schwerpunkt; alternativ mit anwendungs-/produktionsorientiertem Schwerpunkt*
Unterrichtsinhalte: *Post-colonialism and migration – The post-colonial experience in India; British and American traditions and visions – The American dream then and now; globalization, global challenges*

Farewell to an India I Hardly Knew

by Anand Giridharadas

Anand Giridharadas was born in Cleveland, Ohio, to parents from Mumbai, India. Working as a columnist for The New York Times *and the* International Herald Tribune *he spent several years in India and reported on the country in his "Letter from India" series.*

MUMBAI, India – The first thing I ever learned about India was that my parents had chosen to leave it.

The country was lost to us in America, where I was born. It had to be assembled in my mind, from the fragments of anecdotes and regular journeys east.

Now, six years after returning to the country my parents left, as I prepare to depart it myself, the mind goes back to the beginning, to my earliest pictures of it.

India, reflected from afar, was late-night phone calls with the news of death. It was calling back relatives who could not afford to call you. It was Hindu ceremonies with saffron and Kit Kat bars on a silver platter.

India, consumed on our visits back, was being fetched from the airport and cooked a meal even in the dead of night. It was sideways hugs that strove to avoid breast contact. It was the chauvinism of uncles who asked about my dreams and ignored my sister's.

It was wrong, yet easy, to feel that we did India a favor by coming home. We packed our suitcases with things they couldn't get for themselves: Jif peanut butter, Hellmann's mayonnaise, Gap khakis. These imports sketched a subtle hierarchy in which they were the wanting relatives and we their benefactors.

My cousins in India would sometimes ask if I was Indian or American. I saw that their self-esteem depended on my answer. "American," I would say, because it was the truth, and because I felt that to say otherwise would be to accept a lower berth in the world.

What it meant to be American was to be free to invent yourself, to belong to a family and a society in which destiny was believed to be human-made.

I looked around in India and saw everyone in their boxes, not coming fully into their own, replicating lives lived before. If only they came to America, I told myself, so-and-so would be a millionaire entrepreneur; so-and-so would be as confident in her opinions as her husband; so-and-sos' marriage would be more like my parents', with verve and swing-dancing lessons and bedtime crossword puzzles; so-and-so would study history and literature, not just bankable practicalities.

I moved to India six years ago in an effort to understand it on my own terms, to render mine what had until then only belonged to my parents.

India was changing when I arrived and has changed dramatically, viscerally, improbably in these 2,000 days: farms giving way to factories; ultra-cheap cars being built; companies buying out rivals abroad. But the greatest change I have witnessed is elsewhere. It is in the mind: Indians now know that they don't have to leave, as my parents left, to have their personal revolutions.

It took me time to see. At first, my old lenses were still in place – India the frustrating, difficult country – and so I saw only the things I had ever seen.

But as I traveled the land, the data did not fit the framework. The children of the lower castes were hoisting themselves up one diploma and training program at a time. The women were becoming breadwinners through microcredit and decentralized manufacturing. The young people were finding in their cellphones a first zone of individual identity. The couples were ending marriages no matter what "society" thinks, then finding love again. The vegetarians were embracing meat and meat-eaters were turning vegetarian, defining themselves by taste and faith, not caste.

Indians from languorous villages to pulsating cities were making difficult new choices to die other than where they were born, to pursue vocations not their father's, to live lives imagined within their own skulls. And it was addictive, this improbable rush of hope.

The shift is only just beginning. Most Indians still live impossibly grim lives. Trickle down, here more than most places, is slow. But it is a shift in psychologies, and you rarely meet an Indian untouched by it.

Grabbing hold of their destinies, these Indians became the unlikely cousins of my own immigrant parents in America: restless, ambitious, with dreams vivid only to themselves. But my parents had sought to beat the odds in a bad system, to be statistical flukes that got away.

What has changed since they left is a systemic lifting of the odds for those who stay. It is a milestone in any nation's life when leaving becomes a choice, not a necessity.

At times, my mother wonders if they should have remained, should have waited for their own country's revolution instead of crashing another's. And as I leave India now I can only wonder how history would have turned out if the ocean of change had come a generation earlier. *(786 words)*

Annotations:

l. 9 *saffron and Kit Kat bars on a silver platter:* referring to the Sacred Thread ceremony, a Hindu coming-of-age ritual for young boys: a solemn religious rite is followed by an exchange of gifts and a sumptuous feast

l. 15 f. *Jif, Hellmann's, Gap:* brand names

l. 20 *lower berth: here* inferior position

l. 32 *viscerally: here* fundamentally

l. 41 *microcredit:* a small amount of money borrowed from a bank

l. 56 *flukes: here* extremely improbable cases

l. 61 *crash: here* take advantage of

Aufgabenstellung

Punkte

1. Describe the author's family background and his changing images of India. *(Comprehension)* 16

2. Analyse the author's view of India. Take into consideration content, structure and language. *(Analysis)* 24

3. Choose **one** of the following tasks:

3.1 With reference to the article, discuss the question to what extent the ideals of the American Dream could be a model for a 21st century India. *(Evaluation: comment)* 20

3.2 One of Anand Giridharadas' cousins has been living in India all his life. He writes a personal letter to Anand, in which he reflects on the question whether he, too, should emigrate to the USA or stay in India. Write his letter. *(Evaluation: re-creation of text)* 20

Lösungsvorschläge

1. *In dieser Aufgabe wird von Ihnen verlangt, dass Sie die Familiensituation des Autors beschreiben und darstellen, wie sich sein Bild von Indien verändert hat. Anand Giridharadas wurde als Sohn indischer Eltern in den USA geboren und verbrachte dort seine Jugend. Seine Verwandtschaft in Indien kannte er nur von Besuchen, zumindest so lange, bis er begann als Journalist in Indien zu arbeiten:*
   - *second-generation immigrant whose parents originate from India*
   - *his family falls into two distinct categories: the needy Indians and the generous Indians from the US*

   Der Eindruck, den der Journalist von Indien hat, veränderte sich über die Jahre sehr deutlich. Von einem rückständigen Land ohne Perspektive entwickelte sich das Land zu einem aufstrebenden Subkontinent, vor allem in den Herzen und Köpfen der Inder, aber auch in wirtschaftlicher Hinsicht:
   - *at first he simply thinks of India as a somewhat lost country*
   - *later India is presented as a country on the up and up*
   - *people become freer and (at least partly) overcome the caste system*

   Anand Giridharadas, a journalist for *The New York Times*, comes from an Indian family in the USA, where he was born and raised – a second-generation immigrant who perceives himself as being American. His parents originate from Mumbai and they still pay regular visits to their home country and their relatives. During Giridharadas' encounters with his uncles, aunts and cousins the Giridharadas family falls into two distinct categories: the needy Indians and the generous Indians from the US, who spread happiness in the form of various American products.

   At the beginning, Anand simply thinks of India as a somewhat lost country. First, it was lost on the globe, because it was of no importance to the United States and their people. And second, its people were lost because most of the citizens of India were confined to a poor and desperate life, subject to the constraints of the caste system.

   Later, however, the Indian subcontinent appears to have changed and the author's picture is more elaborated. India is now presented as a country on the up and up, especially as people are becoming freer and can – at least partly – overcome the caste system. They possess consumer goods and have the chance to become more affluent. The repercussions on Anand's American family are obvious: some of the reasons for their immigration to the United States have vanished into thin air. *(228 words)*

2. *Auf der Inhaltsebene stellt sich Indien in zwei völlig unterschiedlichen Weisen dar. Anfangs hat der Journalist nur ein schemenhaftes Bild, das sich lediglich aus seinen Besuchen ergibt. Während hier der Eindruck der Verzweiflung und Chancenlosigkeit dominiert, ändert sich das Bild später zum Positiven. Giridharadas gewinnt hier zudem differenziertere Einblicke, weil er selbst für längere Zeit in*

Indien lebt und arbeitet.
- *the old picture of India was first limited to Indian traditions? (l. 8) and bad news from relatives*
- *during his visits as a child the inequality between men and women in India and the inequality between Indian hosts and American visitors are perceived*
- *the new India is marked by an impressive modernisation that takes place both in the world of the economy and in the minds of the people*

Die Struktur des Artikels (Zweiteilung) spiegelt den Kontrast zwischen dem alten und dem neuen Indienbild des Autors wider:
- *the contrast becomes visible in the two parts of the main body of the article*

Zusätzlich wird in dem vorliegenden Text eine Vielzahl sprachlicher Mittel verwendet, die Emotionen und Bewertungen transportieren:
- *the change that has happened is conveyed by figurative language and stylistic devices (e. g. enumeration, symbols, repetition, references)*
- *the enumeration of what people would be if they lived in America emphasises the opportunities Indian people were missing (cf. ll. 25 ff.)*
- *the repetition of the word "so-and-so" (ll. 26 ff.) shows that the journalist is generalising his view*
- *a certain form of transculturalism becomes visible in the symbol of the "saffron and Kit Kat bars on a silver platter" (l. 9)*

For Anand Giridharadas India is a country whose paradise was lost, regained and – for him personally – lost again. That the author's view of India has changed significantly becomes visible in the two parts of the main body of the article. The idea that, at least in the eyes of the journalist, the people of the country have turned it into an aspiring entity is further conveyed by figurative language and stylistic devices (e. g. enumeration, repetition, references) that add to the emotional character of the narrative elements.

After a short introduction, in which the author's situation and his basic notion of India as a country on the move is depicted, Giridharadas continues by analysing India from a distance – the distance of a second-generation immigrant and an American visitor to the home country of his parents.

That Anand was detached from Indian life as a boy and during his adolescence but was still caught in Indian traditions is shown in how he depicts his first contact with his second culture: back then, it was limited to Indian traditions (cf. ll. 8/9) and bad news from relatives (cf. l. 7). However, a certain form of transculturalism, i. e. the intermingling of two cultures, becomes visible in the symbol of the "saffron and Kit Kat bars on a silver platter" (l. 9). The combination of gifts during a Sacred Thread ceremony already insinuates that Indian roots and American life have the same importance.

In the following, Anand explains the inequality between men and women in India, proven by the "chauvinism" (l. 12) of his uncles, and the inequality between Indian hosts and American visitors. For many years the concept of being 'American' is far superior to the concept of being 'Indian', even though Americans, of course, have also absorbed Indian elements into their culture, which is shown by

the fact that trousers by Gap have the colour "khaki" – a word of Indian origin (l. 16). The American self-perception of the USA as a superior country and the idea of India lagging behind are transported by the metaphor of the "lower berth in the world" (ll. 20/21), which Anand refuses to accept when asked if is was Indian. To his mind, he is absolutely American, a person who is not locked into a narrow box (cf. l. 24) and thus confined to a similarly narrow concept of life. In the same paragraph the enumeration of what people would be if they lived in America (cf. ll. 25 ff.) emphasises the opportunities Indian people were missing when they stayed on in their home country. No matter who – generalised by the repetition of the word "so-and-so" (ll. 26 ff.) – had become an immigrant to the United States of America, they would have been better off.
In the second part of the main body of the text (ll. 32–63) a different India is described from within. Anand is faced with the challenge of getting rid of his outdated perspective and even though his "old lenses [are] still in place" (l. 37) he finally succeeds in perceiving crucial changes. India undergoes an impressive modernisation that takes place in the world of the economy and in the minds of the people, who have changed their attitude towards life – "dramatically" (l. 32) as the journalist emphasises. The more elevated status of lower castes is formalised by their diplomas, whereas the young cling to their mobile phones to boost their egos (cf. ll. 42/43). The economy has changed its face: now it is marked by modern agricultural businesses and car manufacturing. Microcredit loans (cf. l. 41) have been granted to help the poor develop self-sufficiency; but even though the country is on the threshold of a better life, it will take a long time for everybody to profit from that: "Trickle down, here more than most places, is slow" (l. 51).
The impact of India's development on the Giridharadas family is tangible in the final part of the article. Anand's mother especially is unsure whether emigrating from India was such a great idea after all. In fact, the new prosperity in India has brought about a phenomenon that pretty much resembles the psychological process that accompanies 'emigration': the people of the NEW India have developed what it takes to live up to their dreams – e. g. restlessness, ambition, personal targets (cf. l. 54). In contrast to Anand's parents, however, they can have their pursuit of happiness in their home country and without the effort of moving away in a physical sense. *(753 words)*

3.1 *Schätzen Sie hier selbst ein, ob der American Dream ein Lebensmodell für Indien darstellt. Dieser Lösungsvorschlag geht davon aus, dass dies in Teilen möglich ist und vor dem Hintergrund des Artikels bereits in Ansätzen passiert ist:*
- *better social permeability, personal aspirations and more freedom are principles that resemble moral and social patterns the US have always advocated*
- *the American Dream can be a model as far as individualism, the struggle for equality and economic strife go*
- *major changes need to be made to the dream (the exploitation of the majority of the population must be avoided, economic dependencies must be overcome)*

The article by Anand Giridharadas clearly shows that the American Dream can be closely related to the changes India has undergone from past to present: increasing equality – at least a better social permeability – and personal aspirations as well as more and more freedom resemble moral and social patterns the US have always advocated. That the journalist sees a strong connection between the two countries, of course, can either be seen as an automatism that is simply triggered by the history of his family or by the fact that the Americans have always tried to claim that they have a monopoly on "life, liberty, and the Pursuit of Happiness". Against this backdrop, we may need to ask ourselves if the Indians can actually build a new and better country.
The answer probably is: Yes, they can – at least partly. On the one hand, the American Dream could be a model for the nation-building of 21st century India as far as individualism, the struggle for equality and economic strife go. On the other hand, the major differences between the two countries account for a necessity of major changes to the dream.
Individualism will be possible for a small upper class and for a growing middle class. However, the latter will only come into existence if the distribution of wealth is somehow regulated. So far, the Indian economy has been characterised by a huge labour force and if the labour market is left to itself in an American way (i. e. without much government interference), this will most certainly lead to the exploitation of large parts of the population. For the marginalised workers the hope for an individual lifestyle may be nipped in the bud. In this case the struggle for equality could lead to riots and revolution, even though the Hindu religion has left its peaceful stamp on a greater share of the population.
Admittedly, we could argue that the US has not reached equality either (in fact their GINI coefficient, a measure of the inequality of wealth, is one of the worst amongst all industrialised countries), but India could lose its balance completely. Some will be very rich, while all the others will be extremely poor.
Whereas the Americans tend to confirm and renew their belief by means of their (short but successful) history, the people of India seem to be complete beginners: they have hardly had any experience with the concept of the self-made man and the conviction that everybody can make it big if they put enough effort into it. Another difference is that immigration to the US has constantly contributed to the renewal of the national myth. By contrast, immigration to India seems far out of place because the country is on the verge of overpopulation already. Additionally, India – unlike the US in the old days – possesses a fixed social structure which makes nation-building more complicated and maybe even daunting: international dependencies, which are rooted in the colonial past, still account for economic dependencies and are responsible for a greater part of the odious social layering.
All in all, creating a better country on the basis of the American Dream seems to be a difficult task for the Indian people. However, the major accomplishment of the American myth is a firm belief in a good life and this has been partly achieved already if we consider Anand Giridharadas's experience. *(561 words)*

3.2 *Achten Sie darauf, die formalen Kennzeichen eines privaten Schreibens einzuhalten (Datum, Anrede, Verabschiedung, Unterschrift). Der Stil sollte vertraut sein und das Amerikabild sollte von gewissen Vereinfachungen geprägt sein, da der Schreiber nicht in den USA lebt. Es ist auf jeden Fall sinnvoll, auch auf indische Traditionen und/oder Entwicklungen einzugehen – am besten diejenigen, die aus dem Zeitungsartikel hervorgehen:*

- *keep the form of a letter: "11/11/11", "Dear Anand", "All the best and take care, buddy", "Titir"*
- *choose a personal style: "You know her!!!", "What do you think?"*
- *refer to both countries: "a waiter in an American diner", "the Mets", "at Mumbai", "Shahrukh Khan"*

11/11/11

Dear Anand,

Hope this letter reaches you before your Thanksgiving celebrations. It must be a great thing to have with all those huge turkeys and table decorations. In fact, I had a dream a few nights ago in which I was a waiter in an American diner. I've had a similar dream before, but that one was about 'Spring Break' and 'Hooters'. I was staring at one of those Hooters' girls, suicide blond – unfortunately the dream turned into a nightmare when Mom came in, saw those women in their low-cut tops, and raised hell. You know her!!!
It's not a secret that I've never left India so far. I love the country but I never want to be as backward as my parents. In fact I have always admired your parents, and I also adored the gorgeous chocolate bars that you gave to me as a present once. Why couldn't it be my parents who dared to go away for good and live the American Dream?
Some of my friends have proper mobile phones, just like in the American movies or the commercials we see on TV. Actually I'd love to have an iPhone, an iPad and once in my life I'd like to see a Broadway show and the Mets in their new stadium (do you still have that girlfriend in Queens? ;-). As a matter of fact I will need a good job to pay for those things and I think that it is still much easier to find the right job in the US. At the US immigration service they told me that it should not be a problem for me to get a Green Card once I have finished my studies. The course I'm taking at Mumbai right now is "Computing and Business" and I know that there are similar courses in the US. What do you think? Could that be a chance for me to find a decent job in the US?
Even though things are getting better in India at the moment, you never know how long we can continue like that. If the boom is over one day, we'll be left with a few stupid dances in Bollywood movies. Well, Shahrukh Khan (he is still Mom's all-time favourite) also made it to the USA, didn't he? Even HE went where the success is. And I want to be there, too.

All the best and take care, buddy
Titir

(407 words)

Abiturprüfung NRW – Englisch Leistungskurs 2012
Aufgabe 1

Aufgabentyp: *Literarischer Text (Drama), analytisch-interpretierende Textaufgabe mit anwendungs-/produktionsorientierter Aufgabenstellung*
Unterrichtsinhalte: *Shakespeare – a literary "giant" in the 21st century, Elizabethan theatre*

William Shakespeare: A Midsummer Night's Dream
Shakespeare's comedy A Midsummer Night's Dream *is about four young lovers who fall in and out of love with different partners before they sort out their relationships and marry at the end of the play: Lysander to Hermia, Demetrius to Helena. Act II, Scene 1 is set in the forest to which Lysander and Hermia have run away because her father objects to their union. Demetrius and Helena have followed them for reasons that become apparent in the following scene, their first appearance in the forest:*

Enter DEMETRIUS, HELENA *following him*

DEMETRIUS I love thee not, therefore pursue me not.
Where is Lysander, and fair Hermia?
The one I'll slay, the other slayeth me.
Thou told'st me they were stol'n unto this wood,
And here am I, and wood within this wood
Because I cannot meet my Hermia.
Hence, get thee gone, and follow me no more.
HELENA You draw me, you hard-hearted adamant!
But yet you draw not iron, for my heart
Is true as steel. Leave you your power to draw,
And I shall have no power to follow you.
DEMETRIUS Do I entice you? Do I speak you fair?
Or rather do I not in plainest truth
Tell you I do not, nor I cannot love you?
HELENA And even for that do I love you the more.
I am your spaniel; and, Demetrius,
The more you beat me I will fawn on you.
Use me but as your spaniel: spurn me, strike me,
Neglect me, lose me; only give me leave,
Unworthy as I am, to follow you.
What worser place can I beg in your love
(And yet a place of high respect with me)
Than to be used as you use your dog?
DEMETRIUS Tempt not too much the hatred of my spirit;
For I am sick when I do look on thee.

HELENA And I am sick when I look not on you.
DEMETRIUS You do impeach your modesty too much,
To leave the city and commit yourself
Into the hands of one that loves you not;
To trust the opportunity of night,
And the ill counsel of a desert place,
With the rich worth of your virginity.
HELENA Your virtue is my privilege: for that
It is not night when I do see your face,
Therefore I think I am not in the night;
Nor doth this wood lack worlds of company,
For you, in my respect, are all the world.
Then how can it be said I am alone
When all the world is here to look on me?
DEMETRIUS I'll run from thee and hide me in the brakes,
And leave thee to the mercy of wild beasts.
HELENA The wildest hath not such a heart as you.
Run when you will: the story shall be changed;
Apollo flies, and Daphne holds the chase,
The dove pursues the griffin, the mild hind
Makes speed to catch the tiger – bootless speed,
When cowardice pursues and valour flies!
DEMETRIUS I will not stay thy questions. Let me go;
Or if thou follow me, do not believe
But I shall do thee mischief in the wood.
HELENA Ay, in the temple, in the town, the field,
You do me mischief. Fie, Demetrius,
Your wrongs do set a scandal on my sex!
We cannot fight for love, as men may do;
We should be wooed, and were not made to woo.

[Exit Demetrius]

I'll follow thee, and make a heaven of hell,
To die upon the band I love so well. *Exit*

(503 words)

From: William Shakespeare, A Midsummer Night's Dream, *hrsg. von R. A. Foakes, Cambridge: CUP, 1984, p. 69–71 (2.1.188–2.1.244)*

Annotations:
l. 4 *stol'n: here* escaped
l. 5 *wood:* violently angry
l. 7 *Hence:* away from here
l. 8 *adamant:* a magnet
l. 10 *Leave you:* give up
l. 19 *Neglect: here* ignore
l. 19 *give me leave:* allow me
l. 27 *impeach your modesty:* call in question your chastity
l. 31 *ill counsel of a desert place:* evil ideas that come to mind in a deserted place
l. 33 *privilege*: guarantee

l. 33 *for that:* because
l. 37 *in my respect:* as far as I am concerned
l. 40 *brakes:* bushes
l. 44 *Apollo flies, and Daphne holds the chase:* in Greek mythology Daphne, a woman, is wooed and pursued by the male God Apollo.
l. 45 *griffin:* fabulous animal, a lion with an eagle's head and wings
l. 46 *bootless:* useless
l. 48 *stay thy questions:* wait to listen to your arguments
l. 50 *But I shall:* that I will not
l. 50 *mischief:* harm, *here also* rape
l. 51 *Ay:* yes
l. 53 *Your wrongs do set a scandal on my sex!:* your lack of respect for me is an insult to all women

Aufgabenstellung Punkte

1. Point out what we learn about Helena and Demetrius's situation, their relationship in this scene, and behaviour towards each other. *(Comprehension)* 16

2. Analyse the relationship between the characters, the way they express their feelings and their attitudes towards each other. *(Analysis)* 24

3. Choose **one** of the following tasks:

3.1 Discuss whether Shakespeare's representations of gender roles and relationships are still relevant to today's audiences. Consider the extract as well as other Elizabethan texts you know. *(Evaluation: comment)* 20

3.2 During a class trip to London your class watches a performance of *A Midsummer Night's Dream*. After the play you interview the director for your school yearbook. Write the interview in which you critically discuss the relevance of Shakespeare for an audience of young adults. Refer to the scene from *A Midsummer Night's Dream* as well as other Elizabethan texts you know. *(Evaluation: re-creation of text)* 20

Lösungsvorschläge

1. *Die Aufgabenstellung nennt die Situation die Beziehung und das Verhalten von Helena und Demetrius als zentrale Aspekte. Diese sollten Sie entsprechend abarbeiten:*

   Die Situation, dass die beiden Charaktere bei Nacht durch den tiefen Wald laufen, resultiert vor allem daraus, dass Demetrius Hermia folgt, während Helena in Demetrius verliebt ist.

   - *Demetrius and Helena walk through the woods*
   - *he has decided to follow his love, Hermia, who has fled together with his rival, Lysander, and Helena has decided to follow Demetrius*
   - *dark night encompasses the scene*

   Die Beziehung ist aufgrund der Ausgangskonstellation spannungs- und konfliktgeladen:

   - *the atmosphere between the two characters is tense and the relationship becomes more and more critical*

   Das Verhalten ist entsprechend negativ, wirkt teils fast ein wenig aggressiv:

   - *the characters converse heatedly, express their pain, contradict each other, and strongly appeal to the other one*
   - *Helena is threatened with being left all alone in the dark forest*

At the beginning of the second act of Shakespeare's comedy "A Midsummer Night's Dream", Demetrius and Helena walk through the woods. This is owing to the fact that Demetrius has decided to follow his love, Hermia, who has fled together with his rival, Lysander, and Helena has decided to follow Demetrius. It is obvious that – against all Elizabethan conventions – she is the one who is actively trying to win the heart of the other. The atmosphere between the two is tense, owing to the fact that they seem to be in love with the wrong people – or at least because their preferences are not compatible. The situation is made worse by the dense woods that surround them and by the dark night that encompasses the scene. After Demetrius' love for Hermia, Helena's love for Demetrius, Helena's active pursuit of Demetrius, and the resulting conflict have been exposed, their relationship starts to become more and more critical: she first confesses her love one more time, is once again denied, and is then threatened with being left all alone in the dark forest in imminent danger of being devoured by wild animals while facing the final loss of the person she is so deeply in love with. In the course of the conflict the characters discuss vividly, express their pain, contradict each other, and strongly appeal to the other one. However, all the harshness in Demetrius' behaviour and his determination that he does not love Helena do not keep her from still believing that one day her dream will come true. *(259 words)*

2. *Da Sie die Beziehung zwischen den beiden Charakteren kaum analysieren können, ohne auf die Darstellung ihrer Gefühle und Einstellungen Bezug zu nehmen, macht es Sinn, zunächst den Zusammenhang zwischen diesen Aspekten grob zu umreißen:*
   - *the relationship between the two characters seems to be excessively disturbed, which can be seen in the figurative speech and the appealing character of the dialogue*
   - *it inverts Elizabethan gender roles, which becomes obvious in Helena's active approach and in Demetrius' strict and direct rebuffs*

   Danach sollten Sie sich den Einzelaspekten der Reihe nach widmen und den Text Stück für Stück untersuchen. Im folgenden Beispiel werden nacheinander Symbole und Metaphern, rhetorische Fragen, Ausrufe, Aufzählungen, Kontraste und ein Oxymoron erläutert, weil es der Reihenfolge ihres Erscheinens im Text entspricht:
   - *symbols emphasize the depth of Demetrius' love but also his firmness, his perseverance and his strength*
   - *Helena takes action and makes an approach to Demetrius which contradicts the rules of the Elizabethan age and thus overcomes social restraints*
   - *yet she depicts herself as weak but faithful to Demetrius, which becomes obvious in the metaphor of the dog*
   - *Demetrius tries to prove his innocence by means of rhetorical questions but still acts against basic humane and social rules*
   - *the enumeration of the (mis-)treatments Helena is willing to accept (ll. 17–19) can be seen as another confession of her love*
   - *the oxymoron in line 41 proves that the situation is becoming rather dangerous for Helena*

The relationship between the two characters seems to be excessively disturbed, which can be seen in the figurative speech and the appealing character of the dialogue. The disturbances mainly result from the reversal of gender roles that is inherent in Helena's active approach and in Demetrius' strict and direct rebuffs. Feelings and attitudes towards the other person are expressed by the use of symbols and metaphors, rhetorical questions and exclamations, of enumerations, contrasts and oxymorons, for example:
At the beginning, Demetrius' love for Hermia is shown by his announcement that he will "slay" (l. 3) his rival, Lysander, for fleeing with the woman he, Demitrius, also adores. Then the verb "slay" is also employed to show the deep impact his love has on him: in fact, the reason why he is so determined to follow the couple is that his devotion has "slayed" him in a metaphorical sense (l. 3). Against the backdrop of this exaggerated portrayal of his unrequited love for Hermia, it seems to be self-evident and understandable that during his pursuit he would see himself as being "wood within this wood" (l. 5) – a description that emphasizes his anger but possibly also symbolizes his firmness, his perseverance and maybe also his strength on a metaphorical level. In contrast, Helena depicts herself as being weak but faithful to Demetrius, which becomes obvious in the

metaphor of the dog, the "spaniel" (l. 16), that reliably clings devotedly to its master, ready to take his blows, which are at least some form of attention and maybe even conceal some affection. The metaphorical characterization of Demetrius is complete from line 34 onwards: Here, he is equated with a shining star or moon that lights up the night and gives Helena everything she needs. In a nutshell, he is "all the world" to her (l. 37).

Following this, the conflict with Helena starts to erupt when she calls him a "hard-hearted adamant" (l. 8) – a tautological and derogative term that emphasizes his hardness and which is exclaimed heated. Demetrius tries to prove his innocence by means of rhetorical questions that serve to show that his attitude towards Helena has not changed but that it has always been her initiative which – at least so far – has led them into a dead-end.

The enumeration of the (mis-)treatments Helena is willing to accept (ll. 17–19) can be seen as another confession of Helena's love and thus leads to a rather harsh reaction on the part of Demetrius, which again does not comply with Elizabethan conventions in its directness. Here he goes as far as to use the word "hatred" (l. 24), which, of course, forms a strong contrast to Helena's confession and marks a complete breach of the social rules at the time the play was written. The contrast, then, is even furthered by the opposition of his claim that he feels sick when he sees her and her claim that she feels sick when she does not (ll. 25/26). Altogether, the rising conflict seems to show that love cannot be proven by finding arguments for it and neither can it be washed away by arguments against it.

When the struggle begins to reach its climax, the cruelty in Demetrius' behaviour is shown by his threat to desert her in the dark woods – a rather dangerous situation for a lady, as the oxymoron in line 41 proves: in fact, there is no chance that the wild beasts around would show mercy when approaching helpless prey such as Helena. In her reply, however, Demetrius is also equated with a wild beast – he is depicted as "the griffin" (l. 45) or "the tiger" (l. 46) that is trying to hunt down Hermia. This again shows his cruel determination but it also seems to offer a faint hope: if Helena, who metaphorically describes herself as "the dove" and the "mild hind" (ll. 45/46), can actually reverse the situation by pursuing the wild animal of prey (ibid), it is proven that seemingly impossible things may indeed happen. And maybe one day this will even hold true for Demetrius and Helena.

(681 words)

3.1 *In der Diskussion können Sie Position beziehen, ob Shakespeares Darstellung von Beziehungen und Rollenverhalten heute immer noch eine hohe Bedeutsamkeit besitzt oder nicht. Auf jeden Fall müssen Sie hierbei die Aspekte dafür und dagegen abwägen. Achten Sie also besonders auf die häufige Verwendung von Einräumungen („admittedly", „if") und Gegensätzen („however", „even though", „on the other hand").*
Im Lösungsbeispiel wird als Ergebnis formuliert, dass Shakespeares Texte im-

mer noch relevant sind, obschon sich die Konvention und Gebräuche ebenso geändert haben wie das Rollenverhalten von Männern und Frauen. Ihnen steht es natürlich völlig frei, zu einem anderen Urteil zu gelangen, solange Sie die verschiedenen Dimensionen darstellen:

- *admittedly, the relevance is partly owing to the many different forms of relationships in Shakespeare's plays*
- *however, most of the plays also share rather general aspects of male/female relationships*
- *rivalry, courtship and conflicts still exist as part and parcel of love*
- *men are ready to fight for their honour or for the one they love*
- *men and women try to impress each other with their wit and their sharp tongue*
- *love also motivates the bad and jealous to take action*

Auch im Hinblick auf das Rollenverhalten gilt es, das Für und Wider zu betonen:

- *today's women have obtained a more prominent and equal position in society*
- *however, the seemingly weak Shakespearean lady in the background is usually very powerful*

The relationship between men and women which is described by William Shakespeare is still highly relevant today even though some of the gender-specific characteristics have certainly changed over the centuries.

Admittedly, the relevance is partly owing to the many different forms of relationships – note, for example, the variety that can be found in "A Midsummer Night's Dream", "Much Ado About Nothing" or "Romeo and Juliet". If enough examples of relationships have been thought up, one may argue, it is almost inevitable that some minor aspects will prevail. However, most of the plays also share more general aspects of male/female relationships, such as courtship, crisis or conflict as well as complete, utter and eternal devotion, which are still part and parcel of every love story today.

Of course, the examples of courtship follow old traditions and conventions, which have changed, but in many cases the key elements are still preserved, as can be seen in the following examples: First, the active role of women in the initial phase of a relationship, which is strongly represented by Helena's pursuit of Demetrius, seems much more appropriate for our modern age than for the time it was written. Today it is perfectly normal for women to self-confidently choose an active way of fighting for their love. However, as in Shakespeare's play, this may or may not be successful. Second, there is still open male rivalry: even though it contradicts our enlightened concept of life, fist-fights between men still occur in the new millenium – they may no longer use a sword or a sabre, but the message is basically the same. Men are ready to fight for their honour or for the one they love. Third, courtship back then and flirting today both include making compliments and teasing each other, like Benedick and Beatrice do in "Much Ado About Nothing". Men and women try to impress each other with their wit and their sharp tongue while commenting on the potential partner and the people around, or by expressing their opinions about current events or society in general. Sounds familiar? Yes, indeed, that is what we try to do on Facebook, too. Not even here can successful flirtation be reduced to pressing the "LIKE" button. Fourth, conflicts between lovers and their surroundings also occur almost inevitably in today's scenarios and maybe Shakespearean plays can help teach those involved that love can overcome hostility and social restrictions. In fact, love is a magical thing which does as it pleases (unless we find a crafty way of influencing it to our advantage). On the one hand, this means that love is still stronger than death or any limit set by society. Cupid's arrow can turn the darkest night into day. On the other hand, love also motivates the bad and jealous to take action. Tricking people into unfortunate situations (comparable to Don John's plan to fling dirt at Hero) that put an end to their love or vilifying them are still common phenomena. Insulting or bullying people for such reasons is still widespread.

At first glance, Shakespearean gender roles can certainly be called traditional in that the man is in the public focus and the (seemingly weaker) woman stands behind him. In contrast, today's women have obtained a more prominent position in society and equality has been largely achieved, even though some feminists might still think otherwise. However, the Shakespearean lady in the background is usually very successful at pulling the right strings and using her weakness or victimization as her strength. In "Much Ado About Nothing", for example, Shakespeare takes it so far as to create the impression that Hero is dead, which arouses qualms in Claudio, who has publicly disgraced her, and helps Hero to win his heart (back) later. The victimisation of the female character, here, is just a pretence, which hints at the fact that women in Shakespeare's plays do not play an inferior part either. They persevere and one day they will get what they want …

(666 words)

3.2 *Bei der Erstellung dieses Interviews zwischen dem Regisseur und der Schülerin geht es hauptsächlich um zwei Dinge. Zum einen sollte Ihr Text glaubhaft sein, also der Situation und dem Hintergrund der beteiligten Personen entsprechen:*

- *introduce the participants directly or indirectly ("Franzi from the Friedrich Schiller comprehensive school in Münster in Germany"; "(thanks for) staging the play so brilliantly, Mr De Lillo")*
- *follow the rules of an interview by asking questions, giving people time to reply and reacting to the statements made ("Do you still consider […]?"; "But is that true […]?")*
- *pay attention to the different backgrounds of the student and the director ("You mean, for example, […]?"; "sorry"; "I certainly appreciate that young people are still interested …")*

Darüber hinaus sind Bezüge zu der Aufführung notwendig und auch explizit verlangt:

- *refer to the script of the play ("I'm wood in the woods")*
- *refer to the performance ("I especially liked the performance of Lysander")*

FRANZI: Hello, Mr De Lillo. My name is Franzi and I'm from the Friedrich Schiller comprehensive school in Münster in Germany. We are extremely happy that you have made time to give us an interview for our yearbook.

DE LILLO: Hello, Franzi. I'm more than willing to talk to you because I certainly appreciate that young people are still interested in theatre and especially in the Bard.

FRANZI: Why does everybody call William Shakepeare "the Bard", Mr De Lillo? That was the first thing that struck me and my classmates because our teacher hardly ever used that word.

DE LILLO: Well, I suppose that is owing to the unique position that he has among all those English playwrights and poets – at least for the British. He is the one. Full stop.

FRANZI: Do you still consider him "the one" when it comes to young people and what they like?

DE LILLO: Admittedly, our – meaning your and my – interest in the Bard isn't shared by all of the young generation, which is both a matter of changes in interest and in language. Even though the scenes of Shakespearean plays depict situations, feelings and fruitful recognition that are still completely relevant today, young people simply don't go to the theatre often enough to get a good taste of it. *(Pauses)* … Theatre is like joyful cooking and eating, you know. If you are only used to gobbling down burgers, you will have no appreciation of a five star meal. You'll know that from home: it's all Bratwurst and Big Mac, isn't it? Additionally, the Bard uses language so artfully and in such an intriguing way that an adequate command, or at least a good enough perception, of that language is necessary for you to have fun. How can you like something if you only understand half of it?

FRANZI: But is that true for British students, too?

DE LILLO: Admittedly, it is probably harder for students who are non-native speakers of English but even for our schoolkids "Early Modern English" is something like a second language, especially when it comes to understanding puns or complex metaphors …

FRANZI: You mean, for example, phrases like "I'm wood in the woods"?!

DE LILLO: *(with much emphasis)* "And here I am, and wood within this wood".

FRANZI: Sorry.

DE LILLO: No need to apologize. From your question I understand that you have grasped the double meaning, which is truly amazing *(smiles)*.

FRANZI: Well, to be perfectly honest we had talked about the play in class before we watched it … and then it was really good. I especially liked the performance of Lysander.

DE LILLO: Yes, undoubtedly the actor is a very talented one. And extremely good-looking, too, right?

FRANZI: Well … *(she blushes)*.

DE LILLO: Luke Stalls is his name. However, it's not a secret that he is gay and he is very open about it as well – sorry to say. You know, we receive buckets of letters from young girls – even younger than you are – who have fallen hopelessly in love with him, or maybe rather with the role he is playing. It's part of the comedy that Lysander represents character traits like charm and wit and attractiveness and passion and so I suppose we can say that most of those ladies have fallen in love with the Bard himself, rather than with Luke Stalls.

FRANZI: Yes, that is certainly true for most of today's audience. At least as far as the pupils from the Schiller school are concerned. So thank you very much for opening up that opportunity for us by staging the play so brilliantly, Mr De Lillo. And for the interview, of course.

DE LILLO: You are more than welcome. All the best to you and your classmates: auv wiedersän und viele gute.

FRANZI: "Auf Wiedersehen", Mr De Lillo. Take care. *(641 words)*

Abiturprüfung NRW – Englisch Leistungskurs 2012
Aufgabe 2

Aufgabentyp: *Sach- und Gebrauchstext (Kommentar der internationalen Presse); Textaufgabe mit analytisch-interpretierendem Schwerpunkt; alternativ mit anwendungs-/produktionsorientiertem Schwerpunkt*
Unterrichtsinhalte: *Globalization – global challenges*

Only Connect
by Richard Stengel

Since 1927, the US magazine TIME *has selected as* Person of the Year *a person, group, idea etc. that "has done the most to influence the events of the year". The choice for 2010 was Mark Zuckerberg, the founder of "Facebook". The following editorial explains this choice.*

"On or about December 1910, human character changed."
– Virginia Woolf, 1924

She was exaggerating – but only a little. Woolf saw a fundamental shift in human relations taking place at the beginning of the 20th century "between masters and servants, husbands and wives, parents and children." Those changes, she predicted, would bring about transformations in every sphere of life, from religion to politics to human behavior. Few would say she got it wrong.

A century later, we are living through another transition. The way we connect with one another and with the institutions in our lives is evolving. There is an erosion of trust in authority, a decentralizing of power and at the same time, perhaps, a greater faith in one another. Our sense of identity is more variable, while our sense of privacy is expanding. What was once considered intimate is now shared among millions with a keystroke.

More than anyone else on the world stage, Facebook's Mark Zuckerberg is at the center of these changes. Born in 1984, the same year the Macintosh computer was launched, he is both a product of his generation and an architect of it. The social networking platform he invented is closing in on 600 million users. In a single day, about a billion new pieces of content are posted on Facebook. It is the connective tissue for nearly a tenth of the planet. Facebook is now the third largest country on earth and surely has more information about its citizens than any government does. Zuckerberg, a Harvard dropout, is its T shirt-wearing head of state.

Evolutionary biologists suggest there is a correlation between the size of the cerebral neocortex and the number of social relationships a primate species can have. Humans have the largest neocortex and the widest social circle – about 150, according to the scientist Robin Dunbar. Dunbar's number – 150 – also happens to mirror the average number of friends people have on Facebook. Because of airplanes and telephones and now social media, human beings touch the lives of vastly more people than did our ancestors, who might have encountered only 150 people in their lifetime. Now the possibility of connection is accelerating at an extraordinary pace. As the great biologist E. O. Wilson says, "We're in uncharted territory."

All social media involve a mixture of narcissism and voyeurism. Most of us display a combination of the two, which is why social media are flourishing faster and penetrating deeper than any other social development in memory. Social media play into the parts of human character that don't change, even while changing the nature of what once seemed immutable.

Like two of our runners-up this year, Julian Assange and the Tea Party, Mark Zuckerberg doesn't have a whole lot of veneration for traditional authority. In a sense, Zuckerberg and Assange are two sides of the same coin. Both express a desire for openness and transparency. While Assange attacks big institutions and governments through involuntary transparency with the goal of disempowering them, Zuckerberg enables individuals to voluntarily share information with the idea of empowering them. Assange sees the world as filled with real and imagined enemies; Zuckerberg sees the world as filled with potential friends. Both have a certain disdain for privacy: in Assange's case because he feels it allows malevolence to flourish; in Zuckerberg's case because he sees it as a cultural anachronism, an impediment to a more efficient and open connection between people.

At 26, Zuckerberg is a year older than our first Person of the Year, Charles Lindbergh – another young man who used technology to bridge continents. He is the same age as Queen Elizabeth when she was Person of the Year, for 1952. But unlike the Queen, he did not inherit an empire; he created one. (The Queen, by the way, launched a Facebook page this year.) Person of the Year is not and never has been an honor. It is a recognition of the power of individuals to shape our world. For connecting more than half a billion people and mapping the social relations among them (something that has never been done before); for creating a new system of exchanging information that has become both indispensable and sometimes a little scary; and finally, for changing how we all live our lives in ways that are innovative and even optimistic, Mark Elliot Zuckerberg is TIME's 2010 Person of the Year. *(748 words)*

From: Richard Stengel, "Only Connect", in: TIME, *December 15, 2010*
http://www.time.com/time/specials/packages/article/0,28804,2036683_2037181_2037179,00.html (25. 04. 2011)

Annotations:

l. 2 *Virginia Woolf (1882–1941)*: English novelist
l. 23 f. *cerebral neocortex:* part of the human brain playing a key role in memory, attention, thought, language and consciousness
l. 25 *Robin Dunbar (b. 1947):* British anthropologist and evolutionary psychologist
l. 30 *E. O. Wilson (b. 1929):* American biologist
l. 36 *Julian Assange (b. 1971):* Australian journalist, publisher and internet activist; spokesman and editor-in-chief of WikiLeaks, a website publishing documents that governments wish to keep secret
l. 36 *Tea Party:* right-wing, populist movement in American politics
l. 47 f. *Charles Lindbergh (1902–1974):* pilot of the first non-stop transatlantic flight in 1927

Aufgabenstellung Punkte

1. Outline the main characteristics of social networks like "Facebook" as presented in the text. *(Comprehension)* 16

2. Explain how Stengel tries to convince the readers of TIME's choice of Zuckerberg as *Person of the Year*. Consider structure, communicative strategies and stylistic devices. *(Analysis)* 24

3. Choose **one** of the following tasks:

3.1 Richard Stengel claims that social media such as "Facebook" change "our lives in ways that are innovative and even optimistic" (ll. 56 f.). Discuss this view, taking into account your experiences with today's social media. *(Evaluation: comment)* 20

3.2 As an exchange student at an American college, you have been invited to a panel discussion on the chances and risks of social media such as "Facebook" in a globalized world. Write your opening statement. *(Evaluation: re-creation of text)* 20

Lösungsvorschläge

1. *Gemäß der Aufgabenstellung sollten Sie hier die zentralen Charakteristika von sozialen Netzwerken erläutern. Am besten ist es, Sie listen die Einzelaspekte zunächst auf (hier: Innovationskraft, soziale Auswirkungen und Ausbildung eines neuen Lebensstils), um sich dann jedem einzelnen Gesichtspunkt zu widmen:*
   - *the importance of the new technology shows in the enormous number of users and the friendships which have been made in social networks*
   - *on a social level it helps to take power away from the authorities and give it back to the people who can easily organize themselves*
   - *by posting texts, pictures, sound and videos, the user is an active representative of a new lifestyle that mirrors basic human traits*

Richard Stengel's editorial for Time Magazine depicts social networks with regard to their innovative significance, their social impact and way they change our lifestyle.

The importance of the new platform technology and its layout can be seen by looking at the enormous number of 600 million users (at the time the article was published) for whom it offers the opportunity to share their latest experiences and almost their whole lives, with an average number of 150 "friends" – a term that should probably be put in inverted commas, even though the journalist does not do so in his article. The social impact that is ascribed to Facebook is certainly seen as a transformation: from the perspective of the journalist, it helps to take some power away from the authorities and give it back to the people. They now have the chance to form their own groups and thus to exert both their free will and a certain form of political power. To the author, the change in lifestyle that is brought about, too, is a purely positive one. By posting texts, pictures, sound and videos, the user is an active, and, indeed, integral part of a new world. A new lifestyle is being created – an attractive lifestyle that also mirrors basic human traits like narcissism and voyeurism. Living on platforms in computer networks – according to Stengel – has already outcompeted the old forms of living together by far. In a word: Facebook is "indispensable". *(242 words)*

2. *Die Aufgabenstellung gibt Ihnen bereits vor, dass der Autor seine These mithilfe der Textstruktur, der kommunikativen Strategie und verschiedenen stilistischen Mitteln untermauert. Die Struktur ist klar und lässt sich in verschiedene Teile gliedern, die alle auf ihre Weise zur Botschaft des Editorials beitragen:*
   - *the introduction consists of references to the past and the present*
   - *Zuckerberg's importance is proven by the worldwide impact of Facebook*
   - *the significance of social networks is described and explained by relating them to scientific findings from other fields of research*
   - *Stengel continues by comparing Zuckerberg to other famous people*

   Der Kommunikationsstil ist sehr bestimmend und darauf ausgerichtet, den Leser von oben herab mit selektiven Informationen und Behauptungen zu konfrontieren:
   - *the communicative style can be considered to be strongly hierarchical*

   Als Stilmittel setzt Stengel sehr zielgerichtet Euphemismen, Zahlen und Fakten, Bezüge und Vergleiche ein.
   - *the euphemisms used show the positive side of the current transition*
   - *statistical figures prove its significance*
   - *references to evolutionary biology help to equate Facebook membership and thus Facebook with an evolutionary step in its own right*
   - *the comparisons made in the text show Zuckerberg's importance compared to other great award winners*

In order to convince the readers of Time magazine that Mark Zuckerberg was the best (if not only) choice as Person of the Year 2010, the journalist employs a clear structure with an introduction, a main part (which includes various examples and references) and a conclusion. Additionally he uses a strong, positive style and employs various stylistic means, such as euphemisms, statistical figures, references and comparisons.

The introduction consists of references to the past and the present. First, he quotes Virginia Woolf, who – back in 1924 – claimed that "human character (has) changed" and predicted consequent transitions (ll. 5 ff.). Then Stengel goes on to prove her right when he shows that life is still changing: and, needless to say, he suggests that today's transformations originate from Facebook, THE network of global impact, and his award-winning inventor. In the following paragraphs he describes and explains the significance of social networks further by relating them to scientific findings from other fields of research (i. e. biology and sociology). After drawing on other disciplines, Stengel continues by comparing Zuckerberg to other famous people that have been awarded the title "Person of the Year" by Time Magazine and finally draws the conclusion that Zuckerberg is the right choice because he is already part of human history.

The style of the article is extremely apodictic and hubristic, which gives the impression that there is a strong conviction underlying it. This can easily be shown by the fact that there is not a single question asked within the sequence of statements the journalist has compiled. The selective information given by Richard Stengel hardly leaves any room for him to question himself, his attitude or Mark Zuckerberg. Hence, the communicative style can, on the one hand, be considered to be strongly hierarchical – the text is a mere confrontation of the reader with seemingly objective facts presented by a seemingly high authority. On the other hand, the reader is frequently included by Stengel's use of personal pronouns (e. g. ll. 8, 31, 56).

The persuasive effect that both structure and communicative strategy have on the reader is strengthened by the formal devices used. That Zuckerberg is actually the right choice is stressed by the euphemisms used to present the transition he has brought about in a very positive way. The new world is marked by a "decentralizing of power" (l. 10) and the fact that "our sense of privacy is expanding" (ll. 11/12) – the fact that everybody reveals all the secrets of their private lives to a vast number of network members is given a positive meaning because both "privacy" and "expanding" are positively connotated. The allegedly beneficial consequences are attributed to everybody involved – even the reader is included in the personal pronoun "our" (ibid). The use of facts and figures (e. g. ll. 17, 24), however subjective they may be, serves to underline Zuckerberg's importance and helps to depict him as the genius of a generation. In Stengel's words, "he is both a product of his generation and an architect of it" (l. 16). The potential idea that the power of this architect could also pose an imminent threat to the world – especially because it brings about the danger of data misuse – is nipped in the bud before it can actually come to the reader's mind. From the journalist's perspective, Zuckerberg should be considered harmless, which is symbolized by the T-shirt he usually wears (l. 21). In short, there is no need for a critical perspective.

The references to evolutionary biology, which are made in the following, help to equate Facebook membership and thus Facebook with an evolutionary step in its own right. Again a "great" (l. 30) person is referred to in order to make the author's stand more believable. Stengel also reverts to the commonplaces of psychology: nobody would doubt that narcissism and voyeurism are part of the human soul. Consistently Stengel succeeds in claiming that social media fit our character very well, but again this is a biased conclusion that shys away from any form of criticism.

The comparisons which are used in the text serve to show Zuckerberg's comparability to other great award winners such as Charles Lindbergh, the personification of the American spirit of freedom and courage and a man who was also able to create bridges between continents and people. Compared to the Queen he is even presented as superior because he is characterized as a self-made man:

"unlike the Queens, he did not inherit an empire; he created one". The negation and the parallel sentence structure, of course, serve to stress the contrast. However, the most impressive comparison he makes is with Julian Assange, the opposite side of "the same coin" (l. 38). Assange is ascribed the same positive traits but is still portrayed as the bad guy. In contrast, Zuckerberg's positive nature is shown: he does not court disaster but simply wants to live in a "world filled with potential friends" (l. 44).

In the conclusion Stengel cannot help conceding that the "indispensable" network is "sometimes a little scary" (l. 55). Yet not only is the threat limited by the words "sometimes" and "little" but it is also considerably watered down by this concluding apodictic statement that Time magazine's Person of the Year has turned the world into something "innovative and even optimistic" (ll. 56/57).

(886 words)

3.1 *Die Zielrichtung Ihrer Diskussion ist völlig Ihnen selbst überlassen, allerdings macht es Sinn, die zu diskutierende Aussage aufzugreifen und von mehreren Seiten zu betrachten. Die Beispiellösung geht davon aus, dass Facebook tatsächlich zu Innovation und Optimismus führen kann, aber dass es fast immer auch negative Nebeneffekte gibt:*

- *online presence shows the willingness to express oneself but can also result from group pressure*
- *people are offered the chance to form a group, to exchange and elaborate on their ideas*
- *however, verdicts are often not justified by logical argument or reasoning*
- *the optimistic attitude that is furthered by Facebook communication frequently leads nowhere*

Insgesamt gilt es also, vorsichtig mit sozialen Netzen umzugehen und dadurch ihre Vorteile auszunutzen, ohne dass ihre Nachteile übermächtig werden:

- *if handled with care, Facebook can add to an innovative and optimistic life*

There is no doubt that life on Facebook is "innovative and optimistic". In many ways fictitious life and real life merge into a "feel-good" cluster of happiness and exchange. It is obvious that it works in such a way for the many people who use it, but we still need to ask if it actually offers the kind of optimism and innovation that we should target – both as individuals and as a society.

First of all, Zuckberg's own power to innovate can indeed be considered astonishing: he has changed something by elaborating on a brilliant idea, but that does not necessarily mean that Facebook members share the same innovative power, which is at least insinuated by Stengel's editorial. The hope that there is innovation on the part of the user is, for the most part, a pipe-dream. Most people's contribution to the Facebook community is, to my mind, mainly owing to an urge to be online and part of the network. Posts are formulated so that the members are present online, but the willingness to express themselves is just one side of the coin, as Stengel would probably have put it. The dark side is that this be-

haviour also originates from group pressure and the idea that the sheer quantity of friends can make you a better person. Sometimes, chatting and posting on the Net can be fruitful, such as in the Facebook community that deals with our A-level celebrations in Germany – Abimania 2012. The members have used the opportunity to form a group, to exchange and elaborate on their ideas – a successful joint venture of true democracy and party power.
If people do not have a common target, however, the quality of statements deteriorates rapidly. Verdicts are often not justified by logical argument or reasoning but by the number of followers. And how, we might add, can a follower be innovative?
Optimism that goes beyond posts like "Great night out", "Thanks for the beer, Joe" and "Looking forward to seeing you again, Lisa" is very much out of place. The optimistic attitude that is more or less required to take part in most Facebook communications frequently leads nowhere – at least not in terms of relationships. Of course, friends on the social networks can be transformed into friends in real life and vice versa, but unfortunately this is a fairly rare case (maybe, as rare as true friends are in general …). This experience results in a sad realisation: most of the platform communication is useless in the long run. It's just a waste of time and resources.
To sum up: if handled with care, Facebook, or other social networks like ICQ etc., can add to an innovative and optimistic life, but the Net can also be a hide-out from the rest of the world and a cave from which we perceive the shadows from the outside. Yet the fear that we are missing out on the real world because we are bound to or consumed by a certain scenario is an old one, which has been depicted by Plato's parable some 3,000 years ago. Mark Zuckerberg and Facebook cannot be held responsible. *(523 words)*

3.2 *Achten Sie bei der Gestaltung der Diskussion unbedingt darauf, sich auf das Szenario der „Panel Discussion" zu beziehen und die Aussagen des Gastschülers an dessen Situation anzupassen. Entscheidend für die Benotung Ihrer Antwort ist weniger die geäußerte Meinung, sondern vielmehr das Einbringen von Sachargumenten und die Verwendung eines Sprachstils, der einer Rede angemessen ist:*

- *introduce the situation (e. g. "Our next participant is our guest Frank")*
- *refer to the participant's situation ("this is only my third week at Twinkling High")*
- *include proper arguments ("Facebook provides the opportunity to get to know the friends of other people")*
- *use stylistic devices such as direct address or repetition ("Hi everybody", "Facebook is helpful")*

HEADMASTER MILLER: Our next participant is our guest Frank from Germany – the statement he posted to apply to take part in the discussion is: "Facebook is the best way to find friends and an even better way of staying friends".

FRANK: Hi everybody, thanks for having me here. I'm happy that I can be on this panel, especially as this is only my third week at Twinkling High. It's awesome here in Michigan.

(applause, he stands up)

Thanks …

(he takes a seat again and nods)

Let me start off by stating my opinion and explaining why social networks are the best help when it comes to finding and staying friends. First: Facebook is helpful because it provides the opportunity to get to know the friends of other people and make contact. For instance, Jeff from my host family – my brother over there – has got 234 friends on Facebook and 24 of them are my friends, too, already. Second: Facebook is helpful because I can post my ideas every day and my new American friends can actively take part in my life. We exchange ideas and I learn more and more about them. Third: Facebook is helpful because we can easily make arrangements. The McDonalds flash mob last Friday, for example, was the first one I joined. Great idea to come bring in Burger King crowns and order Whoppers. Fourth: Facebook is helpful for me to keep in touch with my German friends. The first thing I did when I came home on Friday was to post a video of the McDonald's manager, who freaked out when he ran out of Quarter Pounders.

Who cares if some say that social networks make you dumb? Potential dangers like abuse and addiction to quick but useless communication are usually only expressed by the older generation. … I ask you: What do we need them for? Who needs parents to poke their noses into your business? Who wants them to be there and supervise every step we take?

Who cares if some say that it's a waste of time? We know better.

Who cares if some say that Facebook may misuse our data? We know that life is good if we can share our private lives with the people we care about. It's our own decision to share our lives with our friends *(smiles)*. And in case you need a good one: look for Frank Mellmann on Facebook. Double L, double N.

I think it's a proven fact that Facebook gives us this freedom and the satisfaction resulting from it. And lately this has also been confirmed by a group of Harvard researchers: they found that revealing information about ourselves activates the same brain areas as good food and – if I may say that – the opposite sex, or according to their findings, even sex in general *(some people in the background start cheering)*. Facebook has given us democracy back and the speedy exchange in social networks is the ace we have up our sleeves. One day the Facebook generation will take over. And all our friends will join in.

(applause, he stands up and bows) *(522 words)*

Abiturprüfung NRW – Englisch Leistungskurs 2013
Aufgabe 1

Aufgabentyp: *Literarischer Text (Romanauszug); Textaufgabe mit wahlweise analytisch-interpretierendem oder anwendungs-/produktionsorientiertem Schwerpunkt*
Unterrichtsinhalte: *Post-colonialism and migration – The role of the New English Literatures: Indian and Pakistani communities in Britain*

Sunjeev Sahota: *Ours are the Streets* (extract)

In this extract, the narrator Imtiaz Raina, a second-generation immigrant from Pakistan living in Sheffield, spends the evening with his mother (Ammi), his father (Abba) and his British girlfriend Rebekah at a Pakistani restaurant.

It were then that those slappers came in, drunk. Skirts so tight their splotchy stomachs mushroomed over. They were laughing and swaying and swearing at each other and the whole restaurant sempt to straighten its back as the waiter herded them to a table. Thank fuck they weren't next to us, I thought. I could feel you were nervous, though, Abba and Ammi. The way you went quiet over your food. Like you were trying to make yourselves as small and invisible as possible. And when I said I were going to the toilet, Ammi looked frightened and asked me not to go, as if any movement away from the table were asking for trouble. Like this were our little corner and we should just stick to it.

"I won't be a sec."

"Do you need some money?" Ammi asked, reaching for her purse.

On my way back, I saw that the women were on a hen night, and that the podgy one with frizzy blonde hair piled up like a frothy pineapple had a "just married" sign hanging across her back.

"Wouldn't want to be the one marrying that," I said, retaking my seat.

"Shh!" Ammi said. "We are not making trouble."

"No one's making trouble," I said.

Abba patted his napkin neatly around his mouth. He cleared his throat. "These people are exactly what is wrong with this country." He spoke loudly, as if to show that he didn't care who heard him, but not loud enough that his voice might carry. "I am seeing it every night, Rebekah. I tell you, people were never being rude when I was first coming to this country. They had some respect," he added, angling his head to the side.

"Arré, Baba, please," Ammi said. "They will hear you." She sounded full of nerves.

"I am not afraid", Abba said, turning his volume right down. "Maybe if there were more brave enough to speak out like me we would not be having our children driving planes into buildings."

There were a yelp then, and the whole restaurant turned round to see the drunk bride tipping back in her chair, falling to the ground and taking the tablecloth and all the plates smashing with her. […]

They got louder, drunker. Ammi, I could see the sweat across your eyebrows, like you were waiting for them to pick on you. And Abba, the way you just kept on looking down at your food. You looked scared. […]

It were one of those times when I felt as if there were something that didn't quite fit about my mind, as if it had been put together in the dark. I'd've carried on and all, twisting and twisting it in, if the drunk bride hadn't turned up at our table, swaying beside Abba.

"'Scuse me, love. But you wouldn't be a star and take a photo of us all for me, would you?" She held out a cheap camera.

"Here, I'll take it," Rebekah said.

"No, no," Abba said, as if to prove a point. "I can take it."

The woman went back to her table, sitting on someone's knee. Abba held the camera to his eye and clicked once.

"Ta, love," she said, and took the camera back. "Here, how about me and you have one taken, too?"

Abba looked pained. "No, no. Thank you, but I am sorry."

"Aw, don't be all shy. It's me wedding tomorrow. I'm getting married!"

"My congratulations," Abba said.

"Here, Wendy! Take a photo of me with this here mister. It'll be a nice touch for the album."

A beanpole of a woman with a helmet of black hair and a tattoo of a sun on her shoulder came and took the camera. The bride crouched down and threw her arm around Abba's shoulder. The stench of beer and smoke came off her in fat waves.

"Give him a kiss!" Wendy said.

The bride puckered up.

"Please," Abba said, "you are shaming me. I am sorry." There were bright sweat on his forehead.

"Just a teeny-weeny kiss."

"I am sorry."

He kept on saying that like it were the only three words he knew. The whole restaurant were watching. She didn't care.

"Come on. Cop a feel of them if it makes you feel any better." She jiggled her tits in his face.

"Please. I am sorry."

"Don't be sorry, love. We're all same underneath, ain't we?"

"Not a tit man, is he?" Wendy diagnosed. "Some blokes aren't, are they?"

"That true, love?" I looked up. She were talking to Ammi. "Woman to woman. Your fella here not a tit man."

My fist came down on the table. The cutlery jumped. "Get the fuck lost."

(790 words)

From: Sunjeev Sahota, Ours are the Streets, *London: Picador 2011, pp. 44–50*

Annotations:

l. 1 *were: here* was

l. 1 *slapper:* pejorative expression for a woman with loose sexual morals

l. 1 *splotchy stomachs: here* the skin on the women's bellies looks unattractive, showing large marks or stains

l. 3 *sempt: here* seemed

l. 10 *sec:* second

l. 12 *podgy: colloquial* short and fat

l. 24 *Arré:* Urdu exclamation expressing annoyance, surprise or an attempt to attract someone's attention

ll. 39, 45, 66, 68 *love: here* informal way of addressing a stranger

l. 67 *a tit man: here* a man who gets sexual pleasure from a female breast

Aufgabenstellung

		Punkte
1.	Describe the situation and the characters' behaviour as presented in this extract. *(Comprehension)*	16
2.	Analyse the way the relationships between the different characters and groups are presented. Consider narrative techniques and use of language. *(Analysis)*	24
3.	Choose **one** of the following tasks:	
3.1	At some point Imtiaz' father says, "Maybe if there were more brave enough to speak out like me we would not be having our children driving planes into buildings" (ll. 26–28). Comment on this remark, also referring to your knowledge about the situation of ethnic communities in Great Britain. *(Evaluation: comment)*	20
3.2	Later that night Imtiaz' pregnant British girlfriend Rebekah, who intends to marry him, thinks about the events at the restaurant. Write an interior monologue that reflects her view of the situation and her feelings. *(Evaluation: re-creation of text)*	20

Lösungsvorschläge

1. *Gemäß der Aufgabenstellung sollten Sie zunächst die Ausgangslage beschreiben. Die Situation ergibt sich aus der Konstellation der Charaktere und aus dem Handlungsort:*
   - *Imtiaz Raina, his Pakistani parents and his British girlfriend have dinner at a Pakistani restaurant*
   - *the peacefulness of the setting is spoiled by the entrance of a group of young, lower-class British girls, who are having a hen party*

   Die Verhaltensmuster zwischen den pakistanischen Einwanderern und den Engländerinnen auf Jungesellinnenabschied unterscheiden sich sehr stark, sodass es sich anbietet, beide gegenüberzustellen. Im vorliegenden Vorschlag wird mit den jungen Engländerinnen begonnen:
   - *their manners deteriorate: the bride falls off her chair and smashes everything*
   - *she asks Abba, Imtiaz' father, to take a photograph and then molests him*

   Die Familie des Erzählers dagegen verhält sich dem Handlungsort absolut angemessen, ruhig und gesittet. Ihre Verhaltensmuster sind hierbei gleichzeitig durch ihren kulturellen Hintergrund geprägt:
   - *the mother seems to have a particularly subordinate position*
   - *the father first pretends that he can handle the situation but fails*

   Rebekah und Imtiaz versuchen, die Situation zu retten, sind aber nicht erfolgreich. Am Ende muss Imtiaz laut werden, um seinen Vater vor den Übergriffen der Braut zu retten:
   - *Rebekah tries to protect the family by offering to take the picture*
   - *in the end Imtiaz' emotions erupt in a violent gesture and bad language.*

The narrator Imtiaz Raina and his parents, who once emigrated from Pakistan, are having dinner at a Pakistani restaurant in Sheffield. His British girlfriend Rebekah has joined them. The excerpt begins with the entrance of a group of young, lower-class British girls, who are having a hen party. By their drunkenness everybody can tell that they started their night quite a while ago and accordingly they display increasingly uneducated and rude behaviour. Step by step the peaceful atmosphere of the restaurant is ruined.

At first they simply annoy the narrator with their sloppy looks and their tasteless (much too tight) skirts. In a nutshell, they are loud and cheap. After a while the bride falls off her chair and smashes everything that had been on the girls' table. Later she wants Abba, Imtiaz' father, to take a picture of her and her group. Then she insists on having a photograph shot of her and the Pakistani gentleman. She molests him and goes far too far by misusing the situation to sexually harass him, too.

In contrast, the Pakistani family behaves in accordance with an educated code of conduct. They know how to handle napkins, forks and knives and they talk in low voices in order to avoid disturbing the other guests. Ammi, the mother, sticks to her traditional role and seems to have a particularly subordinate position within her party. She is afraid that a member of her family could create a conflict by uttering their disgust for the hen party. She even tells her family off although they are the ones who are victimized by the girls' bad behaviour. The father tries to pretend that he can handle the situation and that he can clearly speak out his anger. However, it turns out that he cannot live up to this. Instead, he is numbed by his cultural background and confined to repeatedly apologizing for the situation because he cannot find a proper way out of it. The narrator's girlfriend, Rebekah, tries to avoid a conflict by offering at once to take the photograph. However, Abba insists on taking the picture himself. The narrator is initially willing to accept his and his parents' cultural confusion, but at the very end of the extract his emotions erupt in a violent gesture and bad language. *(383 words)*

2. *Im gegebenen Ausschnitt geht es um familieninterne sowie -externe Beziehungen. Beide sind konfliktbehaftet und werden durch den Handlungsort verstärkt:*
   - *the relationships between the characters and groups are marked by cultural, class-related and generational conflicts*
   - *the intercultural setting serves as a mirror for the rising tensions*

   Die Spannungen zwischen den Engländerinnen und Imtiaz' Familie werden vom Autor durch eine Schilderung des unangemessenen Auftretens der jungen Frauen einerseits und der Reaktion der Familie andererseits dargestellt. Beides geschieht mit Hilfe der Erzähltechnik und der verwendeten Sprache:
   - *the girls' looks are described as cheap and unsophisticated and they obviously do not keep in shape*
   - *the narrator expresses his opinion that the whole group lacks culture – like animals who have to be "herded" (l. 3) to their table*
   - *the girls' conduct and the way they speak complete the picture of a working-class party*
   - *the Pakistani family attempts to avoid establishing any relationship with the drunken girl at all, fails and then fails to handle the situation*

   Die Beziehungen innerhalb der Familie resultieren aus den Unterschieden zwischen der ersten und der zweiten Generation von Einwanderern:
   - *the first-person narrator evaluates his parents' behaviour using positive adjectives but feels confused*
   - *the violent outburst at the end of the text symbolizes deterioration and adaptation at the same time: it represents a loss of manners but also solves the conflict with the strangers*

The relationships between the characters and groups are marked by cultural, class-related and generational conflicts. The contrast between the British "slappers" (l. 1) and the narrator's family is shown by strong differences in looks and language (visible both in the narrative and the dialogue). The Pakistani restaurant – in itself proof of a peaceful intercultural environment and a setting that requires a certain code of conduct – serves as a mirror for the rising tensions. Even within Imtiaz' family intercultural differences are tangible. However, neither the British-born narrator's capacity to adapt to the country's youth culture nor the fact that his girlfriend is actually British bring about any severe tensions: the generation gap rather seems to cause confusion in the narrator (cf. ll. 35/36). The Pakistani family's internal relationships and feelings are mainly depicted by the use of metaphorical actions as well as by the revelation of the narrator's thoughts.

The British girls' looks are cheap and unsophisticated and identify them as working-class people. They apparently do not keep in shape as their bellies "mushroom" (l. 2) over their skirts and they have tattoos (cf. l. 52). The bride's hair is described as "frizzy blonde" (l. 13), which completes the cliché of the empty-headed city girl and, at the same time proves that she does not comb her hair often enough. Accordingly, the narrator's derogatory choice of words insinuates that the whole group lacks any culture – they are like animals that have to be "herded" to their table (l. 3). The girls' conduct and the way they speak strengthen the impression that the guests of the hen party fail to meet basic social standards. They address Abba using slang (e.g. "Ta", l. 45) and – from his perspective – far too intimately (cf. ll. 45–66). They shorten their sentences until they are grammatically incorrect: "Your fella here not a tit man" (l. 69). The group's determination to interfere with the peaceful dinner of Imtiaz' family is further stressed by the frequent use of exclamation marks (e.g. ll. 48, 50, 55) and questions, which first only bother the family and then bluntly harass Abba (cf. ll. 39/40, 45/46, 66–68).

At first, the Pakistani family's reaction is marked by the attempt to avoid establishing any relationship with the drunken girl at all. The code-switching ("Arré") in line 24, for example, can be seen as an indication that they would like to retreat to their own, secluded world – to a safe haven from the "slappers" (l. 1). While Abba displays good education and Ammi indicates to her son and her husband that they should be quiet to avoid trouble, the first-person narrator evaluates his parents' behaviour using positive adjectives and adverbs (e.g. "neatly", l. 18). Later he perceives their true feelings and that their insecurity is openly shown by the "sweat across [their] eyebrows" (l. 32) or by the fact that they look down (cf. ll. 33/34). He describes that there is a contrast between what Abba does and says, which seems to be a focal point of the scene. First, he clears his throat (cf. l. 18) – both physically and metaphysically – in order to speak out freely and loudly but then fails to overcome his cultural inhibitions, his restraint and his fear: "I am not afraid", he claims, but then he turns "his volume right down" (l. 26). This indirectly characterizes him as being scared, which then is confirmed by the next part of the narrative, where Imtiaz notes that this father "looked scared" (l. 34).

The rising conflict after Abba has accepted the challenge to take a photograph of the girls is depicted by an exchange of rather short utterances (cf. ll. 40–60). His victimization by the increasingly embarrassing behaviour of the drunken bride (cf. ll. 53/54) is then expressed by his urge to apologize even though he is the one being offended. Here, the author uses an almost constant repetition of the words "I am sorry" (ll. 47, 57, 60, 65) to symbolize the character's desperation and helplessness.

Because Abba is not able to fight off Wendy by maintaining his cultured behaviour and by keeping to the rules of his culture, Imtiaz takes action. The bride's talk about Abba not being a "tit man" (ll. 67, 69) is the last straw. However, the decisive moment when the narrator's clenched fist comes down on the table is double-edged. It can be understood as a necessary adaptation to a British environment but the physical violence and Imtiaz' bad language also turn it into something negative: the fact that the "cutlery jumped" (l. 70) mirrors the destruction of a certain order. In other words, when Imtiaz tells the bride to "[g]et the fuck lost" (l. 70) this also signals a turning point or loss in the family order.

(803 words)

3.1 *Die Grundaussage Ihres Kommentars steht Ihnen selbstverständlich frei. Im vorliegenden Fall haben Sie also entweder die Möglichkeit, der im Zitat geäußerten Auffassung zuzustimmen, sie abzulehnen oder sie in Teilen zu befürworten. Der vorliegende Lösungsvorschlag stimmt in Teilen zu und identifiziert daher zunächst, welche Aspekte sinnvoll erscheinen und welche weitergehende Fragestellung sich daraus ableitet:*

- *Imtiaz' father overgeneralizes and turns the problem of a small group of rowdy people into a(n inter-)cultural phenomenon.*
- *are people who are forced to live in two different cultural – also: religious – spheres liable to react more violently?*

Die differenzierte Stellungnahme erfordert anschließend eine Bezugnahme auf den Ausgangstext und auf Ihr Vorwissen zu den Bereichen „Colonialism", „ethnic communities in Britain", „Western traditions" oder auch „Globalization". Im Folgenden wird beispielhaft auf 9/11 eingegangen, da innerhalb des Zitats ein Bezug hierzu hergestellt wird:

- *on a fictional level, Imtiaz' outburst seems to verify Abba's thesis*
- *on a non-fictional level, this effect cannot be proven*
- *for example, Osama Bin Laden never lived as an immigrant in the USA*
- *militant religious and/or migrant groups have undoubtedly played a major role in social unrest but their reasons were mainly economic*

Abschließend wird der Antwort noch eine Zukunftsperspektive angefügt:

- *if British and American politics can achieve economic equality, full integration will follow*

By stating that the children of immigrants would not have to become terrorists if more people spoke their mind, Imtiaz' father overgeneralizes and turns the problem of a small group of rowdy people into a cultural or intercultural phenomenon. Additionally, Abba's claim obviously refers to 9/11 and the "planes" (l. 28) that were flown into the twin towers of the World Trade Center. This insinuates that he apparently draws a line between Western cultures and Middle Eastern, Muslim-oriented countries, which contributes to the impression that he is simplifying the world unduly.

The underlying difficulty, however, remains: are people who are forced to live in two different cultural and religious spheres liable to react violently and become human weapons in a war of cultures if they cannot match the needs of both these entities?

On a fictional level, Imtiaz' outburst seems to verify Abba's thesis because he certainly overcompensates for his father's failure and maybe goes too far in the end (cf. l. 70). On a non-fictional level, this effect cannot be proven. Osama Bin Laden, for example, the former leader of Al Quaida and responsible for the fiercest terrorist attack on the USA, never lived in the USA for a longer period of time. Admittedly, he might have been exposed to cultural frictions and even unpleasant experiences in Europe or during short trips to the US. He might have seen women like those in the extract or other groups that actively or passively offended him. He might have encountered passive aggression, or people who did not behave sensitively towards him. He might also have encountered bystanders who had never even thought about countering offences rooted in cultural differences.
Yet everything which goes beyond this would clearly be pure speculation. Outbursts of violence which are seemingly initiated by migrant groups or sometimes even religious minorities – take the recent riots in London, Paris or Marseilles, for example – cannot help us to find an appropriate answer either. Even though second- or third-generation immigrants were involved and undoubtedly played a major role in some cases, the underlying reasons are economic. In contrast to their parents, second-generation immigrants face the (final) collapse of their dream. In other words, each of the periods of unrest is largely due to social disparities which merely happen to be cross-related to cultural differences. If British and American politics can achieve economic equality, full integration will follow.

(398 words)

3.2 *Bei dieser kreativen Aufgabe wird von Ihnen erwartet, dass Sie sich in die Situation, die Denkweise und auch den Sprachgebrauch des Charakters Rebekah einfühlen.*

- *Stellen Sie einen Bezug zur Situation im Restaurant her ("I can still taste that great curry I had in that restaurant today.")*
- *Geben Sie Rebekahs Gedanken über die anderen Charaktere wieder ("And I'm sure Imtiaz isn't sleeping right now either")*
- *Lassen Sie Rebekah ihr eigenes Verhalten hinterfragen ("Why couldn't I have taken the picture?")*

Über die Denkweise und den Sprachgebrauch können Sie natürlich nur Vermutungen anstellen, aber man kann z. B. von einer grundlegenden Anspannung (Treffen mit möglichen Schwiegereltern) ausgehen. Der innere Monolog wird gleichwohl eher von einem etwas lockeren Umgang mit Sprache gekennzeichnet sein (vergleiche Imtiaz):

- *Beschreiben Sie Ihre Gedanken und Gefühle ("Wanted to make a good first impression"; "Will they think that all young girls in Sheffield are like that?"; "Well, maybe I'll invite his parents over to my place ...")*
- *Verwenden Sie authentische Sprache ("that girl drinks like a fish"; "how that girl smelled of beer.")*

Oooops. Can still taste that great curry I had in that restaurant today, and I can still remember how that girl smelled of beer. Disgusting how nasty her breath was. Can't believe it. Shit. And I'm sure Imtiaz isn't sleeping right now either. How he hit the table with his fist ... Ouch. Never done that before – not that I know of at least. But he is such a good guy, the one I will marry some day. Hopefully.
Why couldn't I have taken the picture? That would have done it. Why was Abba so stupid? Well, he wasn't exactly stupid, was he? But it ruined the night anyway. Too bad. I'd been looking forward to it for so long. I just wanted to make a good impression again because I think they're still somewhat sceptical because life between two cultures won't be easy for us. And not for our kid either. And now? Will they think that all young girls in Sheffield are like that? Or worse: do they think that all British girls are drunken slappers ...? Well, that wouldn't be fair – they should see Mina, I mean that student whose parents are from Islamabad I think. The capital of Pakistan, right? She's a Pakistani – and her manners aren't really any better than the frizzy blonde one's.
I should have insisted, I guess. Just grabbed the camera, but maybe that would have insulted Abba, too. No, it was the frying pan or the fire. I felt so sorry for him. What a shame but what can I do about it? Well, maybe I'll invite his parents over to my place and cook dinner for them next week. Curry maybe – that's what I do best. No wait, that's completely stupid. Come on, Rebekah. What about mac and cheese? That's British, isn't it? *(303 words)*

Abiturprüfung NRW – Englisch Leistungskurs 2013
Aufgabe 2

Aufgabentyp: *Sach- und Gebrauchstext (Kommentar der internationalen Presse); Textaufgabe wahlweise mit analytisch-interpretierendem oder anwendungs-/produktionsorientiertem Schwerpunkt*
Unterrichtsinhalte: *Utopia and dystopia – exploring alternative worlds; Science and ethics: genetic engineering; Globalization – global challenges; Economic and ecological issues*

Engineering food for all by Nina V. Fedoroff

Nina V. Fedoroff, professor of biology at Pennsylvania State University, is a leading geneticist and molecular biologist. From 2007 to 2010 she worked as a science and technology adviser to the Bush administration.

Food prices are at record highs and the ranks of the hungry are swelling once again. A warming climate is beginning to nibble at crop yields worldwide. The United Nations predicts that there will be one to three billion more people to feed by midcentury.

Yet even as the Obama administration says it wants to stimulate innovation by eliminating unnecessary regulations, the Environmental Protection Agency wants to require even more data on genetically modified crops, which have been improved using technology with great promise and a track record of safety. The process for approving these crops has become so costly and burdensome that it is choking off innovation.

Civilization depends on our expanding ability to produce food efficiently, which has markedly accelerated thanks to science and technology. The use of chemicals for fertilization and for pest and disease control, the induction of beneficial mutations in plants with chemicals or radiation to improve yields, and the mechanization of agriculture have all increased the amount of food that can be grown on each acre of land by as much as 10 times in the last 100 years.

These extraordinary increases must be doubled by 2050 if we are to continue to feed an expanding population. As people around the world become more affluent, they are demanding diets richer in animal protein, which will require ever more robust feed crop yields to sustain.

New molecular methods that add or modify genes can protect plants from diseases and pests and improve crops in ways that are both more environmentally benign and beyond the capability of older methods. This is because the gene modifications are crafted based on knowledge of what genes do, in contrast to the shotgun approach of traditional breeding or using chemicals or radiation to induce mutations. The results have been spectacular.

For example, genetically modified crops containing an extra gene that confers resistance to certain insects require much less pesticide. This is good for the environment because toxic pesticides decrease the supply of food for birds and run off the land to poison rivers, lakes and oceans.

The rapid adoption of genetically modified herbicide-tolerant soybeans has made it easier for farmers to park their plows and forgo tilling for weed control. No-till farming is more sustainable and environmentally benign because it decreases soil erosion and shrinks agriculture's carbon footprint.

In 2010, crops modified by molecular methods were grown in 29 countries on more than 360 million acres. Of the 15.4 million farmers growing these crops, 90 percent are poor, with small operations. The reason farmers turn to genetically modified crops is simple: yields increase and costs decrease.

Myths about the dire effects of genetically modified foods on health and the environment abound, but they have not held up to scientific scrutiny. And, although many concerns have been expressed about the potential for unexpected consequences, the unexpected effects that have been observed so far have been benign. Contamination by carcinogenic fungal toxins, for example, is as much as 90 percent lower in insect-resistant genetically modified corn than in nonmodified corn. This is because the fungi that make the toxins follow insects boring into the plants. No insect holes, no fungi, no toxins.

Yet today we have only a handful of genetically modified crops, primarily soybeans, corn, canola and cotton. All are commodity crops mainly used for feed or fiber and all were developed by big biotech companies. Only big companies can muster the money necessary to navigate the regulatory thicket woven by the government's three oversight agencies: the E.P.A., the Department of Agriculture and the Food and Drug Administration.

Decades ago, when molecular approaches to plant improvement were relatively new, there was some rationale for a cautious approach.

But now the evidence is in. These crop modification methods are not dangerous. The European Union has spent more than $425 million studying the safety of genetically modified crops over the past 25 years. Its recent, lengthy report on the matter can be summarized in one sentence: Crop modification by molecular methods is no more dangerous than crop modification by other methods. Serious scientific bodies that have analyzed the issue, including the National Academy of Sciences and the British Royal Society, have come to the same conclusion.

It is time to relieve the regulatory burden slowing down the development of genetically modified crops. The three United States regulatory agencies need to develop a single set of requirements and focus solely on the hazards – if any – posed by new traits.

And above all, the government needs to stop regulating genetic modifications for which there is no scientifically credible evidence of harm. *(766 words)*

Nina V. Fedoroff: Engineering Food for All. From The New York Times, Aug 18, 2011.

Annotations:
l. 5 *Environmental Protection Agency:* a US government organization that establishes rules and standards for protecting the environment
l. 23 *shotgun approach:* a method that relies on chance and luck
l. 42 *carcinogenic fungal toxins:* poisonous substances produced by fungi and likely to cause cancer
l. 47 *canola:* a plant that is used to make cooking oil

Aufgabenstellung

Punkte

1. Outline Fedoroff's views on genetically modified crops in the context of the global food crisis and the policies of the Obama administration. *(Comprehension)* 16

2. Analyse the way Fedoroff tries to convince the reader of her views. Take into consideration her use of language, the line of argument and persuasive techniques. *(Analysis)* 24

3. Choose **one** of the following tasks:

3.1 Discuss Fedoroff's scientific and political views using your knowledge of genetically modified food and of other aspects of genetic engineering. *(Evaluation: comment)* 20

3.2 Imagine you are an environmental activist. Write a letter to the editor of *The New York Times* in which you comment on Fedoroff's scientific and political views. *(Evaluation: re-creation of text)* 20

Lösungsvorschläge

1. *Hier sollen Sie die Auffassungen der Verfasserin Nina Fedoroff bezüglich eines unlimitierten Einsatzes von Gentechnik in der Landwirtschaft skizzieren. Hierzu gehört zunächst die Grundaussage, dass aufgrund der zukünftigen Nachfrage nach Nahrungsmitteln eine Ausweitung der genetischen Forschung unabdingbar ist. Diese differenziert die Autorin im Folgenden dann durch Beispiele:*
   - *she supports the opportunity to feed the growing and ever more demanding population of the world provided by creating genetically modified crops*
   - *her positive examples include modified genes that protect plants from disease, insects or fungi*

   Darüber hinaus geht Fedoroff auf die angeblichen Versäumnisse des Weißen Hauses ein, das sich ihrer Auffassung nach nicht hinreichend mit der von ihr beschworenen Lebensmittelkrise auseinandersetzt und die Gesetze lockert:
   - *to her, the Obama administration poses a threat to scientific progress*
   - *she claims that the future of our planet depends on a change*

   Nina V. Fedorow advocates an uncritically positive perspective of genetic engineering. Her creed as well as her target are summed up in the title of the article: "Engineering food for all". She supports the opportunity to feed the growing and ever more demanding population of the world provided by creating genetically modified crops and livestock. We cannot only solve our future problems and supply enough food to feed the increasing population but we can also produce sufficient crops to feed the rising numbers of animals necessary to satisfy the palates of the new affluent.

   Potential risks are blanked out or denied; mainly on the basis of a large-scale study by the European Union and the assumption that genetic engineering has overcome its initial difficulties and is now far superior to traditional methods. Her positive examples include modified genes that protect plants from disease, insects or fungi or enable genetically modified farming systems that she claims need less pesticides.

   To her mind, the Obama administration poses a threat to scientific progress because it fails to relax state regulations that challenge the rather free type of testing many geneticists have in mind. From Fedoroff's perspective the rules imposed on scientists by the three United States regulatory agencies are a nuisance. On this basis she formulates her claim that the future of our planet depends on a change in White House policy. *(230 words)*

2. *Die Aufgabenstellung gibt Ihnen scheinbar eine relativ klare dreiteilige Gliederung ihrer Antwort vor. Um Fedoroffs Text zu analysieren, sollen Sie Sprache, Argumentation und die Techniken, die die Autorin einsetzt, ihre Leser von ihrer Meinung zu überzeugen, untersuchen. Sie können nun entweder alles nacheinander abhandeln oder wie im vorliegenden Lösungsvorschlag den umfassendsten Aspekt als Gliederungshilfe nutzen. Der Vorteil: Wenn Sie sich an der Argumentationskette entlang hangeln, vermeiden Sie unnötige Wiederholungen:*
- *Fedoroff employs a fairly clear and simple line of argument that consists of five distinct parts*
- *it is characterized by selective information (facts and figures), figurative language, buzz words and evaluating adjectives*

Differenzieren Sie danach Ihre Ergebnisse im Hinblick auf jeden der genannten Aspekte:
- *Fedoroff selectively references the UN and dramatizes the picture by using flowery and metaphorical language*
- *she uses evaluating adjectives to establish a contrast between good technology and evil political restrictions*
- *in contrast, negative impacts of genetic engineering are labelled "myths"*

Fedoroff employs a fairly clear and simple line of argument that is characterized by her giving selective information. In the course of her article she uses figurative language, (positive as well as negative) buzz words, evaluating adjectives and other persuasive techniques such as the use of facts and figures.
The structure of the argument consists of five main parts, starting with a teaser (cf. ll. 1–3), featuring a short description of the current and truly problematic situation (cf. ll. 1–3). Then, in the second paragraph, the author refers to the Obama administration's lack of determination (cf. ll. 4–9) and goes on to elaborate on her positive attitude towards the genetic modification of crops (cf. ll. 10–15). Even though in the following her opinion is somewhat supported by examples from the past and an outline of future necessities and opportunities, most of her claims are left unproven. Later, the author proceeds to weaken the arguments of her opponents and then draws her personal conclusion, which ends with a political appeal.
At the beginning of the article, Fedoroff selectively references the UN and dramatizes the picture by using flowery and metaphorical language. It is most impressive when she assesses that "the ranks of the hungry are swelling once again" (l. 1) and will continue to do so unless we deploy the latest genetic procedures. Most readers, at this point, are likely to recall a vivid mental image of starving (African) children which they will have seen on the news or the internet.
In the second paragraph, evaluating adjectives help to establish a contrast between good and evil, i. e. between "technology with great promise" (l. 7) and "unnecessary regulations" (l. 5). To show Obama's indecisiveness and consequent failure Fedoroff uses a whole series of concessions ("Yet", "even", ll. 4–6) and words with strong negative connotations ("burdensome", l. 8; "choking off", ibid.).

In the following the author takes into account the past and the future in order to create an (at least seemingly) impressive outlook. Again she provides the reader with selective information by concentrating on the positive results of genetic engineering. However, as she does not even name these effects properly, it seems as if she were trying to overgeneralize singularities (cf. ll. 24–27). The incompleteness of Fedoroff's argument also shows when she concentrates on relatively minor issues in order to stress the benefits of genetic manipulation (e. g. l. 30).
In a nutshell, Fedoroff merely formulates a series of claims which lack differentiation and can be summed up in the catch-phrase expressing the notion that "[t]he results have been spectacular" (ll. 24/25).
When addressing the criticism which has been put forward with regard to biotech companies, Fedoroff pays a great deal of attention to her choice of words, which helps to discredit her opponents. Potentially negative impacts of genetic engineering are labelled "myths" (l. 38); basic regulations become a "thicket" (l. 49).
In her conclusion, Fedoroff creates a contrast between the past and the present. By vaguely talking about the time "decades ago" (l. 52) she shows how far away and outdated a rationale for a very cautious approach actually is. "Now" (l. 54) "it is time" (l. 61), claims the author, for us to act in accordance with her gross simplification: To her, "crop modification methods are not dangerous" (l. 54) and consistently she formulates an (indirect) appeal that the government should "stop regulating" them (l. 65). *(575 words)*

3.1 *Hier wird eine Diskussion verlangt, die in der klassischen Form das Für und Wider der Gentechnik gleichberechtigt abhandelt. Andere Formen der Diskussion (vgl. Kapitel „Hinweise und Tipps") erlauben es Ihnen aber auch, klar Stellung zu beziehen und die entsprechenden Gegenargumente lediglich wertend zu berücksichtigen. Der vorliegende Lösungsvorschlag orientiert sich an diesem Muster. Zunächst wird die Schlagrichtung der Argumentation offenbart:*
- *the article blends science, economics and politics into something dangerous*

Führen Sie anschließend die entsprechenden Argumente an und entkräften (alternativ: bekräftigen) Sie diese durch relevantes Vorwissen:
- *by attacking the Obama administration because of its restrictions Fedoroff slaves for an overpowering food mafia*
- *she wrongly equates quantity with quality of food*
- *reducing the (American) people's diet to moderation would do the trick, too*
- *genetically modified corn, for instance, cannot be kept from spreading*
- *food-producing companies are playing Monopoly with our farmlands and with the people*

Der Lösungsvorschlag endet schließlich mit dem eindeutigen Fazit, dass Menschen oftmals Ihre Verantwortung vergessen, wenn sie keine Regeln befolgen müssen:
- *they get carried away by the sheer magic of their own thoughts and venture into an inventive and completely uncontrollable world*

Fedoroff recklessly blends her scientific competence and her political, and perhaps economic, interests into a dangerous, genetically altered cocktail. However, if we drink from that bitter cup, we might suffer badly.
Fedoroff fails to act responsibly because she does not hold the neutral and critical position of a scientist but selectively informs the reader in order to achieve a specific target: the more or less complete freedom of research without any moral code or responsibility. By attacking the Obama administration because of its restrictions she perfectly matches the demands of an overpowering food mafia, which in her own words could be described as a "thicket" (l. 49) indeed. If it keeps growing wildly, this food mafia might one day be the only source of food and then admittedly might feed the people just as Fedoroff claims, but with a twist: those who earn enough money will live, whereas those without will starve to death.
Indeed, Fedoroff is single-minded in many ways: she centres on the quantity of the harvest and pretends that this is the only relevant criterion for a 'good crop'. By doing so she equates quantity with quality, which *are* really two entirely different things. In fact, her claim that genetically modified foodstuffs possess a 'higher quality' is extremely annoying to anybody who knows how real organic corn actually tastes and how fatty and disgusting the newly designed crops from the supermarkets are in comparison. Effective farming undoubtedly is a good thing but Fedoroff fails to explain that it was not even necessary to improve on it further – all we need is to reduce the (American) people's diet to moderation instead of trying to earn an extra buck by piling on layer after layer of fat onto people's bodies.
There is another issue which Fedoroff fails to mention. How can she, as a political adviser, ignore the replacement of a sheer endless variety of crops by single designer plants which are of a more robust 'nature', if we still want to use this word here. Genetically modified corn, for instance, cannot be kept from spreading into areas that were formerly dedicated to organic land use. For economic and for Darwinist reasons it has already driven too many old species out of our fields and if we do not pay attention, genetic modification will continue destroying the variety on our planet.
Huge food-producing companies are playing Monopoly with our farmlands and with the people, and every further genetic manipulation may give them the chance to conquer the board completely. Why not invent a plant that is the only one that can tolerate a specific herbicide and then sell both the plant and the herbicide? Killing everything else earns you a lot of money, doesn't it? What about altering water by adding a newly designed – completely harmless – form of life and thus ascribing it a genetic fingerprint? Can the company then claim the rights to this resource?
In conclusion, we can assess that a lack of regulation may potentially court greed and megalomania: human beings can get carried away by the sheer magic of their own thoughts and venture into an inventive and completely uncontrollable world: unlimited tinkering with genes is dangerous. *(532 words)*

3.2 *Hier geht es zunächst darum, dass Sie die Form eines Briefes an den Herausgeber einer Zeitung einhalten:*

- *Geben Sie Absender und Empfänger an und denken Sie sich dafür eine beliebige Adresse aus.*
- *Verwenden Sie eine passende Anrede und Grußformel.*
- *Nennen Sie zu Beginn den Grund Ihres Briefes ("I read Nina Fedoroff's leading article.")*

Erläutern Sie anschließend den Kontext, aus dem Sie (angeblich) stammen, und führen Sie Ihre Meinung aus:

- *Verweisen Sie z. B. auf Ihre eigene Situation/Erfahrung ("I've been trying to re-establish an organic farm.")*
- *Beziehen Sie den Artikel von Fedoroff ein ("Those responsible for my father's suicide are the same people Fedoroff talks about"; "a biased and limited view of our country and the world")*
- *Formulieren Sie eigene Thesen ("Freedom for the American people is only possible if the freedom for corporations is restricted") und evtl. einen Appell an den Leser ("Say NO to genetically modified food").*

Steven Stramph
23 Beechwood Drive
57LK588A
Long Hill, N.J.

The New York Times
Chenan Avenue 65, Postbox 5426
New York
FG658F7

8/25/11

Dear Sir or Madam,

It's one week since I read Nina Fedoroff's leading article, "Engineering food for all" (August 18). To be perfectly honest I am still dumbfounded by the realization that our former Republican government trusted in advisers who have such a biased and limited view of our country and the world.

I am a farmer myself and I have been trying to re-establish an organic farm in my hometown in New Jersey. For generations my ancestors (who came here from Austria as early as the 18th century) have cultivated our land until my father ran into debt as a contract producer and had to give up his business in 1988. He killed himself one year later.

Those responsible for my father's suicide are the same people Fedoroff talks about. The same greed that was inflicted upon my dad is still there. Genetic Engineering has even made it bigger, more evil and more powerful. Big companies have taken over – we, the people, have lost our freedom to them. They exploit the land and they rule our lives. We can no longer choose if we want to eat genetically modified food or not. We have to. Our choice is restricted to picking a brand name from the shelf but they all belong to the same multinational companies which have conquered the market completely.

Our country needs regulatory agencies because they contribute to giving back freedom to the small-scale landholder and to revitalizing the promises made by the Homestead Act and by our constitution. Freedom for the American people is only possible if the freedom for corporations is restricted. We cannot accept that scientists are destroying the country by genetically modifying nature. Nature that our great poets have described and praised and that has been given to us by our Lord. Mutations pose a risk to His creation and our only hope is to maintain and even strengthen our regulatory agencies.
We sincerely hope that President Obama will stay strong and persevere, that he has found better counsellors and that they will find a way to make the American people aware that we are on the wrong track. Say NO to genetically modified food, go to your local farmers' market, eat organic quality food, and, by all means, vote for the Democrats!

Yours faithfully,
Steven Stramph, Long Hill, N.J. *(390 words)*

Abiturprüfung NRW – Englisch Leistungskurs 2014
Aufgabe 1

Aufgabentyp: *Literarischer Text (Romanauszug); Textaufgabe mit wahlweise analytisch-interpretierendem oder anwendungs-/produktionsorientiertem Schwerpunkt*
Unterrichtsinhalte: *British and American traditions and visions – Britain's past and present: from Empire to Commonwealth, monarchy and modern democracy*

Andrea Levy: *Small Island* (extract)

This is the beginning of Levy's novel.

Prologue: Queenie

I thought I'd been to Africa. Told all my class I had. Early Bird, our teacher, stood me in front of the British flag – she would let no one call it the common Union Jack: "It's the flag of Empire not a musical turn." And I stood there as bold as brass and said, "I went to Africa when it came to Wembley." It was then that Early Bird informed me that Africa was a country.

"You're not usually a silly girl, Queenie Buxton," she went on, "but you did not go to Africa, you merely went to the British Empire Exhibition, as thousands of others did."

It was a Butchers' Association trip. Every year there was an outing organised for the butchers, the butchers' wives and children and even the butchers' favourite workers. A day out. Mother liked to go. "It's like a holiday," she would say to Father. [...]

Hundreds and hundreds of people were tramping in through the gates of the exhibition, past the gardens and the lakes. Or milling about, chatting. Little kids being dragged to walk faster. Women pointing, old men wanting a seat. "Over here! No, over here ... Over here's better." The Empire in little. The palace of engineering, the palace of industry, and building after building that housed every country we British owned. Some of them were grand like castles, some had funny pointed roofs and one, I was sure, had half an onion on the top. Practically the whole world there to be looked at.

"Makes you proud," Graham said to Father.

At which Father looked his butcher's boy up and down for a minute and said, "Will you listen to him?"

There was a lot of discussion about what we should see – the whole world and only one day to see it. [...]

That's when we got lost in Africa. We wandered in, following the syrupy-brown smell of chocolate. Emily trailed behind Graham only looking at me every so often to shout "Come on – hurry up". I wanted one of the cups of cocoa that everyone was sipping but instead Emily pulled me by one of my pigtails and told me to keep up.

Then we found ourselves in an African village with Graham looking around himself, scratching his head and telling Emily he was wanting the toilet.

We were in the jungle. Huts made out of mud with pointy stick roofs all around us. And in a hut sitting on a dirt floor was a woman with skin as black as the ink that filled the inkwell in my school desk. A shadow come to life. Sitting cross-legged, her hands weaving bright patterned cloth on a loom. "We've got machines that do all that now," Graham said, as Emily nudged him to be quiet. "She can't understand what I'm saying," Graham explained. "They're not civilised. They only understand drums." The woman just carried on like she'd heard no one speak – pushing her stick through the tangle of threads.

"Have you seen the toilet?" Graham asked her, but she didn't understand that either. "I want to go," I said, because there was nothing interesting to look at. But then suddenly there was a man. An African man. A black man who looked to be carved from melting chocolate. I clung to Emily but she shooed me off. He was right next to me, close enough so I could see him breathing. A monkey man sweating a smell of mothballs. Blacker than when you smudge your face with a sooty cork. The droplets of sweat on his forehead glistened and shone like jewels. His lips were brown, not pink like they should be, and they bulged with air like bicycle tyres. His hair was woolly as a black shorn sheep. His nose, squashed flat, had two nostrils big as train tunnels. And he was looking down at me.

"Would you like to kiss him?" Graham said. He nudged me, teasing, and pushed me forward – closer to this black man.

And Emily giggled. "Go on Queenie, kiss him, kiss him."

This man was still looking down at me. I could feel the blood rising in my face, turning me crimson, as he smiled a perfect set of pure blinding white teeth. The inside of his mouth was pink and his face was coming closer and closer to mine. He could have swallowed me up, this big nigger man. But instead he said, in clear English, "Perhaps we could shake hands instead?"

Graham's smile fell off his face. And I shook an African man's hand. It was warm and slightly sweaty like anyone else's. I shook his hand up and down for several seconds. And he bowed his head to me and said, "It's nice to meet you". *(795 words)*

From: Andrea Levy, Small Island*; London: Review 2004, pp. 1–5.*

Annotations:

title *Queenie:* eight-year-old Victoria Buxton's nickname is "Queenie" since she has the same name as Queen Victoria, who ruled from 1837–1901

l. 1 *Early Bird:* Queenie's teacher is Miss Earl, her nickname is "Early Bird"

l. 3 *a musical turn: here:* light entertainment

l. 7 *British Empire Exhibition:* The British Empire Exhibition was opened in 1924 at Wembley Park in North London. Running for two seasons it attracted millions of visitors.

l. 9 *Butchers' Association:* Queenie's father is a butcher

ll. 10/11 *butchers' favourite workers:* Queenie's parents have asked some of their employees to join them, among them Emily and Graham

Aufgabenstellung Punkte

1. Describe Queenie's trip to the 1924 British Empire Exhibition as well as her and the other visitors' experiences. *(Comprehension)* 16

2. Analyse the way the extract portrays attitudes to the Empire and the colonies. Consider point of view, language and content. *(Analysis)* 24

3. Choose **one** of the following tasks:

3.1 Discuss Graham's view that the British Empire Exhibition "makes you proud" (l. 20). Refer to the extract as well as work done in class. *(Evaluation: comment)* 20

3.2 According to the official programme the 1924 British Empire Exhibition was intended "to celebrate the [E]mpire and […] [to] strengthen [the] bonds that bind [the] [M]other Country to her Sister States and Daughters".
Imagine you are a journalist of a quality paper. Write a comment on the idea of a Commonwealth Exhibition in London in 2024.
(Evaluation: re-creation of text) 20

Fundstelle zu 3.2: http://www.museumoflondonprints.com/image/195379/dobson-molle-and-co-ltd-british-empire-exhibition-1924 (letzter Zugriff am 19. 11. 2013)

Lösungsvorschläge

1. *Zunächst sollten Sie bei Ihrer Beschreibung von Queenies Erlebnis den allgemeinen Rahmen abstecken. Auf Einladung der Metzger-Innung unternehmen Queenies Eltern mit ihren Angestellten Emily und Graham einen Ausflug zur British Empire Exhibition.*
   Der Einblick in die Welt des Empires ruft unterschiedliche Reaktionen hervor:
   - *the visitors struggle with what to see and what to leave out*
   - *the Empire fills the visitors with pride*

   Im afrikanischen Haus treffen Queenie, Emily und Graham auf zwei Afrikaner, was für die Besucherin den eigentlichen Kern des Ausstellungsbesuchs bildet:
   - *a dark-skinned woman is working at a loom*
   - *a black gentleman surprises them and exposes better manners than Emily, Queenie and especially Graham, who considers Africans primitive and dumb*

   Queenie's visit of the British Empire Exhibition at Wembley is a special occasion for both herself and her family, who go on a day trip together with other butchers and their families, friends or apprentices and head towards the entrance of the exhibition. For Queenie that is an adventure in itself, especially as she is obviously not acquainted with the concept of an exhibition and later claims she has actually been to Africa. Even from the outside of the buildings everything is so varied that it is hard for Queenie and her family to decide what to see first, or what to see at all. Through the exhibition they experience a world unknown to them, full of different people and cultures which are all part of the Empire. This, of course, gives her an idea of how enormous the British Empire once was, which makes the visitors very proud of their country and its (economic) achievements.

   The main part of the excerpt then deals with Queenie's experience with the natives put on display in the African parlour. A dark-skinned woman represents a world that seems outdated and primitive to Graham, Emily and Queenie. When Graham claims that the African people do not belong to the civilized world, an African man enters the room. Queenie cannot help staring at him, feeling both curious and insecure at the same time because of his foreign outer appearance. Emily and Graham forget about their basic manners and urge Queenie to kiss the man. The little girl is hesitant, but the African man suddenly takes everyone by surprise: he saves the situation and Queenie by offering her is hand in a polite, educated and benevolent way. *(281 words)*

2. *Im vorliegenden Auszug werden zwei verschiedene Haltungen gegenüber dem Empire deutlich. Es empfiehlt sich, jede der beiden Sichtweisen anhand der vorgegebenen Aspekte (view, language, content) zu untersuchen. Zum einen gibt es die Sicht der Erwachsenen, die durch den Ablauf des Tages und durch Queenies Betrachtung der Ereignisse aus der Rückschau widergespiegelt wird:*

- *for the butcher's family dealing with British History is a leisure time activity*
- *there is a lack of knowledge of Africa, even as far as the teacher is concerned*
- *Graham's racist remarks show his arrogance and lack of knowledge*
- *to Graham and Emily, the Africans seem suited to experiment with just like animals*

Queenies Beobachtungen sind von kindlicher Unwissenheit geprägt, und sie versucht, die mit allen Sinnen erfassbaren Eindrücke entsprechend einzuordnen. Für sie ist das Empire gleichermaßen unzivilisiert wie spannend:

- *neither to her nor Graham and Emily Africans are civilized people*
- *surprisingly, the "monkey man" (l. 43) possesses superior manners and is very polite*

There are two main perspectives on the British Empire – eight-year-old Queenie's and the grown-ups' view – that are both marked by the notion that the white race, to which they belong, is superior. Consistently, the relationship between the mother country and its colonies is dominated by an imperialistic hierarchy, pride in their home country and a feeling of superiority towards other cultures.

That the adults are not really interested in the Empire is shown by the fact that dealing with British history is some leisure time activity and distraction for them (cf. l. 11). For the butchers, the Empire exhibition is like a fairground: The public is drawn into a magic world and follows an automatism that works on masses of people just as it does on herds of animals. Lines 12 to 15 give evidence of the turmoil that is going on. But apart from the general working class people, even the teachers show a lack of knowledge. Miss Earl, Queenie's teacher, considers Africa a "country" (l. 5). However, simplification might come in handy if there is the "whole world and only one day to see it" (ll. 23/24). Everything is reduced to the gist of it and serves to show that so much was – and somehow still is – "owned" by the British (l. 17), an attitude that Queenie must have picked up from her parents or teacher. All this furthers the impression that the British themselves lack a differentiated picture of the world.

The innocent first-person narrator Queenie is more curious than the grown-ups and perceives the exhibition with all senses, her thoughts and sentiments are the only emotions the reader directly experiences. Together with Emily and Graham, her father's employees, Queenie walks through the exhibition and tries to grasp the various impressions through vivid descriptions and comparisons (cf. "the syrupy-brown smell of chocolate", ll. 25/26; "[we] were in the jungle", l. 31). When Graham encounters the black woman in the African village, his racist and ignorant attitude is revealed: he considers Africans backward (cf. ll. 34/35) and uncivilized (cf. l. 36). The situation reaches its climax when the three meet a black African man who appears out of the blue. Queenie lacks the words to describe him so she uses stylistic devices such as similes: "his forehead glistened and shone like jewels" (l. 45), "[his] lips […] bulged with air like bicycle tyres" (ll. 45/46), "two nostrils big as train tunnels" (ll. 47/48) and he "looked to be carved from melting chocolate" (ll. 41/42). But she also shows a tendency to explain otherness with an inherent inferiority: "His hair was woolly as a black

shorn sheep" (ll. 46/47). Moreover, Queenie, too, uses derogatory terms for the man (cf. ll. 43, 55).
For Graham and Emily especially, the black gentleman seems to be a funny creature to experiment with, which is why they provoke Queenie to kiss him (cf. ll. 49–51). But their condescending attitude vanishes as soon as he speaks in perfect English and shows them that he knows to behave himself much better than they do. In the course of the shocking encounter, the "monkey man" (l. 43) actually turns out to be superior as far as politeness goes. He even offers Queenie a clever way to cope with the embarrassing situation (cf. l. 56). *(554 words)*

3.1 *Hier sollten Sie beachten, dass die Aufgabenstellung nicht nur darauf abzielt, zu diskutieren, ob die Briten stolz auf ihr früheres Empire sind (die Antwort hier wäre wohl ein schlichtes „Ja" und der Verweis auf eine Reihe aktueller politischer Reden), sondern vielmehr, ob dieser Stolz gerechtfertigt ist. Hier sollten Sie Pro und Contra abwägen.*
Mögliche Argumente für die Stichhaltigkeit von Grahams Aussage wären z. B.:
- *successful establishment of educational and economic systems*
- *furthering of infrastructure*
- *creation of an effective administration*

Mögliche Argumente dagegen könnten sein:
- *the motherland exploited resources and created dependencies*
- *the colonies suffered a lot under British rule: a huge death toll was accepted before the Empire granted independence to its colonies*
- *ignorance and racism were long common amongst the British*

Certainly Graham is right to say that a great majority of the British feel proud of the Empire, even though – as can be seen from the text – they do not really know too much about it apart from the strong belief that the British "owned" (l. 17) so many foreign countries. In Graham especially this attitude leads to a feeling of superiority and patriotic pride typical for citizens of many other nations as well in this period of time. That the sun never set on the vast British Empire undoubtedly is an accomplishment. Still, the question remains if the pride is justifiable.
It is true that the development of farming systems and a more effective cultivation of local crops had a positive effect on the motherland, to which the goods were imported. However, the colonies themselves benefitted from those developments, too.
Furthermore, educational systems similar to the British and efficient local governance were established. Effective administrations were created and the colonies' infrastructure greatly improved. All this helped the colonies to benefit from technological, social and economic progress.
Nevertheless, the relationship between the rulers and the ruled was marked by a dependency that remained stable because the newly introduced economic culture and administration replaced the former systems by destroying them. Natural re-

sources were exploited and the colonies had to pay for manufactured goods made by the British from the raw materials which had been acquired cheaply from the colonies.
Moreover, political issues put the citizens of the colonies especially through a lot of hardship until they were eventually granted access to the corridors of power. In the cases of India, South Africa, the former Rhodesia and many others, one has the impression that independence was only granted when the pressure on Britain became unbearable. Even then a huge death toll mounted before the Empire finally gave in.
Even in the 21st century, right-wing parties such as the United Kingdom Independent Party (UKIP) advocate white supremacy in a most natural way, as did the teenager Graham in the excerpt from Andrea Levy's novel *Small Island*. Taking all the aspects mentioned into account, history surely is always the history of the victorious. Nevertheless, the way the children were misled by the African man's appearance shows that too much pride is just as unfortunate as too little as it makes you misjudge the true facts and lets you fall victim to stereotypes and an over-estimation of your own abilities. *(406 words)*

3.2 *Ein Kommentar wie der in der Aufgabenstellung geforderte sollte ein gewisse Kürze und Prägnanz haben, über die nötigen Hintergründe informieren und einen klaren Standpunkt vertreten. Denken Sie auch daran, Ihrem Kommentar einen aussagekräftigen Titel zu geben. Der vorliegende Lösungsvorschlag wendet sich gegen eine neue „British Empire Exhibition" und führt dafür folgende Argumente ins Feld:*

- *the history of the Empire has been one of victory but also of oppression: there is a danger of unnecessarily glorifying the old days*
- *the comparison to a family does not do justice to the reality within the Commonwealth of Nations*
- *in the name of nostalgia past mistakes such as creating a hierarchy could be repeated again*

The Empire strikes back (again?)

Almost one hundred years ago were various countries displayed as part of the British Empire at an enormous fair at Wembley Park in North London, the so-called "British Empire Exhibition" in 1924. Old-fashioned means of manufacturing clothes, exotic plants and people were a visitors' attraction then although a lot of those visitors lacked the knowledge and understanding to see anything else than a proof of their own cultural superiority. In 1924, a history of victory but also of oppression was laid before the British visitors as a fairground of vanity and sensationalism. The so-called "family" of the British Empire was a dependent one with a clear hierarchy.
Now, it is suggested that such a celebration of the "bonds that bind [the] [M]other Country to her Sister States and Daughters" should be repeated in 2024. But is this a good idea? Let us have a look at what has changed since then. The member

states of the Commonwealth have now regained their freedom and mostly successfully emancipated themselves from the British mother country. However, in some countries the negative consequences still outweigh the positive effects of colonialism. For example, British missionaries enforced Christianity in the colonies and caused traditional beliefs to die. As far as the Aboriginals in Australia were concerned, white settlers took their children away by force to educate them "properly" in special camps. A whole "lost generation" is still in search of their families and cultural heritage.

Adapting the exhibition of 1924 to modern times might only lead us back to an old imperialistic hierarchy. A simple change of the exhibition's name does not do the trick. Sticking to the old concept of a family with a British mother country and its colonies as daughters cannot do justice to the complex international relations within the Commonwealth of Nations.

Unlike in most families, there is no common origin or cultural heritage within the Commonwealth. There members work together on one level. There is no need for an exhibition that glorifies the old days for the sake of nostalgia; we do not need the Empire anymore. That is why there is no sense in further pursuing an endeavor like this. *(363 words)*

Abiturprüfung NRW – Englisch Leistungskurs 2014
Aufgabe 2

Aufgabentyp: *Ausgangstext: Sach- und Gebrauchstext (Kommentar der internationalen Presse) in Kombination mit einem weiteren Medium (cartoon); Textaufgabe mit wahlweise analytisch-interpretierendem oder anwendungs-/produktionsorientiertem Schwerpunkt*
Unterrichtsinhalte: *British and American traditions and visions – The American Dream: then and now*

2012 Person of the Year. The Choice.
by Richard Stengel

Since 1927 TIME Magazine *has selected as "Person of the Year" a person, group, idea etc. that has done the most to influence the events of the year.*

In many ways, Barack Obama is the 21st century version of this new American. But he's more than just a political figure; he's a cultural one. He is the first President to embrace gay marriage and to offer work permits to many young undocumented immigrants. There has been much talk of the coalition of the ascendant – young people, minorities, Hispanics, college-educated women – and in winning re-election, Obama showed that these fast-growing groups are not only the future but also the present. About 40 % of millennials – the largest generational cohort in U.S. history, bigger even than the baby boomers – are nonwhite. If his win in 2008 was extraordinary, then 2012 is confirmation that demographic change is here to stay. […]

We are in the midst of historic cultural and demographic changes, and Obama is both the symbol and in some ways the architect of this new America. "The truth is," the President said in the Oval Office, "that we have steadily become a more diverse and tolerant country that embraces people's differences and respects people who are not like us. That's a profoundly good thing. That's one of the strengths of America." […]

But whose America is that? Is there a battle between the old America and the new? Obama would say no. He sees his time in office as a kind of convergence of past and future. "I think about this eight-year project," he says, as one in which "we've also accommodated all the demographic changes and cultural and technological changes that are taking place and been able to marry those with some of the old-fashioned virtues of hard work and discipline and responsibility – all in a way that allows us to succeed and to thrive." That's the new America. And it's finding its voice: the President we heard at the wrenching memorial service in Connecticut was more assertive, more personal, more willing to risk his political capital for what he truly believes.

At the end of *Invisible Man*, Ralph Ellison's great 1952 novel about racial injustice, the central character says, "America is woven of many strands; I would recognize them and let it so remain … Our fate is to become one, and yet many – This is not prophecy, but description." Just 12 years ago, Obama was so invisible that he attended the 2000 Democratic National Convention in L. A. and watched it on the Jumbotron in the Staples Center parking lot. Today he is universally visible – and known. But he would agree with Ellison's observation that this change is indeed description and not prophecy. The new America is not so much the old *e pluribus unum* – out of many, one – but, as Ellison says, one and yet many. That is Obama's America. For finding and forging a new majority, for turning weakness into opportunity and for seeking, amid great adversity, to create a more perfect union, Barack Obama is *TIME*'s 2012 Person of the Year. *(486 words)*

Richard Stengel: 2012 Person of the Year. The Choice. From: TIME Magazine, *Dec 31, 2012, p. 37*

Annotations:

l. 1 *this new American:* reference to St. John de Crèvecoeur's book *Letters from an American Farmer* (1782). In the third letter de Crèvecoeur defined the American as a "new man" in a prosperous society in which nationalities mingle and in which despotism and class privilege do no longer exist

l. 7 *millennials:* the generation born between the early 1980s and the early 2000s

l. 23 *the wrenching memorial service in Connecticut:* reference to the President's speech on gun control in Newtown, Connecticut, paying tribute to the twenty-six victims of the Sandy Hook Elementary school shooting

l. 26 *Invisible Man:* novel by an African American writer about the problems of African Americans

l. 31 *Jumbotron:* a large scale television screen used for sport stadiums and concert venues

Time Magazine announced the 2012 choice of President Obama on December 19, 2012. In response to this, the cartoon below was published three days later by the *Independent Journal Review*, a website for news, political cartoons and commentary.

Your Person of the Year

Aufgabenstellung Punkte

1. Point out the reasons Richard Stengel puts forward for *TIME*'s choice of President Obama as 2012 Person of the Year. *(Comprehension)* 16

2. Compare how President Obama is presented in the editorial and the Cartoon. Focus on the use of language in the article and the visual elements of the cartoon. *(Analysis)* 24

3. Choose **one** of the following tasks:

3.1 Discuss Richard Stengel's claim that "Obama is both the symbol and in some ways the architect of this new America" (ll. 10/11). Refer to the editorial, the cartoon and work done in class. *(Evaluation: comment)* 20

3.2 As a young American you disagree with President Obama's selection as Person of the Year. Write a letter to the editor of *TIME* criticizing the magazine's choice and presenting your ideas of a new America. *(Evaluation: re-creation of text)* 20

Lösungsvorschläge

1. *Die Aufgabenstellung verlangt von Ihnen eine Darstellung der Beweggründe für die Wahl von Präsident Obama zur Person des Jahres 2012. Im Grund nennt der Autor des Artikels drei zentrale Argumente, die Sie am besten nacheinander behandeln:*
   - *the introduction of a new set of values to US society*
   - *the active contribution of President Obama to reshaping US society*
   - *the President perfectly embodies this success*

In his article "2012 Person of the Year. The Choice" Richard Stengel gives three basic reasons for the choice of Barack Obama as the *TIME Magazine*'s "Person of the Year". According to Stengel, Obama's new America is characterized by more tolerance and the idea of living together peacefully despite all the cultural diversities. The President contributed his share to changing society by putting topics like gay marriage and work permits for illegal immigrants on the political agenda. With former minorities such as Hispanics, young people and educated women becoming the new political majority, Obama needed to take their interests into consideration. At the same time, the President believes in traditional values and manages to reconcile and even unite new and old attitudes. Adapting US society to necessary changes basically is what Obama has achieved in his first five years. He believes that America's diversity is a special gift and may even be a unique chance. The mere attempt to change such a big country makes him a mover and shaker – an "architect of this new America" (l. 11) as Stengel puts it. Owing to Obama there is a fruitful convergence of present and future, and he is the embodiment of this momentum. To the journalist he is the voice and the symbol of a new, ascending, more diverse and tolerant country. *(221 words)*

2. *Wichtig für den geforderten Vergleich von Artikel und Cartoon ist es, dass Sie den Kontrast zwischen dem Pressetext und der Karikatur herausstellen:*
- *the article and the cartoon form a strong contrast*

Nach dieser vergleichenden Gesamtbetrachtung (Operator „compare") können Sie die beiden unterschiedlichen Ausgangsmaterialien dann getrennt voneinander analysieren, was Ihre Aufgabe deutlich einfacher macht. Im Hinblick auf den Text sollen Sie sich auf die sprachlichen Auffälligkeiten konzentrieren:
- *to draw a positive picture of the American President the editorial uses contrastive buzz words, enumerations, rhetorical questions, and metaphors*
- *statistical evidence and quotes are used to prove Stengel's analysis right*

Der Cartoon dagegen verspottet Obama mithilfe von Grafikelementen:
- *the costume and the props depict Obama as Santa Claus who brings presents to the people*
- *the exaggerated physical assets make the cartoon more funny*

The article "2012 Person of the Year. The Choice" and the cartoon "Your Person of the Year" form a strong contrast. Whereas Stengel's text glorifies the American President as cultural and political hero, Obama is held up to ridicule when the *Independent Journal Review* portrays him as Santa Claus who has presents for everyone in his goody bag.

In order to justify its choice, *TIME Magazine* makes guileful use of language: buzz words, mainly stressing contrast, enumerations and metaphors help to draw a positive picture of the current US President. For instance, Stengel repeatedly talks about the "new" and the "old" America (cf. ll. 1, 11, 16/17, 22, 33/34). These are catchphrases to indicate that Obama was able to forge (cf. l. 35) a new majority. In the text, the positive metaphor "marry" (l. 20) is also deployed to hint at the same fact. Statistics are cited (cf. ll. 7–9) to support Stengel's point that Obama's political tactics were successful concerning both his re-election and realization of his voters' hopes. Those supporters are listed in the form of an enumeration (ll. 4/5), which makes the group that formed the majority of Democrat voters in the 2012 election seem even more influential. When the journalist quotes Obama himself (cf. ll. 11–14), he chooses an astonishingly apodictic statement that shows how convinced Obama is to do the right thing. For Stengel he *is* the new American hero. Additionally, he also refers to Ralph Ellison's *Invisible Man* (ll. 26–29) and the inscription of the Great Seal of the United States ("e pluribus unum", ll. 33/34) to strengthen his point of view and emphasize the importance of Obama's achievements. All in all, the text succeeds in convincingly re-interpreting political tactics as a way of "turning weakness into opportunity" (ll. 35/36).

In contrast, the cartoon depicts Obama's behaviour in a strikingly funny way. To the artist, Obama appears like Santa Claus, who brings presents to the people, illuminated against a dark, sinister background. Obama seems like a beacon of hope against the dark surroundings. To please the voters, he carries something for everybody: teddy bears, sugar cane, electrical gadgets (apparently mobile phones and game consoles) and, above all, money. Everybody gets his palm

greased in order to (again) cast his vote for Obama. He is not a one-term president. Instead, like Santa Claus, he comes back regularly when the time is right. The exaggerated physical features that are ascribed to Obama – such as huge ears and eyes that are closed in a benign and merciful way – add to the humourous effect of the drawing.
The uncritical tone of the article and the critical twist that is added by the cartoon exemplify a harsh political controversy. As Americans either support a Republican or a Democrat politician to rule the country, the perception supposedly varies significantly. Whereas many would support the *TIME Magazine*'s choice, others might strongly reject any glorification of President Obama and his administration. *(498 words)*

3.1 *Hier werden Sie aufgefordert, kritisch das Zitat Richard Stengels auf seine Stichhaltigkeit zu überprüfen. Diese Aussage sollte Ihr Fokus und daher auch der Ausgangspunkt Ihrer Ausführungen sein. Unser Lösungsvorschlag diskutiert zunächst, ob Obamas Symbolcharakter und seine Funktion als Architekt überhaupt vereinbar miteinander sind.*
- *the function of a symbol is ascribed to you whereas you chose to be an architect out of your own free will*

Als Erfolge Obamas im Sinne eines neuen Amerika könnten genannt werden:
- *his initiatives reshaped US politics (e. g. immigration laws, Obamacare, the emphasis on values such as tolerance)*
- *the concept of the American Dream has been revived by Obama*

Folgende Aspekte könnten der Aussage Stengels widersprechen:
- *the on-going political strife between Republicans and Democrats*
- *Obama's status as a privileged black American with an excellent education*

At first sight, being a symbol and an architect are two decidedly different things because the first one is something that people ascribe to you whereas the second one is something you chose to be due to your own actions. In Obama's case, however, the campaigners did a good job to turn him into a well of optimism and new hope. His re-election proved they were able to persuade his voters. Democrat supporters all over the country would define him both as the reason for and the incarnation of a new America.
Indeed, his charismatic speeches that are accompanied by a sporty and dynamic appearance as well as a respectably serious tone make it easy to believe that he is able to turn "weakness into opportunity" (ll. 35/36) – a renewal of America's promise to offer the Pursuit of Happiness and thus the realization of the American Dream to each and everyone.
Moreover, through his initiatives concerning the rights of illegal immigrants, the introduction of Obamacare and the establishment of new values in US society, Obama clearly has made an impact and readjusted the focus of US politics significantly. Of these, Obamacare is the best example. Compulsory insurance for so many people can avoid severe cases of hardship, especially amongst lower-

class citizens. The long-due overhaul of the system also aims at better healthcare quality and will cut down on extremely high incomes.
Nevertheless, a huge household deficit is threatening to tear the US apart and with Obama's rather social democratic activities, the Republicans might be less and less willing to cooperate as was seen in the government shutdown of 2013. Of course, Obama with his African-American roots belongs to an ethnic minority himself, which hitherto has often been left by the wayside despite all the achievements of the Civil Rights Movement in the 1960s. Nevertheless, Obama is not a typical African-American. His family background and the education he received put him in a rather privileged position. This makes him only partly a symbol of a "new" America. Regardless, being the first black President of the United States is still an achievement in itself as well as keeping this position against all odds.
In conclusion, the US needs a strong president that makes the country stand together. On top of all the benefits that come along with Obama's changes, this is a new window in the house of America, one that enables the people to look forward into a better future – a future that might finally end discrimination against any American on sexual or ethnic grounds. Providing this hope is an aim Obama can achieve. In this respect, Obama is the architect and symbol of a new America and deserves the award, even though Stengel's positive portrait seems a little exaggerated. *(460 words)*

3.2 *Hier werden Sie gebeten, aus der Sicht eines jungen Amerikaners einen Leserbrief an das* TIME Magazine *zu verfassen. Beachten Sie bitte zunächst unbedingt die Form eines Briefs.*

- *Bringen Sie Adressen, Datum, Anrede und Abschiedsfloskel mit in Ihren Brief ein (z. B. „Dear Sir or Madam", „Yours faithfully")*
- *Beachten Sie, dass der Verfasser in der vorliegenden Situation klar Position beziehen würde, schließlich möchte er seinem Ärger Luft machen. Im vorliegenden Beispiel wird der Schreiber zudem als jung beschrieben, sodass Sie auch etwas lockerer im Ton („Obama needs to stop this") und inhaltlich extremer („young people do not need further infringement of their liberty") sein dürfen. Übertreiben Sie es aber bitte nicht und bleiben Sie sachlich und präzise in Ihrer Argumentation.*

Folgende Punkte könnten in Ihrer Argumentation genannt werden:

- *uncritical coverage of Obama's achievements as a president*
- *wrong issues are pursued by the Obama administration whereas others are neglected (e. g. tackling youth unemployment or boosting the ailing US economy)*
- *Obama only deserves the award if he deals with the problems that concern the nation as a whole and not just do some groups in society a favour*

Bob Walton
2351 Woodland Mall
Parkside
Denver, CO

The Time Magazine
New York Offices
Time Inc.
1271 Avenue of the Americas
New York, NY

5/1/2013

Dear Sir or Madam,

Referring to Richard Stengel's editorial "2012 Person of the Year. The Choice", I have to strongly disagree with the author and the award given to Mr Obama. I would like to point my finger at the unbearable loss of freedom that Mr Obama's reckless behavior has brought down on our country. We, the people, do not deserve that, not in Denver, where I come from, nor in Texas or Michigan.
How can the President of the United States of America be so bold as to require his people to spend their money on a healthcare reform they do not want and that they cannot really afford? How can a journalist so grossly overestimate the current president and simply ape him by uncritically repeating his words? It only shows that Obama just knows how to achieve maximum publicity.
To my mind, it will take just a few years until a healthcare system like Obama's changes the character of us Americans. People might stay at home instead of going to work if they feel slightly ill. They might go to hospital without really needing to do so. In fact, they might lose their motivation to care for themselves. Young people are healthy and do not earn a lot of money, they could spend their earnings on something more urgent and useful than healthcare.
Instead of dealing with the crucial problem of youth unemployment, Mr Obama has started an insane project that will not do the economy any good. This is unforgivable as he promised to fight unemployment and has not kept this promise up to now. What would be of help are incentives for companies to invest more and thus help boost our economy and create new jobs – yet there are none.
Young people do not need any further infringements of their liberty, instead they need somebody to actually help them pursue their own happiness in a tolerant and open-minded society – if Obama did this, and only then, he would deserve the award.
Dear *TIME Magazine*, which I've subscribed to for two years now, be wiser and more critical next time.

Yours faithfully,
Bob Walton

(358 words)

Abiturprüfung NRW – Englisch Leistungskurs 2015
Aufgabe 1

Aufgabentyp: *Literarischer Text (Gedicht); Textaufgabe mit wahlweise analytisch-interpretierendem oder anwendungs-/produktionsorientiertem Schwerpunkt*
Unterrichtsinhalte: *Post-colonialism and migration: Ethnic communities in 21st-century Britain*

John Agard: "Remember the Ship"

John Agard was born in British Guyana (West Indies) in 1949. He moved to England in 1977.

As citizen
of the English tongue

I say remember
the ship
in citizenship

for language
is the baggage
we bring –

a weight
of words to ground
and give us wing –

as millennial waters
beckon wide

and love's anchor
waiting to be cast
will the ghost of race
become the albatross
we shoot at our cost?

I'm here to navigate –
not flagellate
with a whip of the past

but again I say remember
the ship
in citizenship
for is not each member
of the human race –
a ship on two legs

charting life's tidal
rise and fall

as the ship
of the sun
unloads its light
and the ship
of night
its cargo of stars
again I say remember
the ship
in citizenship

and diversity
shall sound its trumpet
outside the bigot's wall

and citizenship shall be
a call
to kinship

that knows
no boundary
of skin

and the heart
offer its wide harbours
for Europe's new voyage

to begin *(158 words)*

From: John Agard, "Remember the Ship", in: Writing Black Britain 1948–1998, James Procter (ed.), Manchester: Manchester University Press, 2000, p. 258 f.

Annotations:

l. 12 *millennial:* the poem was written in 1998 and published two years later

l. 17 *albatross: here* allusion to S. Coleridge's poem *Rime of the Ancient Mariner* (1798): a mariner shoots the albatross that has shown his ship the way out of dangerous waters; the other sailors on board think this leads to a curse that will kill all of them

ll. 40/41 *sound its trumpet outside the bigot's wall: here* allusion to the biblical story where the Hebrews destroy the walls of the city of Jericho only with the sound of trumpets

l. 49 *offer: here* shall offer

Aufgabenstellung Punkte

1. Outline the speaker's view of himself and his fellow human beings. *(Comprehension)* 16

2. Analyse how the speaker's views are presented. Focus on structure, use of language and poetic devices. *(Analysis)* 24

3. Choose **one** of the following tasks:

3.1 Discuss what has become of the speaker's appeals in 21st-century Britain. Refer to work done in class. *(Evaluation: comment)* 20

3.2 A youth conference in London dealing with migration in the 21st century has chosen "Europe's new voyage begins" as its motto, alluding to Agard's poem (cf. ll. 50/51). You as an exchange student are invited to give a debate statement discussing the topic. Refer to ideas of the poem and work done in class to write your statement. *(Evaluation: re-creation of text)* 20

Lösungsvorschläge

1. *Zunächst werden Sie gebeten, die Selbstwahrnehmung des lyrischen Ichs in John Agards Gedicht und seine Sicht auf seine Mitmenschen genauer zu betrachten. Auffällig ist, dass das lyrische Ich seine Zugehörigkeit zur sozialen Gemeinschaft Großbritanniens (aber auch Europas) über seine Sprache definiert. Es wünscht sich eine Welt, in der Liebe und Vielfalt regieren und die Menschen unabhängig von Rasse und Herkunft zusammenleben.*
Diese Punkte sollten Sie in Ihrem Text ansprechen:
   - *the speaker sees himself as part of a group that speaks the same language*
   - *his conduct of this language defines him as a "citizen"*
   - *just like his fellow human beings he carries his load of experiences, abilities and values*
   - *he wants to navigate into a future of tolerance and open-mindedness*

The speaker in John Agard's poem "Remember the Ship" defines himself as a member of a specific community of human beings, a kinship that is bound together by English as a common language. In other words: his utilising of this language makes him a "citizen" (l. 1) of this community. It favours and disadvantages him at the same time as it makes people put him in pigeon-hole (cf. ll. 9–11, 16–18, 45–47). Another aspect is that he sees himself as a "ship" (ll. 25–27), as a vessel that sails through the seas of life carrying its load of memories, cultural background, frustrations and successes – just like his fellow human beings do.
Without harping on the past he wants to navigate into a future that is characterized by mutual understanding, racial equality and diversity. The journey towards this end has just begun and leads the people into new waters. By exploring

unknown grounds, new relationships could be established, between immigrants and host society. Until all this has been achieved, however, the speaker feels forced to make himself heard every day and convey his message to his fellow human beings: “remember the ship in citizenship” (ll. 3–5, 22–24, 36–38).

(204 words)

2. *In dieser Aufgabenstellung werden Sie gebeten, sich genauer mit der formalen und inhaltlichen Struktur sowie dem Einsatz von Sprache und dichterischen Mitteln zu befassen, die die Sichtweise des lyrischen Ichs transportieren. Es bietet sich bei der Bearbeitung an, der Struktur des Textes zu folgen und die sprachlichen Aspekte entsprechend nacheinander zu betrachten, dabei geht der Lösungsvorschlag folgendermaßen vor:*
   - *Concerning the structure: the poem is divided into four distinctive parts that each provide a different insight into the speaker's mind:*
     - *part I: to him, a nation is not constituted by territory but by a common language (cf. ll. 1–5)*
     - *part II (cf. ll. 6–18) explains the chances and difficulties language and race bring about and employs the metaphor of the albatross to show the inherent ambition of each person*
     - *in part III (cf. ll. 19–38) the speaker claims that he has the mission to warn and navigate in order to make “heart” (l. 48) win over “skin” (l. 47)*
     - *part IV (cf. ll. 39–51) provides readers with a prospect for the future in the case that the speaker's recommendations are put into practice, with the formally separated run-on line at the end of the poem (cf. l. 51) marking a new beginning that focuses on Europe as a sailing vessel*
   - *The use of language and poetic devices represent the author's views more vividly and tangibly:*
     - *the metaphor of the ship is central to the meaning of the poem (cf. ll. 4, 23, 27, 30, 33, 37)*
     - *play on the words “ship” and “citizenship” (ll. 3–5, 22–24, 36–38)*
     - *metaphors such as the “albatross” (l. 17), “a ship on two legs” (l. 27), “boundary of skin” (ll. 46/47)*
     - *references to the trumpets of Jericho mentioned in the Bible (cf. ll. 39–41)*

The poem “Remember the Ship” can be divided into four parts, each of which adds a new dimension of the speaker's views and feelings. All these parts constitute a complex attitude towards modern society. The ambiguous metaphor of the “ship” (ll. 4, 23, 27, 30, 33, 37) forms the centre of the poem. Other poetic devices are added to explain where the speaker wants the journey to go.
In the first part (cf. ll. 1–5) the speaker introduces himself by simply referring to the most important fact, which is that he is a “citizen of the English tongue” (ll. 1/2). Additionally, he indirectly appeals to the reader (“I say”, l. 3). To him the feeling of being one nation is not a question of territory but of language – a language that enables a person to express him- or herself and thus to be in touch

with others. The poet immediately proves his point with a play on the words "ship" and "citizenship" (ll. 4/5). The term "ship" in the context of nation-building brings about various connotations from "slave ships", "ships of asylum seekers" or "refugees" to "immigration" in general.

In part II (cf. ll. 6–18) the lyrical I explains the "ship" metaphor in detail and claims that the language which binds kinship together can be both a curse and a blessing. It can "ground" us (l. 10), which might be understood in a positive or negative way (such as "keep us in touch with what is important" or "make us unable to fly"), or "give us wing" (l. 11), which against the backdrop of the metaphorical use of the shot albatross in line 17 is twofold as well. In the following lines, the poet brings in the dimension of time by referring to the current challenges of the "millennial waters" (l. 12). The aspect of "race" (l. 16) is added by its personification as a ghost that both haunts and helps us. Here the ambiguity is furthered by the reference to the "Rime of the Ancient Mariner" by Samuel T. Coleridge. The "ghost of race" (l. 16) is compared to an "albatross" that, in the old poem, is also perceived as blessing at first but might turn into a curse if we mistreat it.

In the third part (cf. ll. 19–38) the speaker talks about his calling: As an individual ("a ship on two legs", l. 27) he wants to "navigate" (l. 19) and give evidence of "life's tidal rise and fall" (ll. 28/29). To this fate everybody is resigned, like the sun and the moon are forced to live through every day and every night (cf. ll. 30–38). The speaker in this context can only witness the ups and downs and repeat his appeal to "remember the ship in citizenship" (ll. 3–5, 22–24, 36–38).

In the fourth part (cf. ll. 39–51) the speaker predicts that if we act according to his credo, diversity will overcome bigotry. This belief is underlined by the simile which compares diversity to the biblical trumpets of Jericho (cf. ll. 39–41). Likewise, "heart" (l. 48), a symbol of empathy, will conquer the "boundary of skin" (ll. 46/47), which is again a metaphorical expression.

The final run-on line (cf. l. 51) is formally separated from the rest of part four which apparently stresses its significance: "to begin" it reads and, indeed, Agard makes this final stanza a new beginning that focuses on Europe as a new sailing vessel and a good enough reason for kinship to grow between fellow humans.

(596 words)

3.1 *Hier werden Sie aufgefordert, vor dem Hintergrund der im Gedicht vorgebrachten Idealvorstellungen auf die tatsächliche Situation in Großbritannien nach dem Jahr 2000 kritisch Bezug zu nehmen. Die folgende Diskussion nimmt schon zu Beginn der Ausführungen klar Stellung zum Sachverhalt, bevor dann das Für und Wider der Position abgewogen wird.*

- *the speaker's appeal for more tolerance and mutual understanding among fellow citizens has not been put into practice yet*

Danach geht der Lösungsvorschlag die einzelnen Teile des im vorgegeben Gedicht transportierten Appells durch:

- *language as a means of basic communication versus the conduct of English as a social marker*
- *with few exceptions: no equal opportunities for immigrants in Great Britain*
- *the success of the right-wing UKIP and the Scottish referendum for independence as additional restrictions for "navigation" (cf. l. 19)*
- *the London Olympic Games of 2012 as an example of creating a mutual understanding and overcoming prejudices*

Against the backdrop of the latest social and economic developments one must admit that the speaker's appeal to accept everybody as a citizen with equal rights is far from becoming reality in the UK.

Even if an immigrant has managed to be given a permanent resident permit and is officially a citizen of the UK, he cannot avoid feeling that his (formal) citizenship does not naturally mean that he is accepted by his fellow citizens. Language, for example, still plays a very important role in Britain. Of course, a language does not need to be spoken perfectly well in order to make oneself understood, to be able to communicate might indeed "give us wing" as John Agard wrote (l. 11). However, language remains a defining factor in the British class system and the distinctly different levels of education keep widening the gap between higher and lower-class speakers. Thus, language is "baggage" (l. 7) and might play a decisive role concerning job opportunities and letting property. As far as job opportunities are concerned, it is remarkable that lower paid jobs in the service sector are often taken by newly arrived immigrants.

Furthermore, the speaker's appeal to embrace Europe and to start off a new journey together has not become a reality in the 21st century Britain. The right-wing und anti-European United Kingdom Independence Party (UKIP) managed to win most of the seats at the European Parliament elections in 2014. Room to "navigate" (l. 19) is not getting any bigger, as Agard would probably have put it. Another point in case is the recent Scottish attempt to become (partly) independent from the rest of the United Kingdom. In addition, Conservative politician David Cameron, whose party won the general elections in May 2015, after he had promised to hold a referendum in 2017 on the question whether Great Britain should remain in the European Union, or leave it for good.

Unfortunately, the latest political developments indicate that the spirit that prevailed throughout the London Olympics in 2012 has long vanished. When British athletes like Jessica Ennis, who is of Jamaican origin, and Somali-born Mo Farah won several gold medals for Britain, they were celebrated by the whole nation. The then existing climate of tolerance and national pride was very likely the atmosphere Agard was hoping for.

To put it in a nutshell, it is increasingly hard for the "citizen[s] of the English tongue" (ll. 1/2) to maintain their belief in the spirit of unity which Agard's poem reflects. The Olympic Games of 2012 have set an example of how Agard's vision of a Great Britain, which celebrates diversity, could become a reality. Sadly, the impression that the United Kingdom is gradually moving further away from this ideal cannot be denied. *(457 words)*

3.2 *Bei dieser kreativen Aufgabe sollten Sie unbedingt den Redeanlass und die Teilnehmer beachten, um eine Zielgruppenorientierung herzustellen. Generell empfiehlt es sich, folgende Aspekte zu berücksichtigen:*

- *Beachten Sie den Kontext der Rede, die Sie halten sollen ("Thank you for the opportunity to take part in this conference").*
- *Nehmen Sie auf Ihre Position als Austauschstudent Bezug und geben Sie den Zuhörern Informationen zu Ihrer Person ("I am from Cologne in Germany and I am here as an exchange student for a year.").*
- *Sprechen Sie die Zuhörer direkt an ("Dear fellow students …").*

Die folgenden Punkte könnten Bestandteil Ihrer Rede sein:

- *increasing public support for right-wing parties and movements throughout Europe*
- *the London Games of 2012 as a positive experience of multiculturalism and tolerance*
- *the cooperation of the immigrant and host societies as a chance to achieve Agard's version of kinship*

Dear fellow students,

Thank you for the opportunity to take part in this conference on "Europe's new voyage begins". I was very glad when I first heard about the motto of this meeting as John Agard is one of my favourite poets and I believe that the poem "Remember the Ship" is most suitable for our purpose. I sincerely hope that we can make a difference together and, from what I have heard so far, I am increasingly positive about this new voyage.

My name is Tahar, I am from Cologne in Germany and I am here as an exchange student for a year. Just as Agard does, I believe that a feeling of unity, citizenship and belonging together can especially arise if we speak the same language with our hearts.

All over Europe, right-wing parties such as the UKIP in Great Britain or the *Front National* in France are gaining more and more supporters due to the increasing influx of immigrants especially from Africa and Eastern Europe. In Germany, the Pegida movement, which is short for "patriotic Europeans against the Islamisation of the Western world", gained a lot of media attention because they demonstrated in many German cities every Monday evening.

All my life, I have lived in Germany as a second-generation immigrant. I have always appreciated the tolerant and open-minded spirit of a multicultural society. I visited London during the Olympic Games in 2012 together with my family. I will never forget that wonderful summer, when the British people once again proved that they were fair sports people. They cheered on the best of athletes no matter which country they were from and they were proud beyond measure when their athletes Mo Farah and Jessica Ennis won several gold medals. It did not make any difference to them that Farah and Ennis were immigrants. This is exactly what John Agard alluded to: a world where diversity is a given fact, where people are loved for what they are and skin colour does not matter.

We as participants in this international conference need to make a difference, we need to set an example and show the world that migration can have a positive impact on a country as long as the immigrant and host society support each other and see eye to eye. I believe that we can make this work, as long as we help each other carry the load of our baggage. Let's do it!

Thank you very much for your attention. *(415 words)*

Abiturprüfung NRW – Englisch Leistungskurs 2015
Aufgabe 2

Aufgabentyp: *Ausgangstext: Sach- und Gebrauchstext, Textaufgabe mit wahlweise analytisch-interpretierendem oder anwendungs-/produktionsorientiertem Schwerpunkt*
Unterrichtsinhalte: *Globalisation – global challenges: Economic, ecological and cultural issues and their political consequences*

How India Became America
***The New York Times*, March 9, 2012**
by Akash Kapur

Another brick has come down in the great wall separating India from the rest of the world. Recently, both Starbucks and Amazon announced that they would be entering the Indian market. Amazon has already started a comparison shopping site; Starbucks plans to open its first outlet this summer.

As one Indian newspaper put it, this could be "the final stamp of globalization."

For me, though, the arrival of these two companies, so emblematic of American consumerism, and so emblematic, too, of the West Coast techie culture that has infiltrated India's own booming technology sector, is a sign of something more distinctive. It signals the latest episode in India's remarkable process of Americanization.

I grew up in rural India, the son of an Indian father and American mother. [...] For much of my life, my two homes were literally – but also culturally, socially and experientially – on opposite sides of the planet.

All that began changing in the early 1990s, when India liberalized its economy. Since then, I've watched India's transformation with exhilaration, but occasionally, and increasingly, with some anxiety.

I left for boarding school in America in 1991. By the time I graduated from high school, two years later, Indian cities had filled with shopping malls and glass-paneled office buildings. In the countryside, thatch huts had given way to concrete homes, and cashew and mango plantations were being replaced by gated communities. In both city and country, a newly liberated population was indulging in a frenzy (some called it an orgy) of consumerism and self-expression.

More than half a century ago, R. K. Narayan, that great chronicler of India in simpler times, wrote about his travels in America. "America and India are profoundly different in attitude and philosophy," he wrote. "Indian philosophy stresses austerity and unencumbered, uncomplicated day-to-day living. America's emphasis, on the other hand, is on material acquisition and the limitless pursuit of prosperity." By the time I decided to return to India for good, in 2003, Narayan's observations felt outdated. A great reconciliation had taken place; my two homes were no longer so far apart.

This reconciliation – this Americanization of India – had both tangible and intangible manifestations. The tangible signs included an increase in the availability of American brands; a noticeable surge in the population of American businessmen (and their booming voices) in the corridors of five-star hotels; and, also, a striking use of American idiom and American accents. In outsourcing companies across the country, Indians were being taught to speak more slowly and stretch their O's. I found myself turning my head (and wincing a little) when I heard young Indians call their colleagues "dude."

But the intangible evidence of Americanization was even more remarkable. Something had changed in the very spirit of the country. The India in which I grew up was, in many respects, an isolated and dour place of limited opportunity. The country was straitjacketed by its moralistic rejection of capitalism, by a lethargic and often depressive fatalism.

Now it is infused with an energy, a can-do ambition and an entrepreneurial spirit that I can only describe as distinctly American. In surveys of global opinion, Indians consistently rank among the most optimistic people in the world. Bookstores are stacked with titles like "India Arriving," "India Booms" and "The Indian Renaissance." The Pew Global Attitudes Project, which measures opinions across major countries, regularly finds that Indians admire values and attributes typically thought of as American: free-market capitalism, globalization, even multinational companies. Substantial majorities associate Americans with values like hard work and inventiveness, and even during the Iraq war, India's views of America remained decidedly positive.

I HAVE learned, though, that the nation's new American-style prosperity is a more complex, and certainly more ambivalent, phenomenon than it first appears. The villages around my home have undeniably grown more prosperous, but they are also more troubled. Abandoned fields and fallow plantations are indications of a looming agricultural and environmental crisis. Ancient social structures are collapsing under the weight of new money. Bonds of caste and religion and family have frayed; the panchayats, village assemblies made up of elders, have lost their traditional authority. Often, lawlessness and violence step into the vacuum left behind.

[…] India's Americanization has in so many ways been a wonderful thing. It has lifted millions from poverty, and, by seeding ideas of meritocracy and individual attainment into the national imagination, it has begun the process of dismantling an old and often repressive order. More and more, though, I find myself lying awake at night, worrying about what will take the place of that order. The American promise of renewal and reinvention is deeply seductive – but, as I have learned since coming back home, it is also profoundly menacing. *(784 words)*

Akash Kapur: How India Became America. From The New York Times, *03/09/2012*

Annotations:
l. 7 *West Coast techie culture:* refers to the West Coast of the USA where many important computer companies are located
l. 19 *gated communities:* an area surrounded by a fence or wall and protected by a guarded entrance
l. 22 *R. K. Narayan* (1906–2001): well-known Indian novelist
l. 51 *Iraq war:* armed conflict in Iraq between 2003 and 2011, which triggered world-wide anti-American protests

Aufgabenstellung

		Punkte
1.	Outline Kapur's views on India's development. *(Comprehension)*	16
2.	Analyse how Kapur tries to communicate his views. Consider the article's structure, argumentative techniques and use of language. *(Analysis)*	24
3.	Choose **one** of the following tasks:	
3.1	Referring to work done in class comment on the question to what extent India's development as seen by Kapur reflects aspects of the American Dream. *(Evaluation: comment)*	20
3.2	Imagine you are an American businessman who considers investing in India. Write a letter to the editor in which you refer to Kapur's views. *(Evaluation: re-creation of text)*	20

Lösungsvorschläge

1. *In dieser Aufgabe werden Sie gebeten, die Ansichten des Autors des Zeitungsartikels widerzugeben. Die Kernthese von Akash Kapur ist, dass sich Indien nicht internationalisiert hat, sondern vielmehr amerikanisiert wurde. Dafür führt er mehrere Belege an und geht auch auf positive wie negative Auswirkungen dieser Entwicklung ein.*
   Folgende Punkte sollten Bestandteil Ihrer Ausführungen sein:
   - *Kapur explicitly identifies the country's internationalisation and modernisation as "Americanization"*
   - *the recent introduction of Starbucks and Amazon is the latest step of Americanisation but the author also gives a historical outline starting in the 1990s when the country opened up its markets*
   - *tangible evidence of Americanisation are US brands on the Indian market, the influx of American business people, changed living habits and alterations in the Indian people's use of language which the author observed personally*
   - *intangible evidence are for example the positive attitudes towards a capitalist life and a corresponding optimism*
   - *Kapur's conclusion is that this development is great and worrying at the same time*

In his article "How India Became America" published in the *New York Times* on March 9, 2012, Akash Kapur puts forward a critical view on the on-going process of India's internationalisation and modernisation which he explicitly identifies as "Americanization" (l. 9). To the journalist, the introduction of global players like Starbucks and Amazon to the Indian subcontinent is another step in the process of one cultural and economic system giving way to another. Against the backdrop of his own – bicultural and bilingual – life, Kapur gives an outline of recent Indian history. He starts off in the 1990s when the country opened up its markets and paved the way for a westernized system of production and consumption, and – this is the major point he makes – for American attitudes and values. The author continues by enumerating factual evidence of Americanisation such as brands and alterations in the Indian people's use of language which he has personally perceived. Furthermore, he alludes to the fact that architecture has also undergone some change: shopping malls have emerged and the richer people prefer to live in houses made of concrete, situated in enclosed living areas. In addition, more and more Americans are doing business in India.
As intangible forms of Americanisation, Kapur defines the distinctly positive Indian attitude towards globalisation and global players. To him, trust in the market economy and optimism rule both bookshelves and everyday life.
When Kapur finally weighs positive and negative implications, he comes to the conclusion that even though the development of Indian society is in one way "wonderful" (cf. l. 61), it is also a reason to worry as traditional values and businesses are forgotten or neglected. *(277 words)*

2. *Kapurs Kernaussage, dass die Amerikanisierung Indiens vor allem auch kritisch zu sehen ist, spiegelt sich in der Struktur, der Argumentation und dem Sprachgebrauch, die Sie in dieser Aufgabe genauer untersuchen sollen.*
   Diese Aspekte sollten Sie in Ihren Ausführungen berücksichtigen:
   - *Kapur conveys a distinctly critical view on India's Americanization*
   - *the structure of the article largely follows a pro-and-con pattern*
   - *the choice of words (e. g. evaluating adjectives, metaphors and symbols) puts an emphasis on the negative aspects*
   - *Kapur's references to other sources of information convey that things are not often as they seem*
   - *short narrative elements depict the journalist's worries and add to a negative overall impression*

Kapur conveys his distinctly critical view on India's Americanization by choosing a clear structure that focuses on both positive and negative effects of the process. His choice of words, references to authorities as well as the short narrative parts about his own life indicate that Kapur's attitude towards the issue has become a more and more negative one. This impression is strengthened by the fact that the examples he gives for the manifestation of "America" in "India" reach deep into the Indian, and the journalist's soul. Hence, by the end of the text, the reader is convinced that mere optimism is well out of place.

As far as the structure is concerned, the text falls into five distinct parts. The introduction (cf. ll. 1–9) presents the news on the launch of Starbucks and Amazon as the peg on which Kapur hangs the story and the author's basic thesis that India's development really is a process of Americanization rather than internationalisation. The historical outline (cf. ll. 10–29) is related to Kapur himself and shows that the development has positive effects on many people in India. Next, the concrete (cf. ll. 30–37) and more subtle effects (cf. ll. 38–42) of Americanisation are depicted before Kapur starts weighing positive and negative effects (ll. 43–60) and ends with his conclusion (cf. ll. 61–67).

The author frequently uses words and phrases that bring about negative connotations. To him Starbucks and Amazon (cf. l. 2) represent "American consumerism" (ll. 6/7). According to Kapur, the "techie culture [infiltrates]" (ll. 7/8) the Indian market, which rather reminds the reader of a spy game during war times than of economic change. Expressions such as "frenzy" (l. 20) or "orgy" (l. 21) and "limitless pursuit of prosperity" (l. 26) imply irrational, manic behaviour and add to the negative picture of capitalism. Against the backdrop of this attitude, even positive results of this transformation process, such as optimism, "energy", "ambition", "entrepreneurial spirit" (cf. ll. 43–45), "inventiveness" (ll. 50/51) and the possibility to leave poverty behind (cf. ll. 61/62) seem shady and a bit naïve. The choice of symbols also contributes to a negative picture of the new Indian society, particularly when Kapur states that cold materials like "concrete" (l. 18) and "glass" (l. 17) have replaced the old and cosy "thatch huts" (l. 18). "[C]ashew and mango plantations" (l. 19) also certainly appear more fruitful than sterile "shopping malls" (l. 17) and the new "gated communities" (l. 19) in India have created another form of separation – but contrary to the former brick wall that cut India off from the capitalist world (cf. ll. 1/2), this time the border runs within the country.

Nevertheless, it has to be pointed out that the author's portrayal of the India of the past is far from positive as well: the country is described as having been "an isolated and dour place" (l. 40); living there is compared to wearing a straitjacket (cf. l. 41), which could result in depression and a loss of interest (cf. ll. 41/42).

Kapur's references to other sources of information convey that developments are often assessed wrongly, which is in line with the basic message of the article. For example, the Indian newspaper the author refers to is mistaken calling the establishment of Starbucks "the final stamp of globalization" (l. 5) instead of identifying it as another step in the process of Americanisation like Kapur does. R. K. Narayan's view that India and the US are profoundly different (cf. ll. 23/24) was proven wrong by history – at the latest by the year 2003, when Kapur decided to go back to "India for good" (l. 27). The irreversibility of these changes is indicated by the tense in the headline: "How India Became America". The use of the simple past makes clear that the new India is a fact and cannot be undone.

The overall impression that Kapur's view is more negative than positive is also supported by other narrative elements. For instance, his worries about the situation are reflected in his insomnia (cf. ll. 64/65). Now that capitalism has destroyed the traditional social structure and not (yet) replaced it by a new kind of order, India's peace of mind seems in danger. In a way, the sleepless Kapur seems to be the personification of the restless country. *(727 words)*

3.1 *Es empfiehlt sich, in Ihrem Kommentar zunächst thesenartig festzustellen, wie stark Sie den American Dream als Leit- bzw. Leidensbild der Entwicklung Indiens empfinden. In der vorgeschlagenen Lösung wird davon ausgegangen, dass sowohl positive Elemente wie Optimismus und Wohlstand, als auch negative Aspekte wie eine Verabsolutierung des Kapitalismus und ein Verlust traditioneller Werte wiederzufinden sind.*

- *Both countries show (seemingly) positive effects such as optimism and affluence, but also negative ones such as superficiality due to the absolute belief in the power of capitalism and a loss of traditional values.*

Im Folgenden werden folgende Gründe für diese Überzeugung aufgeführt:

- *Indians optimistically believe in the future as prosperity depends more strongly on individual commitment than before*
- *there is more prosperity due to rising income levels*
- *for the individual it seems to be important to consume rather than to grow which shows in consumerist superficiality and corresponding status symbols*
- *the disruption of social structures is a dangerous side effect*

The American Dream is a set of ideals that have woven their magic in the US for many years. Despite all obstacles, immigrants from all over the world still cling to the promise of liberty and happiness and strive for prosperity and success. Reading Akash Kapur's article "How India Became America", several aspects of the American Dream can be detected in the attitude displayed by Indians nowadays. Both the people in India and the US are optimistic concerning their future and strive for prosperity, but there is also a certain degree of superficiality and a loss of traditional values.

Kapur refers to surveys that show the Indian people as one of "the most optimistic people in the world" (l. 45). Optimism is both the reason for and the result of the American "pursuit of happiness". The promise given in the US Declaration of Independence that everybody is able to make it if he or she tries hard enough triggered the same positive "energy", "ambition" and "entrepreneurial spirit" (l. 43) in India as in the US.

Unfortunately, there are two sides to the coin of optimism: as Akash Kapur has shown, rising income levels "lifted millions from poverty" (l. 62), which made people believe even stronger in the benefits of capitalism. Still, the fate of salesman Willy Loman in Arthur Miller's drama *Death of a Salesman* also shows what might happen if people blindly worship capitalism and put their striving for success above everything else. As in the drama, social relationships might be neglected (e. g. Willy Loman cheats on his wife and does not have the time to be there for his sons in times of trouble). As the modern way of living